Ayudan
Dotados a Volar:

Una Guía Práctica
Para Padres y Maestros

Carol A. Strip, Ph.D.
con Gretchen Hirsch

Great Potential Press, Inc.
P.O. Box 5057
Scottsdale, AZ 85261
www.giftedbooks.com

Ayudando a los niños dotados a volar: Una guía práctica para padres y maestros

Diseño del forro: ATG Productons, Inc.
Diseño interior: Lisa Liddy, The Printed Page

Publicado por
Great Potential Press, Inc. (formerly Gifted Psychology Press, Inc.)
P.O. Box 5057
Scottsdale, AZ 85261
www.giftedbooks.com

Impreso en los Estados Unidos de America

04 03 02 02 00 5 4 3 2 1

Información del Library of Congress Cataloging-in-Publication

Strip, Carol Ann, 1945-
Ayudando a niños dotados a volar: una guía práctica para padres y maestros / Carol Strip con Gretchen Hirsch.
p.cm.
Incluye referencias bibliográficas (p.), e índice.
ISBN 0-910707-41-3
1. Niños dotados—Educación (Primaria) 2. Educación, Primaria—Participación de padres. I. Hirsch, Gretchen. II. Título.

LC3993.22.S87 2000
371.95—dc21

2001023171

ISBN 0-910707-42-1

Dedicado
a mi hija talentosa

Lori Renée Strip

Reconocimientos

Carol Strip desea agradecer a:

Mis padres, Harold y Marion Gillespie, quienes siempre modelaron los tipos de crianza y enseñanza recomendada y descritos en este libro; a mi hermano y a mi cuñada, Gary y Elaine Gillespie, quienes ofrecieron muchas palabras de ánimo; mi sobrino, Brian Gillespie, y mis sobrinas, Julie Gillespie y Angela Newton, por su inspiración y confianza; mis presentes y anteriores estudiantes, por traer vida, alegría, y el amor de aprender al salón de clases; los muchos maestros graduados a quienes he tenido el privilegio de enseñar; Stanley Fish, quien entró en mi vida en el momento perfecto para inspirar la conclusión de este libro; Barry Keenan, quien me enseñó muchas cosas del mundo del adulto dotado; Alan Jones, quien me dio el espíritu imaginativo para pensar "fuera de la caja"; mi actual Directora y amiga, Linda Gregg, y nuestro superintendente, Bill Reimer, cuyo apoyo de niños dotados es lo que fortalece nuestro programa; Karen Goebbel, Connie Makely, Dennis Claypool, Sherrie Thompson, Sue Harnden, y Jill Oglesby, mis amigos y colegas; Ace Strip, por ser siempre mi sostén; Frank Deaner, un verdadero diplomático; Alex Kushkin, quien emite la dote intelectual; Larry Miller, quien inicia ideas, Jim Boyd, por su cuento del muñeco de resorte; Richard Pizzuti, por su constante confianza; Ryan, Scott, y Kim Pizzuti; Karen y Adrienne Rapp y Bob Maibach, quienes generosamente permitieron el uso de sus cuentos; mi familia de próxima generación, Michael y Julie Taus, quienes me han regalado mis dos hermosas nietas, Nikki y Shelynn. Y, por supuesto, mis gracias a ustedes, los lectores de este libro. Es con mucha gratitud y amor que les ofrezco esta parte de mi vida. Recuerden que es un relato de esperanza, y puede ser su cuento.

Gretchen Hirsch desea agradecer a:

Mi hijo, Stew, hija, Tobey, y nietos, Tommy y Tyler, por ser ejemplos actuales de la dote intelectual; mi nuera, Lisa, por otorgarme el regalo de tiempo con los muchachos; Scott Huntley, por compartir su perspicacia y humor; Evie y Doug McCord, por su constante apoyo; Angela Palazzolo, por ser el ímpetu para este libro; Hank Griffith, Sr., por sus contribuciones acerca de los niños dotados desválidos; Sheila Lewis, por ser una soberbia portavoz; agente literario Jeff Herman por sus esfuerzos a favor de este libro; Jim Webb y su personal del Great Potential Press, Inc., por su paciencia e insistencia en que este libro sea todo lo que debe ser; y Tony, mi dotado esposo y amigo.

Reconocimientos de Traducción

Traducir un libro apropiadamente es todo un reto. No solo las palabras deben ser traducias, sino también su significado. También es muy importante el no usar palabras o refrances que son tipicos de solo una región, a veces unas palabras y conceptos no se traducen exactamente.

Nosotros fuimos muy afortunados de trabajar con gente hábil, con grandes conocimientos y de Buenos sentimientos para esta traduccion. Sylverio Lamas de McAllen, Texas, fue quien hizo la traduccion original. Jorge Parada, de Tucson, Arizona, fue quien hizo la traduccion revisada. Una Adicionalmente, el manuscriplto fue corregido por Guadelupe Cuarenta de San Diego, California, Pauline Wilson de Mexico, DF., Laura Zinke, de Tempe, Arizona, y Yolanda Zubiante de Phoenix, Arizona. Sin su cidadoso y profundo trabajo, nunca hubiéramos podido lograr esta excelente traducción de *Ayudando a Niños Dotados a Volar.*

En muchas escuelas, los niños hispanos dotados no son identificados de tener necesidades especiales. Aunque si los llegan a identificar, los padres de estos ninos tienen muy pocos recursos disponibles en su propio idioma para ayudarlos a comprender a sus hijos dotados y a la Educación Avanzada. Como resultado, nosotros sabemos que *Ayudando a Niños Dotados a Volar* será particularmente beneficioso, dado que es el primer libro disponible en Español para padres hispanos de ninos dotados.

Nuestra esperanza es que *Ayudando a Niños Dotados a Volar* no solo les proporcianará a padres y maestros una major comprensión de cómo educar y motivar a sus niños tan especiales, sino que también ayudara a los padres latinos a entender los programas educacionales usados en los Estados Unidos para ayudarlos a obtener la major educación para sus niños talentosos.

Encontrarán en esta traducción errores de sintaxis por la dificultad de pretender traducir literalmente las palabras ya que la construcción del Inglés y el Español es diferente y con mucha frecuencia se confunde y se enreda uno al hacerlo, si se escribe un libro no existen esas constricciones pues no se traduce lo escrito sino que la mente le dicta a uno lo que pretende decir y lo hace de acuerdo a la capacidad de conocimiento de uno mismo sobre el tema, las ideas solo se pueden plasmar con las palabras ya sean habladas o escritas ya que si no las baja uno de la mente a la boca o al papel esas ideas se quedan en nuestra mente y no pueden ser dadas a conocer. Cuando se traduce se interpretan las ideas ajenas a la manera en que nosotros nos expresamos y por lo tanto puede haber esas diferencias que saltan cuando dos, o más, personas leen un libro y que se expresan de modo diferente lo hacen visible en su manera de traducir aunque dominen bastante el idioma original del libro.

El traducir un libro implica el conocimiento de los dos idiomas, en el que se escribió el libro y al que será traducido, por lo tanto habrá ciertas dificultades que se harán visibles, como en este caso, en que se traduce del Inglés al Español en las múltiples palabras que no tienen una traducción comprensible en el Español si se pretende hacer una traducción literal de dichas palabras, es por lo tanto necesario tratar de comprender lo que se escribió en Inglés y hacerlo comprensible en Español usando palabras que expliquen una determinada palabra y usando, muchas veces, varias palabras que describen el sentido de lo que se pretende explicar.

Pondré algunos ejemplos que he encontrado en el libro original y que requieren explicación:

El título del libro usa la palabra "**soar**" que no encuentro el equivalente exacto en el español ya que soar es el acto de remontarse, levantar el vuelo, elevarse como lo hace un planeador que está tomando altura al ser jalado por una avioneta o un automóvil que tienen un motor que los propulse ya que el planeador solo se eleva cuando tiene suficiente velocidad para que sus alas lo sostengan, soar por lo tanto requiere ayuda para volar y lograr la altura necesaria para que las corrientes de aire te mantengan volando y llegue al máximo de altura alcanzable con un planeador, eso es lo que la palabra quiere expresar, el poder lograr el máximo de altura para ese aparato y en el caso de los estudiantes el potencial máximo de su don.

Se usa la palabra "**gift**" para describir lo que yo he traducido como don, sin embargo el diccionario señala que se puede utilizar dote, don, regalo, habilidad, talento, etc. porque implica que se nace con ello, no es algo que se adquiere con los conocimientos, por eso se les clasifica como niños dotados cuando en Inglés se refieren a "Gifted children", esa palabra (gift o gifted) es usada extensamente en el libro original y la mayor parte de las veces he traducido como don.

Divergent thinking se refiere a el pensamiento que se aparta de lo común que no admite una sola respuesta como buena, he usado la traducción como pensamiento divergente que no me agrada totalmente.

Parents night es un término que describe las reuniones nocturnas entre padres y maestros que se lleva a cabo para discutir ciertos comportamientos de los niños y las convocan los directores para que los padres discutan eso entre ellos o con los profesores, generalmente no se hacen más de dos o tres veces en el año.

En la traduciión se usa el término "escuela secundaria" y se pone entre paréntesis el equivalente del año a que se refieren ya que el sistema escolar de E.U.A. consta de 12 años de escolaridad excluyendo al kinder la escuela primaria la consideran desde el kinder hasta el Cuarto año, lo que llaman middle school es desde el Quinto hasta el Octavo grado, y la High School es desde el año Noveno hasta el Doceavo grado, despues se puede asistir a la Universidad con los conocimientos adquiridos en esos años.

He usado buen toque y mal toque (**good touch, bad touch**) para traducir literalmente lo que, me ha explicado el autor, quiere decir la forma en que alguna persona toca a los niños, como un abuelo abraza a su nieta o le da un beso o le pone el brazo sobre sus hombros para tocarla y eso es buen toque al contrario de un mal toque que implica que una persona, pariente o no, toque a un niño, o niña, poniendo su mano en partes de las regiones genitales.

Persona significante es la traducción casi literal de "**significant adult**" y es la persona que influye en la vida de un niño, he usado el término de persona importante para describirlo, es la persona que trasciende.

Clases imán es lo que he traducido como "**magnet classes**" y que describen grupos que atraen a estudiantes interesados en temas en especial, que se enseñan en el aula normal o nó; se forman esos grupos con estudiantes dotados que se atraen unos a otros.

He usado aula, salón de clases o salón, indistintamente, para traducir la palabra "**classroom**".

En Inglés se usa mucho el "**Deal with**" y lo he traducido como manejar, tratar con, o administrar, lo he usado indistintamente, a como mejor se acomode en Español.

Espero encuentren este libro tan interesante a como lo encontré yo mismo pues me identifica varias tendencias y situaciones que he encontrado en mi vida al ahora identificar muchas pistas de lo que hubiera podido hacer para ayudar a mis hijos, e hijas, a desarrollarse con el potencial que tuvieron y que no lo identifiqué para ayudarlos correctamente, ahora ellos tienen hijos, mis nietos y nietas, que muestran esas tendencias y espero les ayuden y los comprendan en lugar de considerarlos "**una lata**", unos rebeldes y unos desobedientes, ellos tendran la oportunidad de ayudarlos con todos los medios disponibles en las escuelas y aunque en muchos de nuestros países no tenemos los mismos sistemas escolares (por lo que este libro está muy enfocado al sistema escolar de los E.U.A.) lo que en este libro se pretende enseñar puede ser una muy buena guía para que como padres intentemos enseñar lo mismo a nuestros hijos como a nuestros nietos y sobre todo comprender que muchas actitudes que se las achacamos a la edad no necesariamente es culpa de ello, y si las identificamos, como este libro nos enseña, ayudaremos mucho en su enseñanza y en su crianza.

¡Que lo disfruten es mi deseo!

Prefacio

Cerca del final de la película *Forrest Gump*, Forrest se entera de que tiene un hijo joven. En una de las más conmovedoras escenas de la película, Forrest, quien es retardado, le pregunta a Lucinda, la madre del niño, "¿Es inteligente, o es como yo?"

Cierto que Forrest Gump es un padre excepcional, pero en varias maneras es "Todopadre". Cuando los hijos aparecen en escena, madres y padres están entusiasmados, a veces aprensivos, y siempre curiosos. ¿Heredó ella los ojos pardos y la aptitud musical de su abuela o la nariz y destreza manual de su abuelo? ¿O los dos? ¿Será él parlanchín como su padre o introspectivo como su madre? Y todos los padres desean saber lo que Forrest quería saber: ¿Es inteligente mi hijo?

Si usted ha escogido este libro se hace otra pregunta más, una que he oído de padres cientos de veces a través de los años. "Yo sé que mi hijo es inteligente", dicen ellos, "pero, ¿es ella dotada? Sospecho que es más capaz intelectualmente que otros niños. ¿Tengo razón?"

He enfrentado esa misma pregunta de muchísimos maestros quienes observan que un niño en particular resalta de los demás, quizás en todas las áreas del programa de estudio, o quizás en solo una o dos.

Un padre lo describe de esta manera:

> *Su nombre es Jaime y vive en una caja. Parece que no le gusta la caja porque sigue saliendo de sopetón. Cuando sale, todos parecen estar sorprendidos. Unos tratan de averiguar por qué sale Jaime, mientras otros tratan de explicar porqué debe quedarse en la*

> *caja, y casi todos empujan y empujan hasta que (obligan)a Jaime a regresar a la caja.*
>
> *Al regresar Jaime a su caja todos empiezan a tocar la misma melodía; Jaime aguanta todo lo que puede, pero de pronto salta fuera de nuevo. Y todos se apuran a meterlo otra vez en la caja, donde debe estar.*
>
> *Si todos vigilaran a Jaime durante un período de tiempo, se darían cuenta de que Jaime sale de su caja menos y menos seguido. Algún día dejará de salir completamente.*

En los Estados Unidos puede haber como tres millones de niños, identificados y sin identificar, que son como Jaime—niños cuyo intelecto excede nuestras expectativas y puede superar su propio desarrollo social y emocional. Y cada uno de ellos es un niño en riesgo. En la sala de clase, maestros frecuentemente están mal preparados para tratar con estos niños excepcionalmente inteligentes, emocionalmente intensos. Ellos encuentran más cómodo tratar a los niños dotados como a los demás, e ignorar sus habilidades avanzadas.

En casa, los padres de niños dotados batallan con las demandas de criar niños que en un momento quieren discutir la moralidad de la guerra y el siguiente se encuentran inconsolables porque han quebrado su lápiz favorito o se han dado cuenta de que las hadas madrinas no existen.

Los niños dotados son un enigma, sin duda, pero si maestros y padres continúan tratando de forzarlos dentro de esas cajas predeterminadas por la sociedad, estos niños—quienes deben ser los tesoros de nuestro país—pueden estar en peligro de llegar a ser obligaciones de la sociedad.

Aburridos y frustrados por escuelas que frecuentemente no los desafían y por familias que a menudo son desconcertadas por ellos, los niños dotados a veces se vuelven anti-sociales o "problemáticos", y pueden terminar en un establecimiento médico/psicológico o en el sistema judicial.

La clave para mantener a niños dotados en buen camino es que los padres y maestros trabajen juntos para educarlos y permitirles "saltar" de sus cajas y ejercitar y desarrollar sus talentos intelectuales en un ambiente que también apoye sus necesidades emocionales y sociales.

Ambos, maestros y padres, deben identificar y de igual importancia es el no erróneamente identificar niños dotados, porque estos niños tienen necesidades especiales, no menores que esos afectados por incapacidades físicas o de aprendizaje. Para ayudar a niños dotados a tener éxito en la escuela y en la vida, los métodos de enseñanza y las estrategias en el hogar deben ser adaptadas para considerar las inusitadas fuerzas intelectuales, los estilos de aprender, y los requisitos emocionales de estos estudiantes.

Estos niños han sido parte de mi vida por más de los treinta años que he pasado en el salón de clases. El enseñar a niños dotados es una verdadera vocación para mí, y estos estudiantes maravillosos son la razón que permanezco en el salón. El enseñar es seguir mi corazón y cosechar el beneficio mayor de mi profesión. La alegría viene del saber que he compartido en las vidas de tantos niños dotados y su padres.

Yo quería por primera vez ser maestra cuando tenía cuatro años de edad. A "mi escuela" asistían una variedad extensa de juguetes. Los nombré a todos, los puse en fila alfabéticamente, y pretendí enseñarles varias lecciones y habilidades, empezando con Dick y Jane, concluyendo con el estudio de los astros. Mi hermano mayor se sentaba fuera de mi vista y me escuchaba mientras daba mis clases. Le daba gran placer con mis travesuras, riéndose a más no poder cuando disciplinaba a mis "estudiantes" por hablar fuera de turno.

Después me di cuenta de que la vida en un salón verdadero era sin duda más complicada de lo que había creado como niña. En primer lugar, pronto me di cuenta de que era importante para mí formar un lazo no únicamente con mis estudiantes, sino también con sus padres, si los niños fueran a tener la mejor oportunidad para éxito académico y social. Yo siempre consideraba a los padres de mis estudiantes como socios en la educación y la vida porque estaban tan preocupados como yo de proveer el mejor ambiente posible para el niño, en la escuela y en el hogar.

Y esa es la razón por la cual escribo este libro. Está diseñado para alimentar una relación positiva entre padres y maestros, porque los adultos son, al fin y al cabo, compañeros de equipo al tratar con las necesidades académicas, emocionales, y sociales de los niños.

Como padre y maestro de niños dotados he experimentado relaciones con estos niños de ambos lados. Espero que este libro les ayude mientras emprenden la más emocionante, agotadora, y vigorizante tarea que se les pedirá completar—siendo padre y maestro de un niño dotado.

Aviso: Para proteger la privacidad de individuos, todos los nombres de niños y otras características de identificación se han cambiado, y unos ejemplos de estudiantes son compuestos de estudios semejantes.

Contenido

Primera Sección

Una introducción a la dote (don)

Capítulo 1

La más grande, más alta, más larga montaña rusa del mundo

Siendo padre de un niño dotado es como vivir en un parque lleno de paseos emocionantes. A veces se sonríe. A veces se queda boquiabierto. A veces se grita. A veces se ríe. A veces contempla maravillado y asombrado. A veces se queda paralizado en su asiento. A veces se siente orgulloso. Y a veces el paseo es tan exasperante que lo único que puede hacer es llorar.

Cualquiera de estas reacciones, y todas, son normales, dependiendo de su niño y su desarrollo. Los niños dotados son un enorme desafío para sus padres. Estos niños experimentan las mismas etapas de desarrollo que otros niños, pero no de la misma manera. Una parte del niño—la habilidad cognoscitiva, o racional—es "de más edad" que las otras partes de la personalidad. A esta situación se le llama "desarrollo asíncrono" porque el intelecto del niño no está sincronizado con sus habilidades, emocionales, sociales (y a veces físicas) menos desarrolladas. El desarrollo asíncrono puede dejar al niño, además de sus padres y maestros, sintiéndose obstaculizado, frustrado, desconcertado, perplejo, y confundido.

Imagine, si puede, que tiene cinco años de edad, pero puede pensar como un niño del cuarto año. ¿Dónde halla a sus amigos? Los de cinco años son muy inmaduros, y los de diez no lo toman en serio. Si lo quieren allí es como mascota, no como igual. Físicamente, no puede hacer lo que hacen los del cuarto año: no le pega a la pelota muy bien; tiene problemas para montar una bicicleta; no corre tan rápido como ellos. No importa cuanto lo intente, siempre quedará detrás de la "curva" emocional y física determinada por sus compañeros mayores de clase. Es como ser una persona que habla solamente el alemán y viaja a Italia y Francia. Le gusta allí, pero como el idioma y la cultura son diferentes, es difícil ser entendido y obtener lo que necesita.

Los niños dotados no son parte de ninguno de sus llamados grupos paritarios o de compañeros y son propensos a bromas, desdenes, y ridículo de los niños y adultos. No es de extrañar, entonces, que ellos a veces se sienten fuera de ellos, raros, ineptos, y enojados. Sus emociones, ya bastante delicadas, están expuestas, inocentes y tiernas, y su falta de madurez emocional puede hacer de sus vidas—y las de usted—un desafío, y hasta una pesadilla en el peor de los casos.

Los niños dotados tienen muchas cualidades, maravillosas, agradables, pero cuando esas cualidades son combinadas con faltas de madurez emocionales y sociales, el otro lado de esas mismas cualidades puede verse menos atrayente:

Los altibajos de la dote (el don)		
Fuerza	El otro lado	Posibles consecuencias
La comprensión está más desarrollada que la de otros de la misma edad.	Encuentra el razonamiento y la comprensión de otros de la misma edad ridículo-y lo dice.	Otros evitan al niño; adultos lo consideran "boquiflojo". El niño pierde amigos.
Habilidades de idiomas son avanzadas para su edad.	Habla "por encima" de otros de la misma edad, qienes no entienden lo que dice. El niño habla, mucho sin darle a otros su turno.	Otros niños lo ven como altanero y superior y lo excluyen. El niño se vuelve solitario.
Imaginativo en su pensamiento.	Resuelve problemas en su propia manera, en vez de la manera dictada por el maestro.	El maestro puede sentirse amenazado, ve al niño como irrespetuoso de la autoridad, y decide reprimirlo, lo cual prepara la escena para rebelión.
Rápido en su pensamiento.	Muy facilmente aburrido con tareas rutinas y es posible que no las complete. Por otra parte, puede terminar rápidamente su trabajo y andar por todo el salón en busca de algo que hacer.	El maestro puede decidir que el niño es distraído, negativo, o mala influencia en la conducta de otros niños.
Alto nivel de energía.	Puede ser muy distraído, bien entrado en todo, y completando nada.	El niño se puede agotar al tratar de encargarse de muchos proyectos al mismo tiempo. Su alto nivel de energía puede ser confundido con Trastornos por déficit de atención / hiperactividad (TDAH). Algún medicamento puede ser sugerido para "calmar al niño".
Capacidades grandes de concentración.	A veces tarda mucho en un proyecto; se pierde en detalles y no cumple con plazos.	Calificaciones bajas porque no completa las tareas, causando frustración para el niño, sus padres y maestros.
Pensamiento al nivel de adulto.	Pensamiento al nivel de adulto no es acompañado por destrezas sociales de adulto, tal como tacto. Es posible que diga cosas groseras o vergonzantes.	Ambos, niños y adultos, creerán que el niño es grosero y lo evitan completamente.

En el Web, el sitio para el National Association for Gifted Children (www.nagc.org), una persona dotada es definida como "alguien que muestra, o tiene el potencial para mostrar un nivel excepcional de desempeño en una o más áreas de expresión." Estas áreas pueden incluir: habilidades académicas específicas, habilidad general intelectual, creatividad, dirección, y las artes de expresión y visuales.

Joseph Renzulli (1986), un innovador en la profesión de la educación del dotado, describe las características del mismo de este modo:

> *"El comportamiento dotado refleja una interacción entre los tres grupos básicos de rasgos humanos distintivos—siendo estos grupos habilidades generales sobresalientes o específicas, niveles altos de compromiso a tareas, y altos niveles de originalidad...personas que muestran, o son capaces de desarrollar, una interacción entre los tres grupos requieren una gran variedad de oportunidades y servicios educativos los cuales no se utilizan comunmente en programas de instrucción regulares o considerados normales."*

Otros expertos en la profesión han ido más allá de los tres grupos de Renzulli al desarrollar una variedad de listas publicadas las cuales definen las características comunes de niños dotados. Puntos de esta lista de control son usados frecuentemente como instrumentos para determinar si un niño debe ser examinado para inclusión en un programa dotado. Barbara Clark (1988), autora de *Growing Up Gifted: Developing the Potential of Children at Home and at School (Creciendo dotado: Desarrollando el potencial de niños en la casa y en la escuela),* y muchos otros educadores incluyen por lo menos una de las siguientes características:

- curiosidad abrumadora
- procesos flexibles de pensamiento
- la habilidad de formar y hacer preguntas investigativas
- memoria excepcional
- independencia en su pensamiento y acciones

- conocimiento de muchos temas/materias diferentes
- procesos lógicos de pensamiento
- originalidad
- sensibilidad excepcional a las expectativas y sentimientos de otros
- intensidad
- idealismo
- originalidad en áreas de interés
- agudo sentido de humor
- impresión de ser diferente
- sentidos de justicia y principios morales muy bien desarrollados
- habilidad para identificar irregularidades entre ideas y comportamiento
- perfeccionismo

Linda Silverman, directora del Gifted Development Center en Denver, Colorado, una organización que provee programas y apoyo para niños altamente dotados y sus familias, agrega que los niños dotados:

- tienen una duración de atención larga (si les interesa algo)
- muestran energía excepcional
- leen temprano en la vida, o les gusta que les lean si no pueden
- cuestionan a la autoridad
- muestran una imaginación avanzada
- demuestran destreza con rompecabezas

Una o dos características quizás no muestren la dote, pero una gran cantidad de éstas sugiere la posibilidad que el niño sea dotado.

Muchos niños dotados son muy creativos, pero esa creatividad es difícil definir y todavía más difícil medir. Unos expertos creen que la creatividad debe incluir un producto, es decir, algo que se ha creado—una canción, un poema, una danza, una representación o interpretación, una teoría, o una obra de arte. E. Paul Torrance (Torrance & Goff, 1989) diseñador de Torrance Tests of

Creative Thinking (Exámenes de pensamiento creativo Torrance), dice:

> *"Cierto nivel de creatividad ocurre cuando una persona soluciona un problema, cuya solución él/ella no había aprendido o practicado anteriormente. Algunas soluciones...requieren solamente saltos pequeños, mientras otras requieren avance genuino en el pensamiento. Todas requieren que los individuos viajen más allá de donde han estado antes."*

Jane Piirto (1998), directora del programa de desarrollo de talento en Ashland University de Ashland, Ohio, agrega, "La personalidad creativa puede ser desarrollada o frustrada...todos somos creadores. Los que son más creativos han aprendido a serlo." Sea lo que sea la creatividad, muchos expertos creen que padres, maestros y las comunidades deben proporcionar oportunidades para que los estudiantes puedan ejercitar sus instintos para usar nuevos pensamientos y hacer cosas nuevas.

Ese don puede manifestarse por medio de artes de expresión y visuales. Obviamente, los que tienen talento muestran habilidades excepcionales en las áreas como música, danza, arte, expresión/interpretación, diseño de escenas, vestuarios, y otras aptitudes relacionadas a esas profesiones.

El liderazgo, del mismo modo, puede ser un aspecto del don. Las tendencias de liderazgo incluyen habilidades sobresalientes en las áreas como comunicación escrita u oral, toma de decisiones, resolución de problemas, trabajando en grupos, y planeación (Karnes & Chauvin, 2000).

Así como hay muchos colores en el arco iris, también hay muchos matices del don. La mayoría de los niños dotados son altamente capaces en una o más áreas, tales como matemáticas, ciencia, o música, pero pueden ser menos capaces en otras materias. No obstante, hay unos cuantos que aparecen ser dotados en general, excepcionales en todo lo que hacen.

Los niños dotados se encuentran en todo grupo étnico, y socioeconómico. Los dotados pueden también incluir niños con una variedad de incapacidades—incluyendo muchos tipos de discapacidades, como parálisis cerebral; deterioros de la visión, el habla, o del oído; o incapacidades específicas de aprendizaje; y a veces es difícil persuadir a los oficiales de las escuelas que vean más allá del impedimento para reconocer el don. Los niños dotados ya son de sí excepcionales; los niños dotados con un impedimento a veces son llamados "doble excepcionales." Esos estudiantes merecen servicios en las dos áreas de excepcionalidad.

Niños altamente dotados, ésos con cociente intelectual extremadamente alto (145 a 160+), constituyen un subgrupo especial dentro del grupo de niños dotados y son los prodigios los cuales los medios publicitarios son rápidos a identificar. Brevemente, si los niños son moderadamente dotados, se beneficiarán con seguridad de un aprendizaje de paso más rápido y con más profundidad de instrucción, salones especiales de recursos, agrupándolos con otros estudiantes tan inteligentes, y varios otros programas u opciones de estudio, y generalmente pueden navegar el ambiente escolar con éxito la mayor parte del tiempo. Un niño altamente dotado, por otra parte, simplemente puede estar completamente fuera de lugar en la escuela normal. Necesitará un plan de estudio hecho a su medida, cursos universitarios, mentores, tutores, o hasta una escuela especial. En realidad, los niños altamente dotados son tan diferentes de niños moderadamente dotados como éstos son tan diferentes de los estudiantes promedios.

Una mirada rápida a algunos niños dotados

Las habilidades extraordinarias de su niño, aunque un bendición, también preparan la escena para varios tipos de malentendidos en casa y en la escuela, y el niño malentendido se encuentra frecuentemente perturbado. Como padres de ese hijo, tienen la oportunidad de ver el peor comportamiento que pueda ofrecer. Tal vez experimenten las lágrimas, pataletas, y los miedos irracionales de su niño. La rana Kermit decía, "No es fácil ser verde." ¡Bueno! Tampoco es fácil ser dotado, y es definitivamente un desafío ser el padre o maestro de un niño dotado.

Hay una creencia común que los niños dotados son dóciles, pacíficos, estudiosos, diligentes, interesados en una variedad de pasatiempos, y cuadran bien en la escuela. Y a veces es correcto eso. Muchos niños dotados son simpáticos y un encanto de tener cerca. Pero a veces estos niños son difíciles de entender, retadores, y frustrantes. Los siguientes ejemplos ayudan a describir la diversidad dentro de los niños dotados.

Ana

Ana, del tercer año, era tan admirada por sus compañeros que cuando ella un día distraídamente llevó dos calcetines de diferentes colores a la escuela, casi todas las niñas hicieron lo mismo dentro de una semana. Ana, sin saber, había iniciado una moda.

Junto con sus atributos intelectuales, Arlene tenía otra cualidad especial común a niños dotados, una cualidad alentada por su madre. Esta cualidad era la empatía. Arlene tenía una gran sensibilidad a las necesidades e inseguridades de otros niños; se tomaba la molestia de incluir a quienes de otro modo se hubieran pasado por alto. Ana era muy popular y, al mismo tiempo, bastante modesta acerca de sus propios talentos. Los otros niños la admiraban y la consideraban una líder.

Maria y Miguel

Maria y Miguel, del décimo año, son gemelos, ambos dotados, pero en diferentes áreas. Maria tiene talento en arte y matemáticas, Miguel en literatura e idiomas. Sus padres, quienes inmigraron a los Estados Unidos poco antes de que nacieran siempre habían enfatizado la importancia de la familia y la responsabilidad. Trabajaron muy duro para asegurar que los niños reconocieran sus talentos e insistían que Maria y Miguel aprendieran a cooperar en vez de competir. Maria daba clases particulares en matemáticas a Miguel; Miguel dirigía a su hermana por las complejidades de la poesía. Los dos tomaban clases de piano y se ayudaban a dominar los pasos difíciles de la música. Porque habían aprendido a ser bondadosos y cooperativos en su hogar, trajeron las mismas cualidades al salón de clases, donde eran igualmente de populares con los maestros y los estudiantes. Hoy asisten a diferentes universidades, pero siguen siendo amigos y continúan siendo muy bien queridos por casi todos los que los conocen.

Juan

Juan, de nueve años de edad, es un as en las matemáticas. Como las matemáticas es una actividad un poco secuencial, es una materia ideal para el aprendizaje programado independiente, y la maestra de recursos de Juan se aseguró que tuviera cada oportunidad para avanzar tan pronto como él deseara. El creer en sus habilidades le dio bastante confianza, lo cual le ayudó en su vida social. El llegó a tener confianza de sí mismo sin ser arrogante y solía ayudar a otros estudiantes quienes tenían dificultades en las matemáticas.

En el sexto año Juan expresó el deseo de tomar el examen SAT, así que su maestra lo hizo posible tomando una serie de exámenes antes de tomar la prueba verdadera. Tuvo éxito aunque era un año menor que los otros estudiantes cuando tomó el examen; en realidad, recibió una calificación perfecta en la sección de matemáticas. Una sopreso para Juan, pero no para su maestra, era el hecho de que también recibió una calificación perfecta en la parte verbal del examen. Aunque se sentía comprensiblemente orgulloso de lo realizado, no se jactaba, y aceptó con modestia las felicitaciones de sus compañeros de clase.

***

Los niños dotados descritos anteriormente han podido lograr un balance entre los logros de nivel superior y una competencia social igual de avanzada. Estos niños pudieron operar con éxito dentro del sistema escolar sin mucha intervención. Sin embargo, por cada niño como Maria o Juan o Ana, hay otro niño dotado muy inteligente cuyo comportamiento es desconcertante, confuso, hasta angustioso. Las habilidades académicas de los niños dotados no siempre vienen combinadas con aptitudes bien desarrolladas de destreza social y emocional, como ilustran los siguientes ejemplos.

Lucinda

Lucinda, de seis años de edad, era una de los más dotadas estudiantes que su maestra había conocido. Aunque sólo en el primer año, Lucinda ya poseía asombrosas capacidades cognoscitivas—ella entendía palabras "domingueras" y frecuentemente hablaba como un adulto. Desesperadamente quería ella expresar sus pensamientos por escrito, pero sus destrezas motoras físicas no estaban suficientemente desarrolladas para manejar lápiz y papel. Su frustración era enorme y aumentaba su tensión, la cual entonces la llevó a una dificultad más grande en la manipulación de los instrumentos de escritura. El proceso se volvió tan laborioso para ella que ponía a prueba su postura, sus manos se entiesaban, como garras. Su cuerpecito temblaba. Hacía un esfuerzo sobrehumano tratando de forzar el lápiz a su voluntad.

Cuando era imperfecta en su escritura, Lucinda sollozaba. Para empezar, era diferente de los otros niños, y su llorar la hacía el hazmereír de chistes y bromas de los otros niños del primer año. "¡Mira a Lucinda; es un bebé!", era su casi invariable estribillo. La vida de Lucinda era difícil. Su desarrollo asíncrono, es decir, las discrepancias entre sus destrezas intelectuales, emocionales, y físicas—eran las más extraordinarias que su maestra había enfrentado.

La madre de Lucinda estaba angustiada y asustada por la intensidad de sus frustraciones y los arranques emocionales, y empezó a preocuparse por la salud mental de su hija. Algo necesitaba hacerse. De tal manera que Lucinda, su maestra, y su madre idearon una estrategia entre las tres. La maestra le proveía a Lucinda un aparato de alambre simple que sujetaba su lápiz y suavemente mantenía su mano perpendicular al papel en la propia posición para escribir, de esta manera la impedía de hacer un puño y apretar su lápiz demasiado al escribir. Lucinda practicó con este aparato en su casa. También aprendió a escribir sus palabras en el teclado de una computadora, dándole así una manera de poner rápidamente sus pensamientos en papel, disminuyendo su frustración al no poder escribir.

Así, encargada de una parte importante de su propio aprendizaje, Lucinda trabajó con diligencia y pronto desarrolló el control muscular que necesitaba para usar su bolígrafo o lápiz. Cuando ella pudo manejar estos aparatos de escritura con éxito, sus arranques emocionales disminuyeron de frecuencia. Seguía siendo una niña extraordinaria con necesidades académicas fuera de lo común, pero sus emociones ya eran más manejables, lo cual le permitía más tiempo para aprender y jugar.

La historia de Lucinda muestra claramente la clase de efecto que el desarrollo asíncrono puede tener en la vida intelectual y social de un niño joven. Ya en el cuarto año, sus destrezas sociales han empezado a alcanzar a sus habilidades escolares.

Alejandro

Alejandro era un estudiante del octavo año quien, un día, le gritó e insultó a su maestro. No era cosa intencional o premeditada. El simplemente estaba increíblemente frustrado por el comportamiento de sus compañeros, a quienes él consideraba inmaduros e infantiles; por falta de profundidad en los debate en la clase; y por lo que consideraba tareas insignificantes y triviales. Al ir caminando de una salón a otro, un maestro quien le había asignado una tarea la cual Alejandro consideraba una pérdida de tiempo le dijo "¡Oye, Alejandro! ¿Cuándo vas a entregar esa tarea de historia?"

En este punto, Alejandro, quien odiaba ser llamado Alejandro, se molestó. Arrojó sus libros y papeles al aire e insultó verbalmente a su maestro. Su lenguaje extremadamente indebido e insultante atrajo una multitud.

Por supuesto, este estallido no se toleró, y había consecuencias que Alejandro tenía que enfrentar. Los maestros y administradores investigaron su historia y el tipo de ayuda que se esperaba de su familia. Todo era positivo. Alejandro jamás había sido un problema de disciplina. Tenía calificaciones excelentes. Participaba en actividades extracurriculares. Era más probable que sus padres apoyaran una intervención la cual ayudara a Alejandro evitar este tipo de conducta en el futuro. El personal de la escuela no creía que el incidente era el inicio de una tendencia hacia más comportamiento malo, pero naturalmente, les preocupaba.

Alejandro era un estudiante excepcional, así como estudiantes con severos problemas de aprendizaje o comportamiento son excepcionales cuando son comparados con estudiantes ordinarios. Su maestro de recursos para estudiantes dotados abogó su causa tal como un maestro de estudiantes excepcionales defendería niños de otros tipos de necesidades especiales. El maestro de recursos para estudiantes dotados habló con su maestro y le convenció de quitarle la suspensión que él creía que Alejandro merecía; luego, los padres de Alejandro y los directiros de la escuela arreglaron un plan el cual proveía la disciplina y consecuencias apropriadas. Los padres consiguieron la ayuda de un mentor a quien Alejandro respetaba, y este equipo trabajó unido para mantener a Alejandro por buen camino.

El arranque de Alejandro, tan serio como era, no era parte de un patrón de comportamiento antisocial, sino el resultado de un día de frustración, falta de realización, confusión, e incapacidad para controlar lo que ocurría en su vida. Cuando los adultos experimentan días como esos la mayoría se abstienen de maldecir al patrón o de arrojar platos hacia la pared de la cocina, pero Alejandro apenas había cumplido doce años y no había aprendido la conducta necesaria para enfrentar y manejar tensión y frustración. Sus destrezas sociales y emocionales, particularmente su juicio, retrasaban a su intelecto.

Ahora en su undécimo año de escuela, Alejandro está tomando dos cursos en una universidad local. No han sucedido más estallidos de ese tipo, pero su arranque original es típico de niños dotados quienes tienen poca tolerancia para la frustración.

Rosa

Como muchos niños dotados, Rosa, de ocho años, era curiosa. Estaba especialmente fascinada por la medicina forense y vagaba por la vecindad en busca de restos de animales, particularmente calaveras, las cuales llevaba a su casa para estudiarlas. Sus padres creían que esta fascinación con cosas muertas era macabro y se preocupaban creyendo que Rosa podría estar marchando por el camino hacia el abuso de animales, brujería, o algo peor. Su maestro pudo ayudarles a entender que Rosa no se interesaba en dañar a los animales. No los estaba torturando ni pegándoles fuego. Se ocupaba analizando a las calaveras y averiguando qué les había pasado a las ardillas y los zorrillos.

Ahora, Rosa es doctora, especializando en investigaciones. Ella empezó esta carrera en su niñez, y no era fuera de lo común en este respecto. Muchos niños dotados descubren áreas de interés desde muy jóvenes.

Antonio

Antonio era un intimidador en el sexto año, siempre reprendiendo a otros niños por sus faltas de habilidades comparadas a las de él. "¡Oh! Yo leí eso en el primer año," decía, o, "yo ya sé cómo hacer eso." Irrumpía en el salón, empujando a otros niños en cu camino. Parecía ser un niño fuera de control.

Antonio era un caso difícil hasta que, poco a poco, su padres y maestro empezaron a encontrar ciertas pistas que iniciaban sus arranques, y descubrieron unas áreas en las cuales podían dirigir y enfocar su energía. No era que Antonio quería acometer por todos lados del salón perturbando todo. Simplemente era una masa de energía sin explotar, y porque no lo desafiaba la materia que mucho antes había dominado, estaba usando su energía de un modo negativo. Comprensiblemente, su maestro no estaba contento con su comportamiento, y en el fondo, tampoco Antonio.

Su maestro descubrió que a Antonio le gustaba todo lo relacionado con dinero y la economía, así es que cuando la clase de recursos dotados ejecutó una simulación en la cual desarrollaron su propio negocio, el maestro aseguró que Antonio fuera nombrado el tesorero de la compañía. Su padre, quien por casualidad era financiero principal de una corporación mediana, desarrolló unas situaciones de flujo de efectivo que Antonio podía usar durante el proyecto, relacionándolas a los tipos de planes que él utilizaba en su propio trabajo. Las cartas, los gráficos, y las proyecciones tenían sentido para este joven "ejecutivo-en-entrenamiento", y llegó a estar más de acuerdo con los de su clase.

Antonio ahora asiste a la secundaria. Toma clases avanzadas que lo desafían, y ha dejado de presumir de su intelecto superior. Su fanfarronería de antes era su intento, aunque algo equivocado, para conseguir la atención académica que necesitaba, y como los otros estudiantes descritos aquí, su juicio acerca de lo que es comportamiento apropiado no estaba de acuerdo con lo que otras personas esperaban.

Sylvia

Sylvia, de dieciséis años de edad, frecuentemente daba unos portazos en casa. Según Sylvia, todo lo que sus padres hacían era injusto, y todo lo que decían era estúpido. "Odio" era su palabra favorita, como en "odio a esta casa, y los odio a Uds. también."

Sylvia valoraba su soledad por encima de todo. Su cuarto era su santuario. Un día, después de un fuerte desacuerdo con su padres, ella irrumpió en su cuarto y cerró de golpe la puerta. Actuando en un plan que habían arreglado antes, su padre y madre rápidamente quitaron los pasadores que sujetaban la puerta a las bisagras.

Mientras Sylvia miraba fijamente, estupefacta, su padre levantó la puerta y la cargó por el pasillo. "Sylvia," dijo él, su voz controlada y serena, "hasta que aprendas a entrar a tu cuarto sin dar portazos y desordenando toda la casa, has perdido tu derecho de tener una puerta. Cuando hayas aprendido a tratar al resto de la familia con el respeto que merecemos, ganarás de nuevo la puerta y la soledad que tú mereces."

En ese momento Sylvia estaba furiosa, pero se ganó de nuevo su puerta. Ya crecida, también ha logrado dos bachilleratos en cinco años y actualmente está empleada como ingeniera de química.

El rechazo de sus padres cuando adolescente era un resultado de una característica típica de niños dotados—razonamiento crítico. Ella propendía a exigir a otros a casi imposibles principios y a reprenderlos si no cumplían. Los niños dotados pueden ser jueces severos de maestros, amigos, la sociedad, y especialmente sus padres. Es bueno recordar que los adolescentes están también navegando la difícil pero necesaria transición de separación de los padres para llegar a ser jóvenes adultos. Si una niña dotada como Sylvia está separándose de sus padres y también altamente crítica de lo que ve como "defectos", las relaciones entre niño y padres pueden ser agotadoras y a veces desagradables.

Lo que estos ejemplos enseñan es que el ser dotado no es siempre agradable. A veces es confusa y completamente complicada. Claro, los niños dotados a menudo son una inspiración y encantadores en sus comportamientos. Pero un niño dotado puede a veces presentarse como un niño incorregible, demasiado emocional, o perturbado. En varias edades y etapas de desarrollo, el mismo niño dotado puede ser muy apegado, llorón, dependiente, y tímido, o rebelde, combativo, y desafiante.

Niños dotados "doble-excepcionales"

Algunos padres y maestros no se dan cuenta que los niños que tienen incapacidades pueden también ser dotados, y por lo tanto pueden ser "doble-excepcionales." Por ejemplo, un estudiante con problemas de la vista puede aprender rápidamente y demostrar una memoria excelente y con unas bien desarrolladas destrezas verbales; un niño con problemas del oído puede manifestar una maestría rápida para leer los labios y ser capaz de razonar con bastante eficiencia. Estudiantes con otros tipos de incapacidades físicas o emocionales pueden también mostrar altas destrezas de pensamiento y habilidades para solucionar problemas, además de abundante creatividad.

Niños con una específica incapacidad de aprendizaje tal como la dislexia pueden a la vez tener un vocabulario maravilloso, una imaginación aguda, y un entendimiento avanzado (Willard-Holt, 1999). No obstante, frecuentemente tales niños se ven como menos de lo que verdaderamente son porque se enfocan en sus incapacidades en vez de sus habilidades.

Si los padres sospechan que un niño incapacitado o impedido pueda ser dotado, o que un niño dotado pueda tener una incapacidad de aprendizaje es importante que hablen con un psicólogo para solicitar un examen para más información. Una incapacidad puede ocultar al don de un niño y, por lo contrario, a veces ese don puede ocultar una incapacidad.

Un maestro de recursos de educación excepcional quien trabaja con niños con problemas de oído en un distrito escolar rural de bajos fondos describe un niño de segundo año que era estudiante en una de sus clases regulares. El niño completaba facilmente su tarea de matemáticas más allá del nivel del segundo año, pero muy apenas tenía la capacidad para leer. Su maestro pensaba que esto era suficiente porque aunque tenía problemas, leía apenas debajo del nivel del segundo año.

La maestra de recursos, sin embargo, creía que había más en esta historia de su desempeño variable, así es que sugerió que el niño fuera sometido a prueba para identificar un posible problema de leer. El examen confirmó sus sospechas. El niño sufría de una incapacidad relacionada al proceso de la palabra escrita. Ya diagnosticado fue provisto de ayuda adicional y ahora es excepcional no sólo en las matemáticas sino también en la lectura.

"Creo que todos los maestros desean que los niños tengan éxito, así es que cuando encuentran un estudiante que tiene el poder de superar, verdaderamente quieren ayudar," esta maestra dice. "A veces tiene uno que ver más allá para averiguar lo que el niño necesita. Yo tenía un presentimiento de éste; era tan extraordinario."

Este relato destaca una pista importante: Si un maestro o padre observa una diferencia amplia en el desempeño de sus materias escolares—por ejemplo, en las matemáticas versus la lectura—puede ser una pista de que el niño sufre una incapacidad en el área baja. Más exámenes pueden ser justificados. No obstante, una incapacidad de aprendizaje no es la única razón de tales discrepancias. Algunos niños dotados pueden también lograr menos de lo esperado simplemente porque no les gusta el maestro, luchan con sus padres acerca de sus tareas, o por razones de otros problemas emocionales.

Es importante que maestros y padres se den cuenta que una incapacidad obvia puede coexistir con esa posibilidad de un "nivel de desempeño excepcional" el cual es el sello del don. Esto de ninguna manera disminuye ese don, sino que quiere decir que el niño necesitará aprender maneras de compensar la incapacidad. Si esta incapacidad está en el lenguaje escrito, por ejemplo, el niño puede compensarla al llevar a su clase una grabadora para ayudarle a recordar detalles, y el hacer toda su escritura en una computadora. Padres y maestros deben también tener conciencia de que niños dotados pueden tener incapacidades sutiles a pesar de su habilidad avanzada. Estas pueden, o quizás no, influir en el logro total del niño, aunque tales incapacidades tienden a causar más problemas cuando el niño entra en los años secundarios de la escuela donde las materias se tornan más difíciles.

Vigilando al don

Lupita

Lupita, de doce meses, era una bebé callada quien nunca había pronunciado una palabra reconocible. Un día, su madre la puso en el coche para llevarla con ella mientras hacía sus mandados. Su mamá puso en marcha el carro y salió por la carretera. Mientras madre e hija esperaban en el semáforo, una pequeña voz suavecita dijo "Pon el radio." Sobresaltada, la madre de Lupita volteó para ver quién hablaba; casi creía que alguien había entrado al coche mientras estaba parado en el semáforo. Pero Lupita era el único pasajero del asiento de atrás, y sonrió cuando su madre puso el radio.

Aunque este ejemplo de Lupita es raro por su muy joven edad, la habilidad verbal es quizás una de las más comunes características del don. Muchos padres de niños dotados reportan que sus niños hablaron más pronto o usaron palabras y conceptos los cuales eran más avanzados que los de sus iguales.

Sondra

Sondra tenía tres años cuando viajó con su madre para visitar a sus abuelos. En el aeropuerto, Sondra parecía estar encantada con un tapiz en la pared, el cual incluía una serie compleja de líneas y círculos. Parándose frente al tapiz ella trazaba el diseño con su dedo. Más tarde, ya volando en el avión, pidió sus crayones. Mientras Sondra dibujaba, su madre se dió cuenta que no hacía las fortuitas rayas que uno esperara de un niño de tres años. En cambio, usaba la hoja entera para cuidadosamente reproducir el patrón del tapiz que la había intrigado en la sala del aeropuerto. Aunque todavía preescolar, Sondra demostraba la memoria notable, el recuerdo, y la concentración de un típico niño dotado.

Ernesto

Ernesto iba en el segundo año. Su maestra y el psicólogo de la escuela creían que tenía Trastornos por Déficit de Atención / Hiperactividad (TDAH) porque su pensamiento frecuentemente se desviaba. Recomendaron a sus padres que Ernesto viera a un médico que pudiera determinar si un medicamento le aumentaría su habilidad para poner más atención en la sala de clase. La maestra le dijo a su madre que ella esperaba que Ernesto "llegara a donde correspondía," y "como los otros niños" para el fin del año escolar.

La clase de Ernesto estaba memorizando datos del calendario—datos que él sabía desde que estaba en el jardín de niños. Un día, mientras discutía esta situación con su madre, preguntó "Mamá ¿sabe lo que averigüé? Si toma cualquier día del calendario, suma los días de cada lado de ése, divide ese número por dos, el resultado es igual al número del día que escogió al principio."

¡Increíble! Con razón la maestra de Ernesto creía que no podía poner atención. Intelectualmente había dejado al resto de la clase muy atrás. Se encontraba sin reto, aburrido, e inquieto. No obstante, al ser sometido a prueba y ubicado en un programa para estudiantes dotados, la necesidad de medicamentos jamás fue mencionada.

La fascinación de Ernesto con las matemáticas continuó; cuando tomó una clase de historia antigua en la escuela secundaria (años 7 y 8) investigó todo lo posible acerca de los sistemas numéricos y luego aprendió a escribir los números en esos idiomas. Trabajó con un ábaco para discernir la lógica detrás de los sistemas matemáticos antiguos. Pronto él estaba creando su propios problemas de lógica para probarlos con sus compañeros.

Los intereses de un niño dotado son usualmente mantenidos durante un largo período de tiempo. El involucramiento de Ernesto con las matemáticas es ejemplo de ese caso.

Hector

Hector tenía ocho años y estaba en el tercer año cuando fue enviado al programa dotado. Llegó temprano para su exámen, su cara expresando una vehemente determinación. Se mantuvo enfocado e intenso durante todo el exámen. Terminando mucho antes que los otros estudiantes, trajo su prueba y hoja de respuestas al escritorio de su maestro.

Dijo "Yo sé que este exámen debe medir cómo resolvemos bien un problema, pero me adelanté y computé las respuestas exactas también. No había lugar donde ponerlas en la hoja, así es que las escribí al márgen." Aunque ese exámen no requería completar las computaciones, erró en solamente dos preguntas de un exámen que era para los del sexto año.

En el mundo de niños dotados, la superior energía, el anhelo, y el entusiasmo como los de Hector son ocurrencias diarias. La verdad es que su entusiasmo para aprender es que dá un gusto enseñarles a estos estudiantes.

* * *

Las historias clínicas anteriores no son fuera de lo común. Maestros de niños dotados han oído muchos cuentos de increibles habilidades avanzadas—casi siempre combinadas con desarrollo asíncrono. Algunos padres relatan cuentos de niños que, de siete meses de edad, caminaban con confianza, niños que a la edad de dos o tres años podían leer, y niños que podían sumar y restar en unidades, decenas, y centenas para la edad de cinco o seis años.

Por lo tanto, las historias clínicas también muestran qué tan diferentes uno del otro pueden ser estos niños dotados. Es difícil generalizar acerca de niños dotados, pero sí hay unos cuantos puntos que son importantes entender.

En primer lugar, los niños dotados **son niños**. Debido a los dones mentales de estos niños, los padres, maestros, y otros adultos pueden estar tentados a verlos como adultos en miniatura. Excepcionalmente maduros en su actitud, los niños dotados a veces parecen ser almas viejas. Pero no lo son. No han estado en este planeta por mucho tiempo. Tienen poca experiencia de la vida, y no están más preparados para ser responsables por sí mismos que cualquier otro niño de la misma edad. Sí, frecuentemente pueden pensar y hablar en un nivel superior al de sus padres, hermanos, maestros, y amigos, pero su desarrollo emocional a menudo no alcanza a su intelecto. Y todavía necesitan la dirección, disciplina, reglas de comportamiento, y límites que todo niño requiere para sentirse seguro y querido.

En segundo lugar, **los niños académicamente dotados son pensadores extraordinarios, "fuera serie."** Sus capacidades cognoscitivas exceden con mucho la norma. Tienen la habilidad de pensar y razonar analíticamente por lo menos dos, cuatro, o a veces hasta más años por encima de lo que se espera de niños de la misma edad. Por lo tanto, es crítico que sean provistos con los materiales, los programas de estudio, la experiencia, y las discusiones que corresponden a sus intereses y habilidades—tanto en casa como en la escuela. También es imperativo que se les permitan pensar en sus propias y únicas maneras, en vez de ser forzados hacer cada tarea en el orden o la sucesión esperados de otro niño. Los niños dotados son únicos en sus diferencias, y esas diferencias deben ser atendidas en el aula y en el hogar.

Capítulo 2

¿Es mi niño dotado— o simplemente inteligente?

¿Son los niños más inteligentes que antes?

Los padres y las madres de hoy tienen acceso a mucha más información acerca del desarrollo del infante y del niño que los padres de hace una generación. Por consiguiente, hay muchos niños que son productos de una crianza excepcional. Estos niños han sido estimulados intelectualmente desde su nacimiento. Se les ha hablado, se les ha leído, y se ha jugado con ellos. A niños afortunados como éstos se les ha provisto de libros, juegos, rompecabezas, aprendizaje de computadoras, música, y materiales de arte. Ellos han visto a Plaza Sésamo, y otros programas para niños. Para cuando entran en el jardín de niños pueden diferenciar formas y colores y entienden conceptos como igual y opuesto; ellos saben sus letras y números. Han visitado al zoológico, el centro de ciencia, el cine, y el supermercado. Han comido en restaurantes, establecimientos formales e informales. Posiblemente han sido llevados a interpretaciones de danza y de música. Quizás han asistido a eventos deportivos, amateur y profesional. Es posible que hayan sido participantes activos en cenas de su iglesia o festivales y picnics de su barrio. Todas estas actividades dan a estos niños cosas de los cuales hablar y de las cuales aprenden.

Algunos de estos chicos han asistido al Head Start u otros programas preescolares o de guardería los cuales se enfocan en el aprendizaje y la auto-estima. Su experiencia preescolar puede haber incluido niños con varias incapacidades, así es que aceptan con facilidad a esos que utilizan lenguaje por señas o sillas de ruedas. Muchos preescolares también han sido expuestos a una familia extendida, ya sea esta gente parientes o amigos de sus padres. La exposición a otra gente y grupos ha enriquecido las vidas de estos niños y los ha preparado para la escuela.

Su salud también ha sido protegida. Regularmente han visto al pediatra o a quien se encarga del cuidado de su salud en la clínica, y, como casi todos los distritos escolares requieren inmunizaciones, la mayoría de los estudiantes están al día con sus inyecciones. Comen comidas saludables, se ejercitan bastante, y mantienen horas regulares de acostarse. Todo ésto beneficia el aprendizaje.

Aunque las oportunidades para el enriquecimiento estan disponibles con más facilidad para los niños de la clase media, la falta de dinero no tiene que implicar falta de oportunidad. Puede ser difícil, pero es ciertamente posible, que familias de ingresos bajos encuentren estas mismas ventajas y muchas lo hacen. Un director de escuela de minoría, con experiencia en escuelas de distritos del centro de la ciudad y suburbanas, lo dice a su manera:

> *"A veces tienes que pedir lo que necesitas. Vamos a ser francos. El dinero hace las cosas más fáciles, pero hay maneras de que los padres obtengan lo que necesitan para sus niños.*
>
> *"La biblioteca pública es gratis, y los padres pueden encontrar todos tipos de libros, videocintas, computadoras, y programas para los niños. Así que si los padres no tienen una computadora en casa, y saben que el enriquecimiento que su niño necesita involucra la tecnología, una computadora de la biblioteca puede substituir. Y un bibliotecario puede ser un recurso maravilloso para los padres. Los bibliotecarios pueden ayudarles a conseguir libros acerca del*

don intelectual para que puedan entender mejor las necesidades especiales de sus niños, y también pueden ayudar a los niños a descubrir materias, autores, y recursos, los cuales pueden ampliar sus mentes.

"Conseguir este complemento para los niños puede ser difícil. Mucha gente de la ciudad trabaja en dos o tres empleos para apenas sobrevivir; los adultos mismos necesitan enriquecimiento, y allí es donde los maestros verdaderamente pueden ayudar. Si ven un niño que tiene el potencial para superarse, los maestros pueden dirigir a los estudiantes y los padres, hacia los recursos de la comunidad de los cuales ellos conocen. Los maestros mismos pueden hablar con los líderes culturales de la ciudad y frecuentemente obtener entradas gratis a conciertos, el teatro, o interpretaciones de danza para los niños que necesitan enriquecimiento pero no pueden comprar un boleto."

¿Hará el enriquecimiento que un niño sea dotado?

Los niños cuya experiencia de la vida ha sido enriquecida en muchas de estas maneras llegan a la escuela preparados para aprender, y ellos en gran parte sobresalen en los primeros años. Son inteligentes, ávidos, y a menudo versados socialmente—la idea que el público tiene (y a veces el adulto y el maestro) de los niños dotados. Pero si estos adultos vigilan a estos niños por un período de tiempo, se darán cuenta de que para el tercer o cuarto año algunos de los niños se están "nivelando"—es decir, tiene desempeño como la mayoría de sus iguales de edad. Todavía son muy inteligentes, pero su habilidad intelectual ahora está desafiada por material más complejo. Aunque ellos parecieran ser dotados en el jardín de niños y el primer año, ahora es evidente que son simplemente niños inteligentes quienes tuvieron una niñez enriquecida y quienes sobresaldrán en el llamado salón regular.

Los niños dotados tienen una situación diferente. Estos niños pueden también haber tenido una crianza cuidadosa y cariñosa, aunque hayan, o quizás no, recibido las oportunidades excepcionales disponibles a las familias de más recursos. Con tal que los niños dotados reciban oportunidades razonables para explorar, pensar, y crear, sus dotes intelectuales generalmente pueden prosperar, a veces con relativamente poco estímulo. Su don es parte de la dotación genética—el potencial que trajeron cuando nacieron. Por supuesto, ésta necesita ser alimentada y animada por sus padres y otras personas, pero existe de sí.

Dándoles a los niños una variedad amplia de oportunidades para aprender en realidad ayuda a identificar a esos que son dotados. Por ejemplo, suponga que un grupo de jóvenes va al museo para ver los huesos de los dinosaurios. Todos los niños se encantarán con los esqueletos, pero los niños dotados pueden impulsivamente decir que el brontosaurio debería haber sido comedor de hojas porque tenía el pescuezo largo, así como las jirafas. El niño dotado puede ver las relaciones y hacer conexiones que no son inmediatamente aparentes a los otros niños. Los niños dotados absorben información rápidamente y usualmente están en una constante búsqueda intensa para aprender más—y esa intensidad puede ser uno de los primeros indicadores de que poseen el don.

A pesar de lo que hacemos, o a veces no hacemos, los niños dotados aprenden de la misma manera que respiran—automáticamente. Ni nos damos cuenta que enseñamos a estos niños al exponerlos a muchos puntos de vista, al darles un desafiante programa de estudio, modelos de carácter, y toda clase de posibilidades. Los niños dotados frecuentemente son aprendices autónomos y mucho de lo que aprenden será autodidacto. Sin embargo, necesitan que los padres y los maestros los guíen, particularmente por razones de su desarrollo intelectual, el cual frecuentemente sobrepasa a su juicio.

Aún con todos sus talentos, estos extraordinarios niños inteligentes pueden llegar al salón preparados para alegar y retar en vez de aprender. Aunque socializan bien, la mayoría de las veces están algo en desacuerdo socialmente con sus compañeros. Ellos tratarán de organizar a los otros niños en juegos complejos y de reglas detalladas. Es posible que cuestionen y hablen claro, defiendan su punto de vista, y corrijan a otros. El maestro puede considerar tales características como irrespetuosas y perturbadoras y puede concluir que estos niños están mimados y son impertinentes en vez de dotados.

Tal como un niño inteligente que es trabajador diligente y un triunfador puede ser identificado erróneamente como dotado, un niño verdaderamente dotado puede ser señalado como un perturbador, una molestia, una persona molesta, o hasta sospechado de sufrir de Trastornos por Déficit de Atención/Hiperactividad (TDAH). El niño inteligente puede ir a parar a una clase para dotados, el niño dotado a la oficina del director, y ninguno de los dos estará en el lugar debido.

Por supuesto, no cada niño irrespetuoso, agresivo, y mal portado es dotado; muchos nínos dotados son pacientes, corteses, bondadosos, y amables. Los padres y maestros deben observar al niño durante un período de tiempo para saber precisamente con quién están tratando.

Niños inteligentes pueden, en efecto, ser pensadores más sofisticados que niños de generaciones anteriores simplemente porque han tenido más experiencias y han sido expuestos a más información, más temprano en sus vidas. Sin embargo, los niños inteligentes pueden ser abrumados por el rigor y las demandas de un programa de estudio dotado. Los niños dotados, por otra parte, generalmente prosperan en este tipo de arduo ambiente creativo. En realidad, si no reciben el estímulo que requieren para su crecimiento intelectual y social, unos estudiantes dotados simplemente disfrazan y esconden sus habilidades o dejan secar y desvanecer sus talentos.

Muchos niños, muchos talentos

Su potencial superior en muchas áreas es lo que estudiantes dotados tienen en común. Pero hay varias clases del don, y unos niños dotados pueden diferenciarse más entre sí que sus compañeros menos dotados. Unos tienen fortaleza en ciencia y matemáticas mientras otros son brillantes poetas. Unos son pensadores fortuitos, desorganizados, que aceptan múltiples proyectos los cuales todos quedan incompletos; otros son organizados y sistemáticos, haciendo una tarea a la vez hasta que se han completado todas. Unos son bastante extrovertidos; otros solitarios introvertidos quienes necesitan tiempo para sentarse y pensar. Unos tienen tanta energía que apenas pueden quedarse sentados. Otros tienen tan intensas capacidades de concentración que necesitan ser forzados a dejar una tarea. Unos son ganadores perfeccionistas, motivados por sí mismo; otros, quizás asustados por lo que creen que se espera de ellos, logran niveles más bajos que sus habilidades. Otros están verdaderamente preocupados con las reglas y cuestiones de lo justo e injusto, mientras otros son los payasos de la clase quienes usan su aptitud mental para mantener todo bullicioso y animado.

Sus estilos de aprendizaje varían también. *Aprendices visuales* aprenden mejor al leer, viendo videocintas, o estudiando carteles. *Aprendices auditivos* absorben información al escuchar. Estos niños se sienten cómodos con conferencias, discusiones, y sesiones de preguntas y respuestas. *Aprendices cinéticos* desarrollan mejor cuando se les permite manipular ideas y conceptos con sus manos.

Entender los estilos de aprendizaje de diferentes niños en una sala de clase es un desafío, pero los maestros buenos lo hacen cada día. Suponga que una clase del tercer año está estudiando el sistema astral. El maestro puede enseñar un video y luego tener una discusión con la clase del espacio exterior, de esta manera complaciendo a los principiantes auditivos y visuales. Los niños entonces se separan en grupos pequeños y construyen modelos a proporción, utilizando los datos descubiertos del tamaño, la topografía, la atmósfera, y las características únicas de los planetas.

Aunque todos los niños aprenderán de esta actividad práctica de modelos, los principiantes cinéticos ganarán los mayores beneficios.

¿Inteligente o dotado? Maneras para determinarlo

Niños inteligentes. Niños dotados. Niños inteligentes que se parecen a niños dotados. Niño dotados quienes tienen incapacidades de aprendizaje o están escondiendo sus capacidades intelectuales. El problema en sí puede ser un enigma, pero hay unas características que se pueden vigilar si se está tratando de decidir si un niño en particular es dotado o simplemente inteligente y beneficiado de la experiencia enriquecida. Presten atención al leer la lista que no todos los niños dotados exhibirán cada característica.

Rapidez de aprendizaje y aplicación de conceptos	
Niños inteligentes:	Niños dotados:
aprenden en una manera convergente, lineal, amontonando datos sobre datos hasta que entienden un concepto.	piensan en una manera divergente y/o rápida. En un proceso de diez pasos pueden saltar del paso 2 al paso 10, porque para cuando hayan completado el segundo paso, ya resolvieron el problema.
Se benefician de práctica y repetición y son pacientes con algunos tipos de aprendizaje por repetición.	procesan información en formas distintas. Pueden usar "ingeniería en reversa" para resolver problemas es decir, adquieren la respuesta a traves de su intuición y luego trabajan por los pasos requeridos para llegar a la pregunta inicial.
siguen direcciones bien.	tienen aversión a ejercicios repetitivos y al aprendizaje por rutina porque han dominado lo que deben aprender desde la primera o segunda repetición.
absorben y entienden la información presentada en clase.	prefieren encontrar nuevas maneras para resolver problemas, pero son capaces de seguir instrucciones si es necesario. sintetizan información presentada en clase y pueden aplicarla a nuevas situaciones.

Estilo de interrogación	
Niños inteligentes:	Niños dotados:
hacen preguntas que tienen respuestas.	hacen preguntas de ideas abstractas, conceptos, y teorías que quizás no tengan respuestas fáciles.
tratan de juntar hechos relacionados a la tarea actual.	les gusta resolver relaciones, viendo causa y efecto, y prediciendo nuevas posibilidades.
posiblement preferieren que los hechos sean presentados en un orden el cual puedan comprender.	les gusta la complejidad y estan a veces conformes con respuestas ambiguas a preguntas.
pueden hacer la misma pregunta más de una vez.	harán la misma pregunta más de una vez, pero raramente de la misma manera.

Actitud emocional	
Niños inteligentes:	Niños dotados:
muestran emoción, pero generalmente pueden dejar pasar un incidente desagradable fácilmente.Ellos casi siempre pueden enunciar lo que les molesta y hablan libremente de sus emociones.	experimentan emociones elevadas, a veces arrolladoras, que pueden poner trabas a otras áreas de pensamiento o trabajo. Son apasionados y sienten profundamente. Unos pueden identificarse asombrosamente, pueden reprimir sus sentimientos o temer a demostrar sus emociones.
entienden que las relaciones tienen sus altibajos. Pueden argüir con fervor con un amigo, y llegar a ser sus mejores amigos al final del día.	se dedican a fondo en relaciones y pueden ser consternados en exceso si esas relaciones son perturbadas por un desacuerdo, una injusticia percibida, o la defección o la deslealtad de un amigo.

Cuando se les pregunta que cómo se sienten, los niños dotados quienes están suprimiendo sus emociones usualmente dicen que "están bien", hasta cuando su comportamiento visible muestra claramente que no están bien. Si eligen hacerlo, pueden disfrazar sus emociones mejor que la mayoría de otros niños.

Los niños dotados frecuentemente contienen sus emociones porque tienen miedo enseñar a otros lo que está ocurriendo en sus vidas íntimas. Sus emociones frecuentemente son tan intensas que los niños cuestionan si son "normales." Pueden sentirse como que están conteniendo el océano un una botella; ellos pueden temer que si sacan el tapón, serán abrumados por las olas—que tan pronto como empiecen a desahogar sus emociones, no podrán parar. Temen perder control, y si hay una cosa que los niños dotados necesitan, es un sentido de dominio de sí mismo y de pertenenencia. Así es que se comportan tan normal y ordinarios como es posible y les dicen a sus padres lo que creen que quieren oír. La mayoría del tiempo saben precisamente lo que los adultos quieren que digan.

Las amistades pueden ser problemáticas. Un niño dotado puede, después de mucha consideración, confiar profundamente en un amigo; es por eso que la disolución de una amistad puede ser tan devastadora. Si la amistad fracasa, el niño no tiene ninguna forma de desahogar toda la emoción anteriormente compartida con su amigo perdido. El niño podrá entonces afligirse profundamente o mostrar ira que puede parecer excesiva a sus padres.

Nivel de interés	
Niños inteligentes:	Niños dotados:
hacen preguntas y tienen curiosidad de varias cosas.	muestran una curiosidad intensa de casi todo y muy a menudo profundizan en un tema que les interesa.
completan proyectos como son asignados.	se involucran profundamente y es posible que no completen proyectos a tiempo porque estan inmersos en, o distraído por, un aspecto particular de la tarea. Pueden llegar a estar tan interesados en un tema específico que ignoran otras áreas.
trabajan con diligencia y energía.	muestran tanta energía y entusiasmo en sus áreas de interés que llegan a inventar sus propias tareas y proyectos.
trabajan para complacer a otros.	requieren un mínimo de instrucciones y de sugerencias.

Habilidad de lenguaje	
Niños inteligentes:	Niños dotados:
aprenden vocabulario nuevo con facilidad, pero escogen palabras que son típicas para sus edades.	usan vocabularios extensos y avanzados, entienden matices verbales que eluden a otros, disfrutan de juegos de palabras y frecuentemente hablan por encima de la comprensión de sus compañeros (y a veces sobre la de los adultos, también).
toman turnos en conversación porque sus mentes están adaptadas al intercambio de las relaciones con otros.	pueden dominar conversaciones en casa o en la escuela a causa de su entusiasmo intenso de ideas, aunque hay muchos niños dotados quienes tienen que ser animados a compartir sus pensamientos.
entienden la estructura de lenguaje, y pueden aprender nuevos idiomas con práctica.	aprenden destrezas de lenguaje rápidamente. Estudiantes dotados inmigrantes típicamente aprenden su nuevo idioma mucho más pronto que otros estudiantes, a veces en tan poco como dos meses.

Preocupación con imparcialidad	
Niños inteligentes:	Niños dotados:
declaran opiniones firmes de lo que es justo, pero esas opiniones frecuentemente son relacionadas a situaciones personales, tal como, "El tiene más cereal en su tazón que yo."	muestran interés acerca de lo que es justo y equitativo con mucha más intensidad y en una gradación más global. Ellos pueden entender la sutileza de preguntas complejas morales y éticas, tal como esas relacionadas a la guerra y problemas del medio ambiente, y defienden sus puntos de vista con fervor y pensamiento profundo.
entienden el razonamiento con respeto a lo que es y lo que no es justo.	enfatizan y debaten lo justo o injusto de una situación.

Un niño dotado del quinto año arguye con fervor el derecho del doctor Kevorkian en continuar su asistencia en suicidios. "Es el derecho absoluto del paciente decidir su propio destino," ella dice. Una estudiante del sexto año es igualmente persuasiva al presentar el caso para programas dotados en las escuelas primarias. "Es importante para nuestro desarrollo psicológico," ella dice "poder pasar tiempo con estudiantes que son como nosotros." Estas declaraciones filosóficas no son lo que uno espera del niño ordinario de diez u once años.

Pero el tener un entendimiento intelectual avanzado de principios morales y ética no necesariamente hace a niños dotados más éticos que sus compañeros de clase en actividades diarias. Los niños dotados son primeramente niños; pueden decir mentirillas y evadir responsabilidad como cualquier otro niño, frecuentemente más ingeniosamente y con más originalidad. Hay dos razones por esta disparidad:

- La experiencia del niño todavía no ha alcanzado a su desarrollo intelectual; el niño no está suficientemente maduro para entender que preocupación con cuestiones de principios morales deben ser traducidas en acción en situaciones concretas.
- Los niños dotados, como otros niños, desean ser queridos y tener amigos. Se cansan de resaltar, de ser una minoría. La necesidad de ser aceptados por sus iguales llega a ser muy fuerte cuando llegan a ser adolescentes, y pueden desviarse de su guía moral o comprometer sus ideales para ganarse un lugar con iguales en el grupo mayor.

Por ejemplo, un estudiante que tiene una aversión a la música "heavy metal" y se opone al tipo de conducta que es frecuentemente parte de la escena de conciertos, puede, sin embargo, asistir a conciertos de música "rock" y darse gusto en comportamientos posiblemente peligrosos, tal como "moshing," (una especie de chocar con otros) simplemente para formar parte de un grupo de iguales en particular.

Como se ven ellos mismos	
Niños inteligentes:	Niños dotados:
comparten intereses con sus iguales y "congenian" en la escuela; propenden a pensar que otros los quieren, y así desarrollan su amor propio.	generalmente tienen alta autoestima, pero unos pueden sentirse diferentes de otros, pueden no "congeniar" y así desarrollar baja auto-estima.
luchan, logran, y disfrutan de sus realizaciones.	expresan insatisfacción con su desempeño, porque, "hay mucho más que hacer" o, "simplemente no lo hice bien."
raras veces se preocupan de ser perfectos.	pueden ser intensamente críticos de sí mismos y perfeccionistas.

Alma, una estudiante de la primaria, dominó un grupo de muy complejos poemas para presentación a un grupo grande de padres y estudiantes. Su presentación, ritmo, e interpretación fueron perfectos. Después de ver la grabación, no obstante, esta estudiante altamente dotada estaba terriblemente avergonzada y dijo, "¡Oh, mi cara estaba tan ruborizada!" Su enfoque estaba atraído a la única cosa que ella consideraba "inadecuada" con su interpretación, en vez de la total excelencia de su trabajo. Ella verdaderamente creía que había hecho las cosas mal.

Estos detalles muestran que aunque a los niños dotados y a los niños inteligentes les gusta aprender, trabajar con diligencia, y valorar a las amistades, los niños dotados muestran estas características con más intensidad.

Para determinar si un niño es dotado, *una cosa importante que debe vigilarse es el punto hasta donde se manifiestan características específicas.* La diferencia entre un niño inteligente y un niño dotado no pocas veces radica en la profundidad y la intensidad de estas características. Por ejemplo, casi todos los niños son curiosos. Los niños inteligentes son probablemente más curiosos que los niños ordinarios, pero los niños dotados son insaciablemente curiosos. Ellos tienen una mayor profundidad e intensidad de curiosidad.

Tal vez el lenguaje es la clave. Mientras un niño inteligente podrá conversar con inteligencia, un niño dotado a menudo podrá conversar y comprender como un adulto. Los niños dotados tienen una comprensión más rápida del lenguaje y pueden utilizarlo mucho más efectivamente que otros niños.

Esta intensidad, la cual a veces es identificada como "entusiasmo excesivo," es una clave particularmente importante la que los padres y maestros pueden usar para ayudarles a determinar si un niño es inteligente o dotado. Después, el niño probablemente será sometido a pruebas para determinar con más precisión el nivel y el tipo del don, pero al principio, vigile la intensidad.

Si su niño es inteligente pero no dotado, unos expertos creen que Ud. puede en realidad ser afortunado. Leta Hollingworth, una innovadora en la profesión de la educación del dotado, describe un concepto de "inteligencia óptima" cuyo cociente intelectual dice que es probablemente entre 120 y 145. Como James Webb, un psicólogo clínico y uno de los autores de *Guiding the Gifted Child: A Practical Source for Parents and Teachers* (Webb, Meckstroth & Tolan, 1982), frecuentemente le dice a padres, "la parte menor de la inteligencia óptima no está en el rango de dotada. El don, en la mayoría de distritos escolares, empieza con un cociente intelectual de 130, y los resultados pueden extenderse más allá de 200. La buena noticia es que con inteligencia óptima su niño puede tener éxito en casi toda ocupación. La mala noticia es que más vale que empiece a ahorrar dinero para el colegio o universidad."

Si un niño ha sido identificado como dotado a través de exámenes psicológicos o pruebas de habilidades cooperativas, Ud. puede sentirse contento, pero al mismo tiempo prepárese para los altibajos de criar y enseñar a un niño difícil. Lea y aprenda todo lo que pueda de las características académicas, sociales, y emocionales y de las necesidades sociales de estos niños especiales; y agárrese para el viaje.

Los padres y los maestros de un niño dotado están en la mejor posición para ser los partidarios del niño. Es crítico que estos adultos sirvan como defensores y mentores porque mucha de la sociedad está ignorante de las necesidades especiales de niños dotados. Personas sin entrenamiento en las características de niños dotados pueden rápidamente juzgar y criticar a niños que no entienden. Los niños dotados necesitan adultos que los apoyen cuando se sienten confundidos, sin amigos, y asustados.

Si Ud. necesita ayuda profesional para entender y guiar a su niño, no vacile en conseguirla. Póngase en contacto con las organizaciones de niños dotados y talentosos locales o estatales para informarse sobre los recursos correctos. Muchas de estas organizaciones y otros recursos están enumerados en el apéndice al final de este libro. Aunque una persona, casi siempre un padre o maestro, puede hacer toda la diferencia en la vida de un niño dotado, es posible que estos adultos necesiten consejos a lo largo del camino. Solicitando ayuda de varios consejeros profesionales, discutiéndolo con otros padres o maestros, o consiguiendo mentores adicionales para su niño no quiere decir que es un padre débil ni incompetente. Estas acciones sugieren que es un adulto a quien le preocupa lo que es mejor para estos niños extraordinarios.

Segunda Sección

Su niño dotado y la escuela

Capítulo 3

Examinando y seleccionando: Cómo identifican las escuelas el don

Si Ud. ha observado a su niño a través de un período de tiempo y ha llegado a la conclusión que pueda ser dotado, está a punto de embarcarse en un viaje lleno de emociones, estremecimientos, y mucha voluntad. Una mamá recientemente comentó que el pediatra de su niño había hecho el "diagnóstico" del don y explicó a los padres que ahora serían puestos en la posición de abogar por su hijo durante toda su carrera escolar, primaria y secundaria. "Las escuelas no están preparadas para manejar niños como el suyo," dijo, "y la sociedad no lo premiará mucho tampoco, por lo menos hasta que sea mayor."

El doctor tiene, y no tiene, razón. En unos sistemas escolares o en ciertos edificios escolares dentro de un distrito escolar, los administradores y maestros están de acuerdo en la importancia de la educación apropiada de todos los niños y efectúan los acomodos necesarios para servir a los niños dotados. Sin embargo, todavía hay muchos distritos escolares y escuelas en este país, y en otros, en los cuales se espera que el niño marche al mismo paso de los otros por el programa de estudios con menos, o pocos, ajustes. Por eso es que, en muchas partes de los Estados Unidos, los padres están trabajando activamente con asociaciones estatales para los dotados y con grupos legislativos para promulgar mandatos que exijan a la escuelas que provean el mismo tipo de cuidado y atención especial a los estudiantes dotados tal como a los estudiantes menos hábiles y a los incapacitados. Cualquiera que sea la situación en su escuela o distrito, si Ud. es el padre de un niño dotado, necesitará estar bastante involucrado en la educación de su niño y con los maestros, consejeros, y administradores que dirigen e influyen en esa educación.

Para darle a su estudiante dotado el mejor ambiente para el aprendizaje, tendrá que hacer todo lo posible para entender y valorar los puntos de vista de los maestros de su niño, porque necesitará comunicarse y trabajar con muchos de ellos desde que su niño sea identificado hasta que se vaya al colegio (Universidad).

La sociedad de padres y maestros la mayoría de las veces empieza con un debate sobre la habilidad y el desempeño del niño, seguido por un proceso de pruebas. Usualmente, los padres, el maestro—o los dos—han notado que el estudiante ha demostrado unas habilidades excepcionales y sienten que la necesidad para la educación especializada pueda ser justificada.

Dependiendo en el sistema escolar, la designación o recomendación para exámenes para un programa dotado puede venir de maestros, padres, representantes de la comunidad, tales como miembros del clero, líderes de los niños exploradores, coordinadores de voluntarios, entrenadores de equipos; u otros adultos con quienes su niño regularmente actúa recíprocamente, o de los mismos niños.

Si Ud. desea proponer a su niño para ser considerado en un programa de dotados, las palabras que use con su maestro son importantes. Una vía de entrada cooperativa es la más útil. No es buena idea irrumpir en el salón agitando un artículo sobre el don o una calificación de una prueba diciendo, "Mi niño es más inteligente que cualquier otro en la clase. ¿Qué va a hacer?"

Es mucho mejor compartir observaciones específicas con el maestro con declaraciones como, "He notado unas cosas de Jacqui que me hacen creer que pueda tener unas diferencias académicas con los otros niños. Como estudiante del primer año leyó todos los libros de la serie *Little House on the Prairie*, y ahora, en el segundo año, ella lee y comprende por encima del nivel de su año. El otro día, me preguntó cómo dividir un octavo por un tercio, así es que creo que está adelantada en las matemáticas también. ¿Ha visto algo similar? ¿Qué cree que debemos hacer para asegurar que continúe progresando?"

La maestra puede estar de acuerdo, o en desacuerdo, con la evaluación del padre acerca de la habilidad del niño. Si hay un desacuerdo, es hora que los padres y el maestro escuchen cuidadosamente las observaciones de uno y otro y traten de llegar a una solución. Pero aún si el maestro está absolutamente de acuerdo con las opiniones del padre, la entrada de su niño en un programa dotado no es automática.

Si hay un programa para dotados, el niño debe cumplir con el criterio del distrito escolar, el cual puede incluir el tomar uno o más exámenes. Ciertamente, un niño es más que el resultado de una calificación, pero las pruebas pueden darle una visión objetiva para medir la habilidad y potencial tanto como los logros en varias áreas. Aunque las pruebas enlistadas a continuación son las que los distritos escolares generalmente usan para la identificación de niños dotados, hay muchos otros tipos de exámenes. Algunas pruebas en particular son, la mayoría de las veces, administradas por un psicólogo de la escuela o un psicólogo clínico; un maestro entrenado o un consejero puede hacer pruebas de grupo. Aunque no todos los sistemas escolares usan pruebas para identificar a niños dotados, es útil saber un poco de las varias pruebas que puedan ser utilizadas. Información adicional acerca de tales pruebas puede obtenerse de los manuales que acompañan a cada examen.

Los tipos de exámenes que su niño puede tomar

Las pruebas de habilidad miden la inteligencia en general, tanto de factores como lenguaje, memoria, pensamiento conceptual, razonamiento matemático, razonamiento verbal y sin palabras, habilidades musculares visuales, e inteligencia social. Pruebas frecuentemente usadas para determinar habilidad incluyen, pero no se limitan a:

- Stanford-Binet Intelligence Scale (Binet-IV, or Form L-M)
- Wechsler Intelligence Scales for Children (WISC III)
- Wechsler Preschool and Primary Scale of Intelligence-Revised (WPPSI-R)
- Woodcock-Johnson Tests of Cognitive Ability
- Kaufman Brief Intelligence Test (KBIT)
- Otis-Lennon School Ability Test
- SRA Primary Mental Abilities Test
- Cognitive Abilities Test
- Matrix Analogies Test
- Ross Test of Higher Cognitive Processes

Las pruebas miden destrezas en varias áreas de programas de estudio—es decir, lo que los estudiantes han aprendido. Un niño dotado puede ser sometido a una o dos de las pruebas frecuentemente usadas de logros:

- Comprehensive Test of Basic Skills
- Metropolitan Achievement Tests
- SRA Achievement Series
- California Achievement Test
- California Test of Basic Skills
- Woodcock-Johnson Tests of Achievement
- Iowa Tests of Basic Skills
- Stanford Achievement Test

Escalas de medición de comportamiento ofrecen al maestro una oportunidad para evaluar características del niño como su habilidad para actuar recíprocamente con otros y sus estudios, liderazgo, creatividad, y motivación. Estas normas son complementos importantes a las pruebas estandardizadas, pero la intervención del maestro o una calificación en una sola materia no debe ser el único criterio para la inclusión, o la exclusion, de su niño a un programa dotado.

Hay listas de control e inventarios relacionados con la identificación de la *creatividad*, pero como hay tantos aspectos de la creatividad, la administración de estos instrumentos debe ser solo una parte del proceso. Entrevistas, relatos de cuentos, y portafolios deben ser incluidos en la identificación de estudiantes creativos, y en unos casos, un grupo de árbitros expertos pueden ayudar a evaluar el potencial creativo del niño. *The Torrance Tests of Creative Thinking* son unos de los instrumentos estandarizados más frecuentemente usados para medir la originalidad. Competencias de originalidad, como *Destination ImagiNation* y *Future Problem Solving*, también proveen oportunidades para que los estudiantes demuestren su creatividad (Piirto, 1998).

Los niños que son dotados en las artes de expresión y visuales demuestran esas destrezas con cada pieza de arte o interpretación, pero hay pruebas para selección también, tal como *Seashore Measures of Musical Talents* y *Meier Art Tests*, aunque son raramente usadas.

The Leadership Skills Inventory puede ser usada con niños en los años seis a doce para evaluar sus fuerzas en las nueve destrezas necesarias para el desarrollo del liderazgo: fundamentos de liderazgo, comunicación escrita, comunicación de palabra, construcción de carácter, toma de decisiones, dinámicas cooperativas, resolución de problemas, destrezas personales, y destrezas de planeación. No obstante, la observación del estudiante dentro de, y más allá, del salón de clase es probablemente mejor que tratar de medir la dirección en una prueba o escala objetiva.

La mayoría del personal escolar reconoce que la aceptación a un programa de dotados debe estar basado en una selección diversa de las muchas áreas del funcionamiento del niño. Las calificaciones de las pruebas son parte de este proceso de selección, pero otras condiciones frecuentemente consideradas incluyen (Clark, 1998):

- nominación para un programa de dotados de parte de maestros, padres, compañeros, psicólogos, o consejeros.

- informe de maestro acerca de qué tan bien funciona el estudiante intelectualmente, socialmente, y emocionalmente
- la motivación del estudiante y su estilo preferido de aprendizaje
- el interés de los padres y el apoyo suyo para la participación de su niño
- el inventario propio del estudiante de sus valores, intereses, y actitudes hacia la escuela y actividades fuera del programa de estudios.

Quienes tienen la autoridad dehacer recomendaciones para la colocación recaudan toda la información, objetiva y subjetiva, la discuten en detalle, y deciden si el niño será admitido al programa de niño dotado.

Predisposición en exámenes

Cuando un procedimiento favorece a cualquier grupo sobre otro, se dice que es prejuicioso. El problema mayor con poner demasiada confianza en pruebas estandarizadas como criterio primario para inclusión en programas de dotados es que muchas de esas pruebas favorecen a quienes dominan el inglés, particularmente si los estudiantes vienen de familias privilegiadas. Sin embargo, sabemos que los estudiantes dotados se encuentran en todo grupo socioeconómico y entre estudiantes con incapacidades. Prejuicio de exámenes, es decir, construcción de pruebas que reflejan el idioma y la experiencia de estudiantes anglosajones de la clase media, pueden excluir de los programas dotados a minorías, niños de grupos de bajos ingresos, inmigrantes recientes, los de limitado conocimiento en el inglés, y niños con varias incapacidades del oído, el habla, la visión, y/o deterioros de aprendizaje.

En unos distritos escolares, este problema se está dirigiendo a través del uso de otros tipos de instrumentos de prueba, como el *Krantz Talent Identification Instrument* y *Torrance's Creative Positives*. Hay exámenes, no verbales, como el *Naglieri Nonverbal Ability Test, Raven's Progressive Matrices Test,* y el *Universal*

Nonverbal Intelligence Test, los que no dependen demasiado en habilidades de lenguaje. Unas pocas de las pruebas más usadas, como el *Cognitive Abilities Test*, hacen acomodos especiales para cumplir con las necesidades de los estudiantes con incapacidades y los que hablan poco inglés. Unos exámenes, como el *Leiter-R*, estan disponibles para estudiantes con deterioros del habla, del idioma, o del oído. Ahora hay pruebas escritas en otros idiomas, como el *Aprenda: La Prueba de Logros en Español, Batería-R Woodcock Muñoz*, y la *Escala de Inteligencia Wechsler para Niños, Revisada.*

Diferentes estados han aprobado varias pruebas para determinar el don; así es que, una prueba aceptada en un estado quizás no sea aprobada en otro. Su distrito escolar tendrá información acerca de cuáles exámenes, si los hay, necesitará tomar su niño.

Las pruebas pueden darle una idea del potencial de su niño, así como las áreas en que no son tan sobresalientes—y recuerde, los niños dotados probablemente no superarán en todas las áreas o materias. Como padre, Ud. tiene derecho a una explicación de los resultados del examen.

Asegurándose que su niño no sea omitido: Más allá de los exámenes estandarizados

Un grupo de investigadores del National Research Center on the Gifted and Talented (Centro de Investigación del Dotado y Talentoso) ha identificado diez atributos esenciales del don:

- destrezas de comunicación
- originalidad/imaginación
- información/preguntas
- perspicacia
- interés
- memoria
- motivación
- resolución de problemas
- razonamiento

Estos profesionales arguyen que una variedad de destrezas más allá de los exámenes de papel y lápiz deben ser utilizadas para ver si estudiantes en desventaja económica, quienes de otro modo pudieran ser omitidos para programas dotados, poseen unos de estos atributos. Recomiendan listas de control, entrevistas, y escalas de calificaciones además de otros exámenes (Frasier, et al., 1995). Aunque estas recomendaciones son especialmente útiles para niños en desventaja, muchos distritos escolares usan este tipo de acceso para todos los estudiantes a quienes se están evaluando para inclusión en programas de niños dotados.

Con mucha más frecuencia, se están incluyendo portafolios del trabajo de niños como parte del proceso de identificación. Un portafolio es una selección del trabajo del estudiante coleccionado durante el tiempo que demuestra el crecimiento intelectual y el desarrollo del niño durante un período específico. Puede contener muestras de arte, música, cuentos, poemas, y proyectos de estudio independientes. La evaluación del portafolio permite a los estudiantes demostrar un rango de habilidades que generalmente no son medidas con pruebas estandarizadas. La California Association for the Gifted (Asociación de California para el Dotado, 1998) describe un beneficio adicional de usar portafolios: "se acercan más a lo que los adultos hacen en el 'mundo real' para exhibir la calidad de su trabajo." Observadores expertos también pueden dar opiniones del grado de creatividad del niño basado en los productos creativos que han sido seleccionados para el portafolio (Piirto, 1998). Los portafolios son, por supuesto, necesarios para evaluar a los estudiantes que son dotados en las artes visuales y de expresión.

La evaluación multi-factores es particularmente importante para un grupo de niños que uno esperara que fueran fácilmente identificados—los altamente dotados. La identificación de estos niños puede ser difícil porque, durante el proceso de prueba, ellos frecuentemente "llegan al límite." Muchas pruebas estandarizadas, especialmente exámenes de grupo, hacen un pobre trabajo para verdaderamente medir las habilidades de jóvenes altamente dotados porque los niños califican tan alto como permite la prueba (el límite), y esa calificación puede ser incorrectamente interpretada como representante de su verdadero nivel de habilidad. En realidad, cuando un niño "llega al límite" en una prueba, en la mayoría de los casos es la prueba en la que es deficiente. Un niño con un cociente intelectual de 165 calificará, por supuesto, con 150 en un instrumento cuyo límite es 150. Si no se buscan más exámenes, este niño probablemente no será identificado como altamente dotado y por lo tanto posiblemente nunca será desafiado adecuadamente en el salón de clase. Se requieren más exámenes, usando un instrumento diferente con un límite más alto, para proveer información exacta de la prueba e intervenciones exitosas.

Unos sistemas escolares usan un proceso de "probar" para hacer la selección (Van Tassell-Baska, 1998). En esta situación, un programa para estudiantes dotados es suministrado para todos los estudiantes de la primaria por un período específico de tiempo. Un grupo de maestros especialmente seleccionados observan a los niños, vigilando la inteligencia en general, el pensamiento conceptual, las destrezas de lenguaje altamente desarrolladas, varios tipos de habilidad de razonamiento, y la habilidad para relacionarse con otros. Tan pronto como los maestros hayan vigilado a los niños por un período de tiempo, presentan sus conclusiones a un comité de selección. Estos resultados, los cuales pueden ser algo subjetivos, son combinados con información objetiva, tales como calificaciones de pruebas, listas de control, inventarios, y portafolios, para así ayudar a identificar estudiantes para el programa de niños dotado.

Una razón importante para la identificación de todos los niños dotados

Para que los programas dotados puedan sobrevivir, la cobertura de identificación necesita ser extendida tanto como sea posible. Un director de una escuela de minoría señala dramáticamente: "No podemos continuar alentando lo que llega a ser discriminación en la educación dotada. Los Estados Unidos están cambiando. En menos de veinte años, a medida que la gente de color logre una posición de mayoría, la mayoría actual anglosajona se convertirá en una minoría. Si continuamos identificando a personas económicamente en ventaja, predominantemente anglosajones, para llevarlos a programas de dotados, a la larga habrá menos y menos de estos niños en proporción al resto del estudiantado. Con tan pocos estudiantes, ya no será económicamente viable sostener este tipo de educación especial. Así es que ir en busca de estudiantes dotados es lo correcto tanto económicamente como éticamente. Se asegurará así que los programas dotados continuarán para todos tipo de estudiantes."

Acerca del proceso de exámenes

Todo exámen, individual o en grupo, puede poner al niño bajo tensión. Las pruebas individuales pueden ser estresantes porque toman por lo menos una hora para administrar, y el niño está interactuando (uno a uno) con un adulto. Aunque el adulto tratará de hacer la experiencia agradable, esa interacción intensa pueden sentirla amenazadora algunos niños. Los psicólogos están entrenados para establecer una relación armónica, y cómoda con el niño antes de empezar el exámen, y los padres pueden ser asegurados que el proceso de examinación será parado si el niño da muestras extraordinarias de tensión.

El examinar en grupo puede traer otro tipo de tensiones. Los resultados de exámenes en grupos son muy afectados por el ambiente en el cual el exámen se lleva a cabo. Hay una posibilidad que los niños sean distraídos por ruidos intrusivos, interrupciones, o hasta por la presencia de otras personas. Además, algunos estudiantes de habilidad superior se perturban demasiado si sienten que otro niño está respondiendo más rápidamente o con menos dificultad. La presión del mismo grupo puede realmente causar que estos niños logren desempeño pobre. Es más, los exámenes en grupos frecuentemente favorecen a niños que leen bien.

Un niño casi genio que no es buen lector puede tropezar en una prueba que depende en la competencia de lectura.

No hay tal cosa como una prueba "pura." Individualmente o colectivamente, los niños pueden ser influidos por el escenario—la temperatura del cuarto, lo que desayunaron, qué tan bien durmieron la noche anterior, tensiones de familia como una mudanza o separación de padres, y otras consideraciones. Si ha tenido a su niño sometido a prueba antes y los números son algo diferentes esta vez, probablemente puede atribuirlo a las condiciones del exámen. Quizás quiera pedir que lo sometan a una nueva prueba.

Cuando usted pide al sistema escolar que examine a su niño, es su derecho—y también su responsabilidad—comunicar cualquier factor que pueda tener un impacto en el proceso de examinación. Ningún estado permite el exámen individual de estudiantes sin el permiso de los padres, pero ya que haya dado su permiso por escrito, la escuela puede programar la prueba cuando el psicólogo u otro administrador del exámen esté disponible. A veces éste no será el mejor tiempo para su niño. Si hay condiciones que el personal escolar debe conocer, hágalas saber cuando dé su permiso.

Quizás, por ejemplo, su hijo tiene serias alergias a hierbas de la primavera y a flores y tiene que tomar medicamento durante ese tiempo del año. Ud. está en su derecho a pedir que el exámen se efectue en el otoño, cuando su niño no esté medicinado. También está en su derecho a pedir que la escuela le notifique con uno o dos días de anticipación al exámen; quizás haya unas palabras de ánimo que quiera decirle a su hija antes de que vaya a tomar la prueba.

El punto es, comuníquelo al principio. No es justo culpar a los oficiales de la escuela por someter a prueba a su hijo sin informarle a Ud. si no pidió que se le informara. No critique a, ni se queje de, las personas incompetentes en la escuela primaria quienes examinaron a su niño en el mero día que los árboles florearon si nunca avisó a los examinadores acerca de sus alergias.

Hay unas cuantas excepciones a esta regla. Tendrá que comunicar después del examen si se efectuó a las diez de la mañana, y Yasmín salió de la escuela a mediodía con una temperatura de 104°. Si ella se estaba enfermando durante el examen, es posible que no haya desempeñado tan bien como haya podido bajo otras circunstancias. Estas ocasiones son raras, sin embargo. Si es tan importante para Ud. que su niño sea examinado, debe ser prioridad suya el señalar cualquier preocupación al examinador antes que sea administrada la prueba. Y, porque los niños dotados son almas delicadas, discuta estos puntos en privado, fuera del alcance del oído del niño, o por escrito. Sin embargo, después probablemente quiera hablar, por lo menos en general, con su niño del proceso de examinación, tanto como de lo que indicó el resultado de la prueba.

¡No es necesario aplicarle pruebas a su niña el día que nazca! Recuerde que hay niños muy pequeños que debido a un entorno familiar de gran enriquecimiento intelectual, obtienen calificaciones más altas que aquellos que vienen de hogares con menor exposición a los hábitos de lectura, lenguaje, libros y conversación. Las altas calificaciones pudieran bajar conforme estos niños crecen, como parte del proceso de nivelación. Puede afectar negativamente a su hijo inteligente al insistir que sea ingresado en un programa escolar para niños dotados antes de que se equilibren sus competencias intelectuales. Sin embargo, si sospecha que un niño tiene cualidades intelectuales dotadas, podría resultar crítico hacer las pruebas correspondientes antes de la edad escolar para que ingrese a la escuela a una edad más temprana o a un programa escolar para niños dotados.

Circunstancias excepcionales, tal como la indicación de un gran don o berrinches que parezcan estar relacionadas con la inteligencia, pueden justificar un exámen más temprano, en general es mejor permitir a los niños ser niños, dejarles golpear las cazuelas y las cucharas y explorar el mundo en la manera que lo hacen los niños pequeños. Según la Dra. Nancy Robinson, quien dice:

"Los exámenes psicológicos se recomiendan sólo en circunstancias especiales; los padres pueden, en realidad, describir el desarrollo de su niño con bastante precisión" (Robinson, 1993). En otras palabras, a menos que tenga una buena razón para obtener una opinión profesional durante los primeros años de su niño, sus propias observaciones acerca de su don, sus talentos, e intereses generalmente bastan. Al fin del primer año o al inicio del segundo, si está viendo indicios y cree que las escuelas no los ven, puede ser el tiempo de platicar con el maestro del niño sobre la posibilidad de darle los exámenes.

Los padres a veces eligen que su niño sea examinado en privado. Esa es una opción aceptable. Tenga cuidado, sin embargo, que aunque el personal de la escuela sea requerido por ley a aceptar, cumplir con, y hacer decisiones basadas en calificaciones de origen externo, algunos de ellos aceptarán con más facilidad exámenes dirigidos por un psicólogo recomendado por la escuela en vez de los que haga un especialista desconocido. El personal de la escuela conoce a sus psicólogos y cómo llevan a cabo el procedimiento de examinación.

Sin embargo, muy pocos psicólogos de la escuela son expertos en necesidades de niños dotados, y francamente, algunos no han sido entrenados para trabajar con estos grupos de estudiantes. Si tiene alguna preocupacion en especial, debe llevar a su niño a un psicólogo (por fuera) para examinarlo. Valdrá la pena el costo de conocer los resultados, y le proveerá de un récord por escrito que a menudo es mucho más extenso y detallado que el informe provisto por la escuela.

Antes de someter a su niño a una prueba, ya sea en privado o por la escuela, pregúntese por qué lo hace. Para unos padres, es cuestión de suma importancia. Sospechan que tienen el don y lo quieren confirmar para que puedan tomar los pasos necesarios para ayudar a su niño a superarse y a ser feliz. Otros padres solamente tienen curiosidad de lo que es apropiado esperar de sus niños. Si usted es uno de estos padres curiosos y tiene el tiempo y el dinero para gastar en el examen—y si el niño cree que la prueba será divertida o interesante—probablemente no le hará daño en llevar a cabo la prueba.

De cualquier modo, no someta a su niño a pruebas por razones como para jactarse en una reunión familiar. Si está examinando para satisfacer a su propio ego, piénselo dos (hasta tres) veces antes de someter a su niño al proceso.

Antes de someter a prueba

Por favor no trate de "preparar" a su niño para los exámenes. Un niño verdaderamente dotado no necesita preparación, y al poner mucho énfasis en el procedimiento del examen y los resultados, se está creando tensión innecesaria para el niño. Ya que los niños dotados normalmente quieren superarse, los estudios a última hora forzados por los padres pueden ser perjudiciales. Pueden darle al niño la sensación que todas las esperanzas y los sueños de los padres dependen de esta serie de exámenes, lo que simplemente no es justo. ¿Cómo se desempeñaría Ud. bajo tales circunstancias?

Si verdaderamente quiere proveer condiciones óptimas para el examen, dele a su niño un buen desayuno y una gran sonrisa, y dígale que se divierta. Confíe en que el niño hará el mejor posible trabajo en la prueba. Está fuera de sus manos, así que es mejor no preocuparse.

Lo mejor que Ud. puede hacer

...es relajarse—especialmente con respecto a las calificaciones del cociente intelectual de su niño. La inteligencia es multidimensional: un cociente intelectual no mide todo lo del don y es solamente una medida que resume una compleja serie de habilidades. Las calificaciones de su niño no son ni un reflejo negativo ni positivo de Ud. como padre. Su niño es un individuo con sus propias fuerzas y debilidades. Ud. realmente no puede asumir el crédito—o la culpa—de su desempeño en el exámen.

Si está seguro, por ejemplo, que su niño cae en la categoría dotada, pero las calificaciones no logran a verificar su percepción, su niño sigue siendo su niño—inteligente, capaz, adorable, y probablemente todavía en el "rango óptimo" de la inteligencia. Si muestra su desilusión en el desempeño del examen, ¿qué tipo de mensaje está mandando? Dígale a su niño que está seguro que lo hizo bien, y que sabe que es inteligente, competente, y puede realizar grandes cosas.

Si el niño califica dentro de rango de dotado, ¡es magnífico! Pero no esté tan entusiasmado. El don no garantiza un viaje tranquilo, gratis, por la escuela o la vida. Tiene un largo y a veces agitado camino por delante, como todo padre, Ud. probablemente estará bastante involucrado en la educación de su niño desde el día de identificación hasta el día de graduación.

Capítulo 4

Padres y maestros: Entendiéndose uno al otro

La mejor situación escolar para cualquier estudiante, dotado o no, es un salón en el cual se siente seguro y estimado y en donde se esperan y fomentan los logros. Los niños se sienten *seguros* cuando se tienen límites apoyados en el salón, que los comportamientos, positivos o negativos, resultan en consecuencias consistentes, y que no serán castigados en público o humillados en privado. Los estudiantes se sienten *valorados* y motivados a lograr éxitos cuando los adultos los escuchan, les permiten explorar, les dan una voz al planear las actividades de la clase, los premian cuando se atreven a hacer cosas que amplían sus límites intelectuales, y respetan su dignidad e individualidad.

Esos son los "supuestos." Pero cuando está buscando una escuela para su niño dotado, cuáles son los indicadores específicos que le dicen si es probable, o no, que prospere allí. Una manera de averiguar esto es ver a los maestros en acción, pero hay una manera correcta y una manera incorrecta de pedir permiso para observar los salones de los maestros.

Información "secreta" de maestros

Cuando Ud. está en su trabajo, cómo cuando su supervisor lo vigila, evaluando y criticando su trabajo. ¿Tiene los nervios de punta? ¿Está tenso? ¿Se siente menos competente de lo que sabe que es? Es exactamente como se siente un maestro cuando los padres que no conoce de repente preguntan si pueden entrar a su salón para determinar si el maestro es "adecuado" para su niño.

Ser maestro siempre ha sido difícil, pero quizás nunca más que hoy en día. Se entiende que los maestros serán menos amigables con los padres que actúan como si han entrado para condenar las técnicas de dirección en su salón y encontrar defectos con sus aptitudes de enseñanza. Desafortunadamente, así es como se presentan algunos padres, y esa actitud crítica prepara la escena para un encuentro, polémica.

Sin embargo, Ud. tiene el derecho de observar un salón, pero una mejor manera para juntar la información que Ud. necesita es estar en la escuela como amigo de los maestros y como partidario de la educación. Tómese el tiempo para darse a conocer en la escuela. Vaya a la reunión nocturna de padres, ayude en la recaudación de fondos, y participe en las actividades de los padres.

Si es un padre que trabaja y no puede ofrecerse como voluntario en la biblioteca o trabajar con el periódico de la escuela, encuentre otras maneras de involucrarse. Sea el mensajero que recoge y entrega a la biblioteca pública los materiales que el maestro está usando para una unidad en particular. Inscríbase para ser acomodador de alguna función escolar. Haga una hornada de sus famosas galletas para una venta. Guíe a los visitantes en la noche del padre. Ofrezca ser tutor de computadoras una noche por semana. Ayude al maestro de su niño con un proyecto especial. Participe en el grupo que construye el nuevo jardín para jugar o pintar el aula.

Los padres frecuentemente tienen un conocimiento especial, talentos, o destrezas que enriquecerán el salón. Pueden hablar perfectamente en otro idioma, ser artísticos; saber cómo cocinar comidas étnicas, o tocar un instrumento. Todas estas destrezas pueden ser compartidas con los estudiantes. A veces los maestros necesitan alguien que escuche a los estudiantes a leer o a supervisar un grupo de estudio. Los padres que son entrenados apropiadamente pueden dirigir grupos en la discusión de un libro, o ayudar a estudiantes con las competiciones académicas *Future Problem Solving o Destination ImagiNation*. Hay literalmente cientos de maneras de inyectarse al ambiente escolar, no importa qué tan ocupado sea su horario. Todos los padres tienen algo que dar.

Una vez que lo conozcan como un padre participante y un compañero de equipo, es más fácil acercarse al maestro, compartir sus preguntas acerca de su niño, y tener una discusión significativa de esos puntos. Si los maestros lo ven como un padre interesado y un partidario de la educación, si saben que su énfasis está en hacer lo mejor para su niño, y no en criticar a la escuela o a la facultad, sus actitudes serán mucho más abiertas y agradables. Tendran más buena voluntad de darle información acerca de la mejor colocación académica para su niño, ahora y en el futuro. La información obtenida de esta manera es más auténtica que las impresiones adquiridas de observaciones forzadas, o formales, y evaluativas del salón de clase.

El ser activo en la escuela es parte de una estrategia de largo plazo para cumplir con las necesidades de su niño, porque ayudarle a navegar en el establecimiento educativo no es algo que se hace una vez; es una actividad en curso, constante, desde los años de la primaria hasta la graduación de la secundaria y más allá.

Como los primeros promotores de su niño, los padres deben familiarizarse con los tipos de enseñanza y las actividades de aprendizaje usadas y apoyadas en la escuela del niño. Deben averiguar si hay programas alternativos disponibles. Deben conocer bien las fuerzas y las debilidades de todas las opciones del programa y poder evaluar si estas opciones serán apropiadas para su niño. Los padres pueden descubrir esa información más efectivamente siendo parte de la comunidad escolar. Ya que lo conozcan y confíen en Ud. los administradores y los maestros será más probable que respeten sus puntos de vista y sean francos en sus opiniones. Estarán más propensos a tratarlo como una parte importante del equipo educativo.

Tenga cuidado que las actividades de apoyo que realicen para su niño sean moderadas y con respeto para el maestro de su niño y otros representantes de la escuela. Si entran con una actitud de "sabelotodo", no pueden esperar mucha cooperación.

La sociedad de padre / maestro

Los padres y los maestros de niños dotados se enfrentan a diferentes desafíos. Los padres están constantemente tratando con las necesidades sociales y emocionales de sus niños, y los diarios altibajos pueden ser agotadores, desgastantes.

Los maestros también experimentan los altibajos de sus niños, tanto como los altibajos de todo niño en la clase. Porque de los maestros se espera que proporcionen la educación más apropiada para cada niño, por eso algunos están simplemente abrumados. El salón de su niño puede tener hasta veinticinco a treinta niños con muy variadas necesidades; estudiantes con varias condiciones de discapacidades, niños quienes han sufrido abuso o tienen severos problemas emocionales, estudiantes apenas aprendiendo el inglés, y otros niños con necesidades especiales para el aprendizaje.

Además, al maestro del salón de la primaria frecuentemente le es dada la responsabilidad de reparar auto estimas dañadas; a veces dando educación sobre el abuso de drogas, ayudando a estudiantes aprender lo que es toque bueno (como un abrazo), toque malo (intención sexual), y el peligro con los desconocidos; impartir educación del carácter (el cual antes era la responsabilidad exclusiva de los padres); y además enseñar suficiente matemáticas, lectura, y estudios sociales para capacitar a los estudiantes a aprobar las pruebas de por el Estado. En muchas escuelas, los maestros también cumplen con su deber en la cafetería o comedor y en el jardín de juegos. ¿Es de extrañar entonces que las necesidades de los niños dotados sean olvidadas? Es fácil ver por qué los maestros pueden estar tentados a justificar y decir que los niños dotados aprenderán cosas sin la ayuda de nadie.

La mejor manera de asegurarse que su niño alcance su potencial es formar alianzas con sus maestros, porque cuando se trata de estos niños difíciles y gratificantes, *los padres y los maestros son los recursos más fuertes para unos y otros.* Ellos deben recurrir, a uno o al otro inmediatamente cuando se sospecha que un niño es dotado o cuando un niño dotado identificado tiene dificultades. Necesitan verificar sus propias percepciones con las del otro.

Los padres a veces oyen cosas de educadores las cuales no corresponden con los propios instintos acerca de su niño. En estos casos, recuerden que el maestro del niño tiene otra perspectiva—una perspectiva formada por varias horas de observaciones diarias durante un largo período de tiempo. Su punto de vista seguramente diferirá del suyo.

Piénselo de esta manera: Si Ud. está parado en la base de un rascacielos de noventa y nueve pisos, lo verá enorme. Ni se pueden ver los pisos de arriba. Vea el mismo edificio a diez millas de distancia, y puede cubrir el perfil del edificio entero con su dedo índice. Necesita combinar las dos perspectivas para llegar a un dictámen verdadero acerca del tamaño del edificio.

Es igual con su niño dotado. Ambas, su percepción y la del maestro, probablemente son precisas, pero cuando se combinan, entonces se ve la imágen entera.

Por ejemplo, Erubiel, de nueve años, tiene una duración de atención sorprendentemente larga en casa. ¿Observa la maestra esa característica también? En la escuela, a Sally, de ocho años, le gusta escribir y ha creado su propio libro con varios capítulos. ¿Exhibe ese don del lenguaje en casa? Carlos, de diez años, se perturba fácilmente si no recibe una calificación perfecta en sus pruebas de ortografía. ¿Es siempre un perfeccionista, o está teniendo dificultades solamente en la escuela? Cuando los padres y los maestros trabajan juntos para construir una imagen amplia del niño en su todo, pueden tomar decisiones complementarias sobre tales puntos como exámenes y ajustes al programa de estudio con más seguridad y confianza.

Desdichadamente, los padres y los maestros de estudiantes dotados muy seguido se ven uno al otro como adversarios. Los maestros pueden creer que los padres están atacando sus métodos en el salón, que están presionando al estudiante dotado, y que se sienten "sabelotodos". A la inversa, pueden creer que los padres no están haciendo lo suficiente para alentar los talentos especiales del niño. Los padres pueden creer que el maestro es un tipo de zángano quien no aprecia el don de su niño, o que atormenta al niño y es demasiado exigente.

Jim y Sondra son los padres de Ronaldo, un niño dotado de seis años. El informe inicial del primer año de Ronaldo es inferior a lo normal, por lo menos para los padres. Ellos esperaban que Ronaldo llegara inmediatamente al grupo superior en cada área y están confundidos al descubrir que ni siquiera está en la lectura acelerada. Dudan de su maestra. ¿Conoce bien acerca de las necesidades de los niños dotados?

Los padres de Ronaldo necesitan abstenerse de sacar conclusiones precipitadamente acerca de lo que pasa en el salón. En vez, deben poner una cita con la maestra de Ronaldo y compartir sus preocupaciones directamente con ella, manteniendo el enfoque en el niño, no en sus percepciones de las capacidades (o las faltas) de la maestra. Pueden estar agradablemente sorprendidos al oír, "Me da gusto que hayan venido. Ronaldo es extremadamente capaz, pero, como saben, a veces estos tipos de estudiantes pasan por períodos cuando necesitan un poco de más apoyo emocional. Así es como ha sido con Ronaldo. Yo pensaba que era importante hacerlo sentir cómodo en sus alrededores y con los otros niños antes de moverlo a la lectura acelerada. Él estará en ese grupo dentro de una semana o dos." En este caso, la maestra está consciente de las capacidades de Ronaldo y se interesa en haver todo lo mejor para Ronaldo.

Por otra parte, la maestra de Ronaldo puede estar exasperada por lo que percibe como su desatención durante sus lecciones. Al cuestionar a los padres puede aprender de ellos, "Es que así es Ronaldo". Nunca estamos seguros si nos oye, pero cuando hablamos con él más tarde, vemos que recuerda todo lo que dijimos.

Solamente parece tener mucho en su mente." Al escuchar a los padres de Ronaldo la maestra ha adquirido unas revelaciones valiosas.

Lo que es importante es que los padres y los maestros compartan información, no prejuicios. Al combinar sus observaciones, en vez de proteger sus propias esferas, los maestros y los padres pueden aprender a confiarse uno al otro y hacer lo mejor para el niño. De ese modo, aunque surjan desacuerdos, habrán construido una estructura sólida de respeto que les servirá mucho para resolver juntos muchas cuestiones.

Si el sistema escolar es suficientemente afortunado para tener un especialista de educación dotada, es muy importante que él o ella estén involucrados en la comunicación con los padres también. El especialista es una conexión vital entre el maestro y los padres, disponible siempre para los dos. Esta inestimable persona ha tenido entrenamiento extensivo en, y un entendimiento claro de, las necesidades académicas, sociales, y emocionales de los estudiantes dotados; el especialista puede ofrecer ambas cosas a los maestros y a los padres, dirección diaria y alargo plazo, ya que ellos tratan, diariamente, con los muchos puntos complejos que abarcan el don de los niños. Además, si llegara a haber un desacuerdo entre el maestro y los padres, el especialista de la educación dotada está en una posición ideal para ofrecer consejos neutrales y soluciones inventivas.

Para el bien del niño, ambos, padres y maestros, necesitan refrenar sus propios prejuicios, trabajar juntos como iguales, y mantener abiertas y activas las líneas de comunicación entre el hogar y la escuela.

¿Quién debe enseñar a su niño dotado?

Es rara la escuela que permite a los padres solicitar maestros específicos para estudiantes en particular; en general, los administradores de la escuela temen que habrá un caos si a todos los padres les fuera permitidos seleccionar a los maestros de sus niños. No se hace daño al tratar de colocar a su niño con un maestro en particular, si es que hay razones sustantivas y suficiente prueba que la colocación sería ventajosa para el niño. Para soportar tal solicitud puede incluir una recomendación del maestro del año anterior, el coordinador de la educación dotada, o un equipo de estudio del niño, si existe uno. Trate de negociar razonablemente, en vez de hacer demandas ruidosas, si quiere aumentar sus oportunidades de tener éxito.

Joyce Van Tassel-Baska (1991) menciona varias características necesarias para maestros si es que van a llegar a ser efectivos con estudiantes dotados. Esas incluyen: (1) soporte ávido de opciones aceleradas para estudiantes hábiles, (2) la capacidad para modificar un programa de estudio, (3) entrenamiento adecuado y competencia en el área del contenido, y (4) preparación en organizacion y manejo de actividades en el salón de clases. Barbara Clark (1998) dice que los maestros de niños dotados deben tener una "habilidad excepcional" para identificarse con, e inspirar a, estudiantes; compartir entusiasmo, un amor de aprendizaje, y una alegría de vivir; ser auténtico y compasivo; ser alerta, instruido, e informado; tolerar ambigüedad; y valorar inteligencia, intuición, diversidad, singularidad, cambio, crecimiento, y auto-realización. Estudiantes dotados dicen que quieren que sus maestros los entiendan, que exhiban un sentido del humor, que hagan el aprendizaje divertido, y sean alegres (Kathnelson & Colley, 1982). Lo que no importa es la edad del maestro, la raza o la étnica del maestro, ni el género del maestro.

Características útiles al trabajar con niños dotados

Facilitando la actitud y el comportamiento

Cuando se trata de niños dotados, los maestros no son fuentes infinitas de conocimiento, sino facilitadores, que guían y canalizan la creatividad y lo inventivo de esos niños. El maestro debe saber cómo ayudar al niño a aprender y poder dirigirlo a los recursos—escritos, electrónicos, y humanos—que mejor puedan ampliar sus horizontes intelectuales, sociales, y emocionales.

Además, el maestro debe estar comprometido con la verdad e imparcialidad. Porque los niños dotados están tan conscientes del sentido de justicia y honestidad, el maestro debe ser modelo de estos atributos.

Finalmente, la actitud del maestro debe reflejar la aceptación de la diversidad. Debe creer en el aptituda de niños de cada raza y grupo étnico y tener conciencia de las formas en que el don se manifiesta en las diferentes culturas.

Confianza en sí mismo

Un maestro de niños dotados debe tener suficiente seguridad de sí mismo para no ponerse nervioso cuando un estudiante sabe más que él de una materia en particular. Cuando los niños dotados se entusiasman de temas, son capaces de investigaciones profundas y detalladas y pronto pueden llegar a ser expertos en materias algo esotéricas. Ningún maestro debe esperar saber todo acerca de todos los temas que puedan capturar el interés del niño dotado. Debe deleitarse en lo que interese al estudiante, no sentirse amenazado por ellos.

Ingenio y flexibilidad

Porque frecuentemente están restringidos por falta de dinero, los buenos maestros saben cómo usar todo—desde tubos de papel higiénico hasta corteza de árboles, embudos de cocina y hasta naipes—como material para aprendizaje. El maestro de su niño debe ser suficientemente creativo para ver el potencial educativo en casi todo, y el salón debe estar lleno de toda clase de cosas que los niños pueden usar para aprender. Además, el maestro debe tener muchas estrategias a su disposición, así que si una idea no trabaja, otro método de enseñanza esté disponible para uso inmediato.

Creatividad y receptividad (de actitud abierta)

Los niños dotados a veces resuelven problemas de maneras inusitadas. El maestro no debe limitarse a una "mejor manera," o peor, "la única manera" para llegar a la respuesta a una pregunta o un problema, sino debe entender y aplaudir el ingenio del estudiante dotado. Es el ingenio, al fin y al cabo, que desenreda los problemas mayores de la vida y gana premios Nobel y becas de genio "MacArthur." Un maestro no debe temerlo.

Actitud de confianza

El maestro nunca debe renunciar a su autoridad, pero no debe desesperarse cuando el estudiante trabaja independientemente. El maestro debe exhibir confianza de que el estudiante es capaz de trabajar solo hasta que el niño demuestre lo contrario.

Conocimiento cultural

Los niños dotados frecuentemente tienen interés apasionado en la música, teatro, o danza. El maestro debe ser suficientemente instruido acerca de estas materias para sentirse cómodo discutiéndolas y debe saber cómo usar las artes como parte del proceso educativo. Un drama de Shakespeare, por ejemplo, es más que una pieza de teatro; es una ventana a un período histórico, y el maestro debe poder explotar este recurso emocionante para extraer todo el aprendizaje posible, no únicamente del drama, sino también su contexto histórico y social. Un maestro cuyos estudiantes incluyen una variedad de diferentes grupos étnicos debe estar dispuesto a explorar las culturas de sus estudiantes—desde las comidas, la poesía y hasta la música y la danza.

Conocimiento de tecnología

El maestro no necesita saber todo lo posible de la programación de computadoras o de comunicaciones inalámbricas, pero debe poder guiar a los estudiantes en el uso de todos tipos de instrumentos tecnológicos, incluyendo la World Wide Web.

Imagine el entusiasmo de los niños al ser parte de un grupo multi-nacional de investigación del Internet de estudiantes igualmente talentosos, quizás dirigido por un experto de renombre internacional. No sólo ganarán los estudiantes beneficios educativos significantes, sino también descubrirán que no están solos en el mundo. Pueden encontrar otros estudiantes en varias partes del mundo con los mismos intereses, talentos, y desafíos. Ese descubrimiento puede abrir un largo camino para ayudar a los niños dotados a sentirse menos aislados y fuera de lugar.

Aguante (energía, vigor)

Los estudiantes dotados, como otros estudiantes de necesidades educativas especiales, extraen mucho de un maestro. El maestro debe tener la habilidad de mantenerse al nivel de energía alto de los estudiantes y el constante interrogatorio.

El maestro debe también tener una habilidad casi ilimitada para escuchar. El escuchar a un niño dotado el día entero puede destruir el aguante de cualquier persona. Pero escucharlo es crítico. Un niño dotado frecuentemente necesita manejar ideas a base de hablar de ellas, aparentemente *ad infinitum*, y el maestro debe poder escuchar, dirigir, dirigir de nuevo, y responder apropiadamente. Eso requiere aguante, mucho aguante.

Competencia de la materia y destreza

Los maestros que tienen la habilidad para practicar lo que enseñan son especialmente útiles para niños dotados. Un maestro de música quien es músico profesional, un maestro de arte quien ha participado en exhibiciones, un maestro de artes de lenguaje quien publica cuentos cortos o poemas, un maestro de ciencia quien activamente investiga sus propias áreas de interés, o un maestro de psicología quien es voluntario en un centro de crisis, todo ello moldea el potencial, aplicación, e importancia de lo que enseñan. Estos maestros no dependen solamente de textos, folletos, u otros materiales educativos; ellos traen su experiencia y creatividad a la sala de clase.

Sentido de humor

En la ocupación de alta-tensión de la enseñanza de los estudiantes dotados, la habilidad para reírse con ellos, no de ellos, es esencial. Y el maestro debe, también, estar preparado para reírse de sí mismo. Chistes, juegos de palabras, y varios tipos de humor que pueden ser muy sofisticados para el estudiante regular frecuentemente son altamente divertidos para los niños dotados, y un trato suave puede ayudar a lo largo a estudiantes que a veces están tensos y son perfeccionistas.

Interés real y amor para estos estudiantes extraordinarios

Un maestro no debe ver a niños dotados como una carga, sino como una oportunidad maravillosa para extenderse, aprender, y crecer profesionalmente. Debe comprometerse a la educación continua y constante para aprender a apreciar y a acomodar la diversidad de los talentos y los dones de cada niño.

Capítulo 5

Ayudando al niño dotado a aprender

Ud. quizás tiene una idea de la clase de maestro que quiere que su niño tenga, pero ¿qué tipo de ambiente en el salón de clases y programa de estudio mejor cumplirá con sus necesidades?

El salón de clase ideal

Imaginemos que ha decidido visitar al salón de su niño para ver si cree que cumple con sus necesidades. El salón ideal es más que un surtido de pupitres y sillas y pizarrones. Es un lugar de aprendizaje y descubrimiento donde los niños están invitados a participar con espíritu e imaginación.

El salón ideal está conectado al ambiente. Es un lugar en donde los maestros abren las mentes de los niños a la magia y el encanto del mundo que los rodea. Si un niño captura a una mariposa en el camino a la escuela, el salón debe tener un lugar para esa mariposa—un lugar en donde el niño pueda verla, vigilarla, estudiarla, y gozar de su hermosura.

El salón ideal está adaptado para las diferentes maneras con las cuales los niños aprenden. Los estudiantes aprenden por medio de sus ojos, oídos, manos, bocas, y narices. Aprenden en grupos y solos. Aprenden a través del uso de la música, el arte, y la naturaleza, así como de textos y otros recursos, y el cuarto debe acomodar a una variedad de estilos de aprendizaje, incluyendo visuales, auditivos, cinéticos, y otros.

¿Ha mirado Ud. en una sala de clase y ha visto los carteles del alfabeto sobre el pizarrón? Esos carteles deben, en cambio, estar al nivel de los ojos de los niños, para que los estudiantes puedan ver las letras, trazarlas con sus dedos o hasta con papel para trazar, y ver, de cerca, las relaciones entre la B y la P o la C y la O.

La sala de clase ideal estará llena de muestras de productos hechos por los estudiantes y deberán ser dejados al descubierto para proyectos independientes y con artículos de escuela. El salón hasta se verá un poco desordenado a causa de todas las "cosas" que los estudiantes están en proceso de completar. Los tableros de anuncios no serán perfectos, pero en cambio mostrarán señales de manchas de huellas pequeñas que atestiguan el hecho de que los niños crearon parte del ambiente visual de su salón.

El salón ideal cambiará con las necesidades del desarrollo de los niños. El maestro no debe tener ideas preconcebidas acerca de cada detalle del arreglo y la decoración del salón, sino que debe estar dispuesto a recibir sugerencias e ideas de los niños. Crear ese ambiente es un poco como tejer una bufanda con hebras sobrantes de hilo; no estará exactamente seguro cómo se verá el producto final, pero sabe que será de gran colorido y lo mantendrá calientito.

El salón del cual su niño sacará el mejor beneficio es un lugar en donde se sienta conectado al maestro, los otros estudiantes, y al aprendizaje. Está siempre cambiando, porque el aprendizaje toma lugar en el salón, luego se va a la casa con los estudiantes, está formado por experiencias reales de la vida, y regresa a la escuela en una forma diferente al día siguiente. "Momentos de enseñanza" surgen de aquí para allá en las vidas de los niños, y el salón de clase necesita apoyar esos momentos.

Algunas de estas cosas son intangibles. Pero ¿qué más verá en su visita al salón ideal?

Verá estudiantes que están continuamente involucrados, y ellos le podrán decir no únicamente lo que están haciendo, sino por qué. Ud. no será testigo de un caos, pero el salón tampoco estará callado. Habrá una casi rítmica pulsación de niños activamente involucrados en el aprendizaje, moviéndose alrededor del salón, trabajando cooperativamente o independientemente. Observará que el maestro y los estudiantes están mutuamente llegando a decisiones y planes, y verá una comunicación de uno con otro entre el maestro y estudiantes individuales. Verá instrucción a la clase entera y trabajo de grupos pequeños. Si los estudiantes han completado la tarea requerida, los notará trabajando en proyectos independientes.

Un modelo de salón familiar a muchos padres y maestros es uno con varios "centros de aprendizaje" o "estaciones de actividades" para diferentes tipos de trabajo estudiantil. A veces los centros son guiados por la asignatura o al tema, tal como cuando hay un centro de arte, un centro de música, un centro de escritura y lectura, y un centro de ciencia. Otras veces, los centros son construidos alrededor de los modos en que los estudiantes aprenden. Para los estudiantes que aprenden mejor a través del lenguaje, hay un centro con libros, títeres, cartulinas de fonética, grabadoras de casete, juegos de palabras, y otros tipos de instrumentos de lectura y lenguaje. Unos centros contienen equipo práctico, tales como rompecabezas, herramienta de taller o de cocina, y otros materiales para que los niños aprendan mejor a través de la manipulación de cosas. Otro centro ofrecerá materiales que atraen a los niños que aprenden mejor de manera visual; estos niños captan conceptos más rápidamente con el uso de varios medios de arte, videocintas, ilustraciones, carteles, y fotografías. Los centros de aprendizaje pueden ser callados o enjambres de actividad; a veces hay solamente un estudiante en un centro y a veces hay varios estudiantes trabajando juntos en un proyecto.

El salón ideal es amistoso para el estudiante. Esto no quiere decir que el maestro abandona el control y que los niños están libres para hacer lo que desean. Un salón amistoso para el estudiante es uno en el cual las necesidades de cada niño guían las decisiones del procedimiento de la sala. El maestro usa una variedad de métodos de enseñanza, desde conferencias a demostraciones de diferentes medios hasta actividades reales mundiales y hasta simulaciones, para asegurarse que los diferentes estilos de aprendizaje de todos los niños han sido atendidos. El maestro es el entrenador de aprendizaje.

La sala de clase ideal también incorporará *instrucción individualizada*, o enseñanza que corresponde a los niveles de las habilidades de los estudiantes. Para muchos maestros, la manera óptima para individualizar la instrucción para todos los niños es agruparlos según sus habilidades en las matemáticas y la lectura. Para estudios sociales y ciencia, los estudiantes trabajan en un tema general, pero estudiantes en particular y grupos pequeños pueden investigar áreas de interés relacionadas al tema.

Abriendo el paraguas: Un programa de estudio extendido para el estudiante dotado

Instrucción individualizada, con actividades de enriquecimiento para estudiantes de alta habilidad, funciona bastante bien para la mayoría de los miembros de la clase. No obstante, para el dotado eso no es suficiente. Estos estudiantes serán los que acepten más retos y derivarán asombrosos beneficios de un *programa extendido de estudio.*

Un programa de estudio extendido *no* es uno en el cual se les da más trabajo de lo mismo a los estudiantes dotados simplemente para mantenerlos ocupados. Esto a veces es conocido como el método MOTS, que representa ("More of the Same"/"Más de lo mismo"). ¿Qué sentido tiene el darle a un estudiante que ha demostrado completa maestría de un concepto la "oportunidad" para completar seis ejercicios más de la misma índole? El sobrecargar a niños dotados con trabajo para mantenerlos ocupados casi garantiza repliegues pasivos o perturbadores, quizás hasta comportamientos agresivos, logrados por el aburrimiento y la frustración.

Para visualizar el concepto de un programa de estudio expandido, imagine un día lluvioso en el cual el maestro y los estudiantes van en un paseo en el bosque en busca de arcos iris. Mientras caminan, la maestra mantiene un paraguas para el golf sobre las cabezas de los estudiantes para protegerlos de la fuerte lluvia. La mayoría de los estudiantes visten impermeables amarillos, gorras para la lluvia amarillas, y botas amarillas, y se quedan con la maestra debajo del paraguas mientras caminan.

No obstante, algunos de los niños visten de ropa impermeable de diferentes colores fluorescentes. El impermeable de Chandra es verde. José viste de rojo, Stephanie lleva un impermeable azul, y Jason uno que es anaranjado. Se han puesto estos impermeables de diferentes colores porque la maestra les va a permitir que se aventuren fuera del paraguas para explorar sus áreas de interés o aptitudes, y los colores subidos los mantendrán a la vista mientras se pasean a una distancia de la protección del paraguas grande de la maestra. Aunque tienen bastante libertad, la maestra siempre puede ver a los estudiantes, y siguen bajo su supervisión.

Antes de este paseo en el bosque, la maestra ha trabajado con los estudiantes dotados para determinar cuáles áreas quisieran investigar, y les proveerá dirección adicional cuando vuelvan al salón con los resultados de sus exploraciones.

Mientras el paseo continúa, Chandra se lanza fuera de debajo del paraguas para darle gusto a su fascinación con la ciencia. Junta algas de la charca y las guarda para llevarlas a su casa para estudiarlas con el pequeño microscopio que su padre le compró en su cumpleaños. José se echa a correr para estudiar las formaciones de las nubes que vagan arriba. Él está muy interesado en el clima y cómo afecta al mundo. Stephanie deja la protección del paraguas para sentarse debajo de un peñasco, protegida de la lluvia. Ella se acomoda con un libro de poesía. Le gusta leer a los poetas románticos y comprende las ideas y los conceptos de sus poemas. Jason se sienta enseguida de ella; él escribe sus propias versiones de los poemas mientras Stephanie los lee en voz alta. Están afuera del paraguas por mucho tiempo, porque están ocupados compartiendo sus pensamientos.

Cuando es hora de irse del bosque, la maestra llama a todos de nuevo. En su regreso al salón, pregunta que cuántos estudiantes vieron un arco iris. Está encantada porque hasta los que no salieron del paraguas vieron por lo menos uno. Jason, Stephanie, José, y Chandra vieron unas cuantas cosas adicionales, sin embargo, porque les permitieron estar fuera del paraguas, mirando en muchas direcciones diferentes. Ellos pueden ahora decirles a sus compañeros de clase lo que vieron en una variedad de perspectivas.

De vuelta en el salón, Chandra explica de los prismas y el espectro de colores, José discute las condiciones del tiempo que tienen que presentarse para que ocurra un arco iris, Stephanie enseña el simbolismo de los arcos iris en ciertos poemas, y Jason lee un divertido cuento de un arco iris y un puerco. Después de haber completado sus presentaciones, estos estudiantes amplían un poco más su investigación: Chandra pasa más tiempo en el centro de ciencias; José hace una visita a un meteorologista en una emisora; Stephanie revisa unos de sus trabajos; y Jason agrega ilustraciones a su cuento y lo encuaderna para que los otros estudiantes puedan sacarlo de la biblioteca.

En este modelo individualizado, el maestro ha proporcionado a todos los estudiantes un aprendizaje óptimo, y los estudiantes dotados han experimentado el gusto de seguir sus propios métodos. Los niños tienen intervención significante en lo que aprenden, pero su estudio independiente es llevado a cabo en el contexto de los temas generales los cuales está investigando la clase. Los niños dotados y talentosos pueden seleccionar sus temas en pláticas con el maestro o al completar un inventario de interés que proporciona el maestro para llegar a temas específicos para su estudio.

Para expresarlo más sucintamente, un programa para niños dotados debe proporcionar maneras por las cuales estos estudiantes puedan aventurarse fuera del programa de estudio básico en las áreas en que ellos sobresalen. Esta expansión del programa de estudio puede tomar lugar en su propio salón de clase con la guia del maestro; sea en excursiones a museos, centros de ciencia, o interpretaciones culturales; o en un salón de recursos al cual pueden ir regularmente y donde hay un maestro con entrenamiento especial—un especialista de la educación dotada. Los estudiantes regresan a trabajar con sus otros compañeros de clase cuando es apropiado hacerlo, pero no hacen necesariamente el mismo trabajo que los otros estudiantes están haciendo. Porque el programa de estudio en unas áreas puede ser más corto para niños dotados, eso les permite la flexibilidad de explorar otras áreas. Algunos estudiantes dotados permanecerán "fuera del paraguas" en todas las materias, otros solamente en una o dos. En todos los casos, el maestro o un maestro trabajando con un especialista con niños dotados crea las estrategias que diferencian (que lo modifican) el programa de estudio para hacerlo que se ajuste a las necesidades y los estilos de aprendizaje de los estudiantes dotados.

La meta del programa expandido es para equipar a los niños excepcionales para toda la vida. Cuando los maestros encuentran por primera vez a estudiantes dotados, queda claro que la inteligencia analítica del niño está altamente desarrollada; es ese tipo de inteligencia que los hace candidatos para un programa de dotados. Pero la vida no es toda de inteligencia analítica, los niños dotados son más que la suma de sus calificaciones. Son seres humanos, y los seres humanos no agotan sus vidas enteras haciendo números y formulando analogías. Ellos pasan por la vida saltando obstáculos, enfrentando desafíos, resolviendo problemas, y tratando con otras personas. El trabajo del maestro es el de diagnosticar como un vidente—para encontrar donde estan los talentos de los niños y luego para señalarle las experiencias pertinentes y auténticas con las cuales desarrollarán lo que el psicólogo de Yale, Robert Sternberg, llama su conocimiento "tácito"—las destrezas o habilidades que algún día les permitirá usar su don en un contexto amplio, tales como en una oficina, un laboratorio, una sala de clases, o un estudio.

El psicólogo B. F. Skinner alguna vez dijo, "La educación es lo que queda después que lo que se aprendió se ha olvidado." Esta es una buena definición de aprendizaje tácito. Aprendizaje tácito incluye destrezas como el de clasificar según prioridades, asignando tiempo y recursos, dirigiéndose uno mismo y a otros. Cuando los niños dotados crezcan, necesitan poder hacer cosas como cocinar, trabajar en condiciones que quizás no les gusten, socializar con otros quienes tal vez no los quieran, y gozar de pasatiempos recreativos. En el corto plazo, necesitan aprender a hacer su cama, recoger su ropa, poner la mesa, y cuidar a sus mascotas.

Así es que, la sala de clase ideal para los estudiantes dotados balanceará oportunidades, que sean estimulantes, y creativas para lograr pensamiento divergente y análisis de actividades con sentido y prácticas que involucran el diario vivir. Si los estudiantes dotados consumen todo su tiempo en razonamiento abstracto y no tienen oportunidades para usar sus talentos en situaciones reales, nunca aprenderán cómo ejercitar sus fortalezas de maneras que sean satisfactorias para ellos y les permitan capacitarlos a contribuir a la sociedad. Todavía serán dotados, pero sus dones pueden llegar a ser insuficientemente desarrollados o hasta perderlos. Posiblemente se convertirán en problemas de comportamiento en una escala que se extienda desde ocasionalmente portarse mal en clase hasta terminar en el sistema de justicia juvenil.

Diferenciación del programa de estudio: ¿Muy difícil hacerlo?

Diferenciación para los estudiantes dotados quiere decir proporcionarles opciones de aprendizaje las cuales cumplan con las necesidades especiales de los estudiantes para la aceleración del contenido y mayor profundidad, extensión, y complejidad de instrucción.

Unos maestros lo creen muy difícil y que toma mucho tiempo en individualizar lecciones diarias para complacer a estos estudiantes especiales, pero esa es una percepción inexacta. Es verdaderamente fácil atraer a niños dotados porque son tan receptivos a diferentes métodos y se entusiasman con oportunidades para acelerar o expandir su aprendizaje en ciertas áreas.

Cuando un maestro proporciona maneras de que el niño dotado supere a través de investigaciones en grupos pequeños, estudio independiente, u otras opciones, gana con ello un aliado muy valioso—gana al niño. Estos estudiantes se motivan a sí mismos y si trabajan con su maestro para establecer metas y el maestro les da un empujoncito en la dirección correcta, los niños toman mucha de la responsabilidad de su propio aprendizaje. Naturalmente, el maestro supervisa las actividades de los estudiantes, pero el enseñar a niños dotados no necesita ser un ejercicio en micro gerencia. Cuando los niños dotados están completamente cautivados, el maestro descubre que en realidad tiene más tiempo para darles a los otros estudiantes que necesitan su atención.

Una maestra del tercer año decidió diferenciar su programa de estudio. "Después de varios años en la profesión, estaba cansada de tener veinticuatro pares de ojos fijados en mí cada día, esperando mi dirección en cada materia todo el tiempo. Decidí tratar algo diferente porque sabía que muchos de mis estudiantes no estaban recibiendo la ayuda más apropiada de mi parte. El siguiente año, tuve dos estudiantes dotados y varios otros quienes eran bastante inteligentes. Los niños dotados eran buenos niños, pero ocupaba demasiado tiempo contestando sus constantes preguntas y lidiando con sus interrupciones. Ellos monopolizaban cada discusión, no porque querían hacerlo, sino porque conocian las respuestas, y era natural para ellos querer moverse más rápidamente que los otros. Los estudiantes regulares no estaban recibiendo lo mejor que uno puede darles, y francamente, los dotados tampoco.

"Decidí poner a todos mis estudiantes en contratos los cuales los hacían responsables de una cantidad significante de su propio aprendizaje. Como era mi primer año para probar los contratos, los utilicé solamente en matemáticas, ya que el progreso en las matemáticas es fácil de ver. Los contratos eran muy simples; los estudiantes regulares los completaron lentamente, pero los dotados terminaron como bala con ellos en unos cuantos días. Entonces me reuní con estos estudiantes, además de otros que progresaban relativamente pronto. Al pasar el tiempo, los contratos de los estudiantes dotados llegaron a ser mucho más elaborados, con muchas más opciones para investigaciones profundas y de largo plazo. Todos los estudiantes en la clase estaban aprendiendo sobre los mismos temas; simplemente estaban aprendiendo a la velocidad apropiada y nivel de complejidad. Los estudiantes regulares aprendieron todo lo del programa de estudio básico requerido de ellos; los estudiantes dotados recibieron ese programa, también, pero se les dieron desafíos adicionales que eran apropiados para sus habilidades y estilos de aprendizaje. Algunos de ellos brincaron a temas avanzados como la teoría de probabilidad.

"Trabajó tan bien el programa en las matemáticas que agregué contratos para ciencia en el segundo semestre. Para el siguiente año, estaba usando centros de aprendizaje más efectivamente, y todos los estudiantes prosperaban con ellos.

"El conocimiento que adquirieron los estudiantes era importante, pero lo que era más importante era lo que le pasó al ambiente del salón. Los niños dotados estaban tan cautivados y enfocados en su tarea que yo podía dedicar mucha de mi energía a los estudiantes que necesitaban más asistencia práctica. Quizás querían práctica adicional de matemáticas guiada por el maestro o ayuda con la composición y la ortografía. Los estudiantes regulares estaban más contentos, los estudiantes más hábiles estaban más contentos, los estudiantes dotados estaban más contentos, y no estaba tan fatigada al final de cada día. Me sentía como una maestra, no como un entrenador de leones. Los centros de aprendizaje y los contratos son cosas que usaré por el resto de mi carrera."

Cuando los niños están ocupados en el aprendizaje apropiado, utilizan energía que de otra manera sería utilizada en crear caos en el salón. Cuando el tiempo del maestro es utilizado principalmente en dos o tres estudiantes, ¿cuánta instrucción reciben los otros? Diferenciando el programa de estudio es una ganancia para los maestros y una ganancia para cada estudiante.

Finalmente, es mucho más difícil mantener "controlados" a los niños dotados que permitirles usar sus cabezas y energía para perseguir temas que estimulan su interés y curiosidad. Para mantener un ambiente de aprendizaje saludable, los maestros necesitan tener a estos niños de su lado. Al fin y al cabo, ¿cómo se sentiría Ud. si fuera a una sala de clase diariamente para aprender y reaprender cosas que había dominado desde hacía tres años? ¿Estaría contento y sería productivo en ese ambiente? ¿No empezaría a pensar en cosas para animar a la clase?

Los peligros de un programa de estudio estandarizado

Vanessa y Franco eran dos estudiantes que necesitaban ayuda para acomodar sus necesidades especiales para el aprendizaje, pero antes de que esas necesidades fueran satisfechas, crearon una cierta clase de caos en el salón.

Vanessa era altamente dotada y una artista excepcional; ella también era la payasa de la clase, bromeando incesantemente. Como su maestra de cuarto año no tenía experiencia en tratar con estudiantes como Vanessa, pronto se encontró en una lucha de poderes que perdía. La maestra respondió al comportamiento de Vanessa a través de volverse más y más estricta. Sus padres trataron de intervenir e hicieron todo lo que ellos podían en casa, pero los problemas en la escuela empeoraban.

La maestra de Vanessa tenía una política de que los niños tenían que acostar su cabeza en los pupitres después del recreo de mediodía. Ella creía que les ayudaba a calmarse, controlar sus pensamientos, y prepararse para la tarde. A Vanessa no le gustaba este descanso impuesto y cuidadosamente planeaba su estrategia. Una tarde, cuando la clase entró del jardín, Vanessa puso sus pies en su pupitre en vez de acostar su cabeza.

"¡Pon tus pies en el piso!" dijo la maestra. Vanessa rechazó. La maestra se volvió colérica. Dijo, "Vanessa, dije que pusieras tus pies en el piso. ¡Y ahora mismo!"

Vanessa se rió tontamente y dijo, “Srta. Caulfield, mis pies sí están en el piso,” y mostró a la clase el perfecto dibujo de sus pies que había hecho—un dibujo que cuidadosamente había puesto debajo de su pupitre. Al ver esto, la Srta. Caulfield se desesperó y empezó a gritarle a Vanessa que no le hacía ninguna gracia, pero sus palabras pronto fueron ahogadas por la risa de la clase. Había perdido control de ella y de su clase; estaba metida en una situación en que no ganaría. Sentía que nunca podría recuperar el respeto de su clase después de ese incidente.

Después de varias discusiones con el maestro de recursos dotados, la Srta. Caulfield llegó a darse cuenta que metiéndose en luchas de fuerzas de voluntad con niños dotados era inútil. Aprendió que es mejor negociar y permitir unas decisiones mutuas para que los niños se hicieran tanto sus aliados como sus estudiantes. Ellos pueden ejercer una enorme cantidad de influencia sobre los otros niños, y necesita su apoyo. Los niños dotados no siempre son el encanto de su maestro, pero es responsabilidad de la maestra averiguar las estrategias que funcionen con ellos, tanto como lo haría para las necesidades especiales de cualquier niño.

Como era una maestra relativamente nueva, la Srta. Caulfield estaba bastante enterada de sus responsabilidades con sus estudiantes, pero su conciencia a veces hacía a su estilo de dirección de su salón un poco rígido. Ella tomó la decisión de relajar sus reglas algo dictatoriales, y también entró en un contrato con Vanessa. Aceptó eliminar la política de acostar sus cabezas por un período tentativo de dos semanas. Los estudiantes, a cambio, usarían este tiempo para leer silenciosamente o escribir en sus diarios. A cambio de esta concesión, Vanessa participaría en el período de lectura sin portarse mal o interrumpir el trabajo de los otros estudiantes. Durante esas dos semanas, la Srta. Caulfield determinaría si la estrategia de la lectura silenciosa era tan efectiva como el período de descanso en preparar la clase para el resto del día. Si era así, la política del descanso sería eliminada completamente. Vanessa accedió al contrato rápidamente porque le gustaba la escritura y le encantaba ilustrar su diario. Ocupada así, Vanessa creó mucho menos alboroto y la Srta. Caulfield llegó a estar menos tensa. Ya que no había ninguna batalla abierta de fuerzas de voluntad entre estudiante y maestra, las tardes empezaron a marchar mucho más agradablemente. El período de descanso ya no era necesario.

La Srta. Caulfield también decidió que ella había tomado muchas de las bromas y las observaciones de Vanessa de forma personal, y empezó a responder más positivamente a su sentido de humor. Mantuvo control del salón, pero cuando una de las contribuciones de Vanessa resultaba en una buena risa, la Srta. Caulfield la aceptaba y luego ponía a todos a trabajar de nuevo. Vanessa floreció (prosperó) en respuesta al cambio en el estilo del salón, y los otros niños estaban más contentos también.

Como Vanessa, Franco era un problema de disciplina, pero sus problemas eran mucho más serios. Franco se había estado metiendo en problemas desde su primer día en el kinder. Era perturbador en el autobús y arrojaba piedras a los niños y a los maestros en el jardín de juegos. Había sido puesto en un programa para estudiantes con severos problemas de comportamiento, y para cuando llegó al tercer año, su expediente era de una pulgada de grueso. En ese punto, el psicólogo de la escuela sometió a prueba a Franco y averiguó que su cociente intelectual era de 160, poniéndolo en la categoría del altamente dotado. Sin embargo, el director de la escuela negó permiso a Franco para que participara en el programa de dotados hasta que corrigiera su comportamiento en la escuela. Esta decisión quizás no era sorprendente, pero es interesante notar que si Franco hubiera tenido una incapacidad del oído o de la visión o un cociente intelectual significativamente por *abajo de*, en vez de *sobre* lo normal, hubiera sido admitido a un programa especial sin problemas. No se hubiera esperado a que cambiara su comportamiento antes de ser puesto en un programa que llenara sus necesidades especiales.

Como resultado de su frustración creciente, el comportamiento de Franco llegó a ser todavía más extremo. Afortunadamente para él, una directora nueva fué contratada por la escuela, y ella consideró que fuera posible que Franco actuaba agresivamente por razones de su frustración ya que el programa regular de estudio de la escuela no correspondía a su habilidad. La Directora inmediatamente lo aprobó para el programa dotado.

Franco formó parte del programa por tres años. Durante un proyecto del sistema judicial para sexto año, aprendió lo que a veces le sucede a personas que usan sus talentos para propósitos negativos. Fue un despertar para él. Su comportamiento, el cual se iba mejorando lentamente, dió un paso gigante hacia adelante, y llegó a ser, si no un modelo de ciudadano escolar, por lo menos un estudiante que se quedaba en clase, en vez de en detención o en suspensión.

Como ilustran Vanessa y Franco, el programa de estudio estandardizado de la escuela puede llegar a ser dañino para los niños dotados. Si las escuelas no reconocen esto, entonces los padres necesitarán abogar para buscar y lograr opciones educativas flexibles para sus niños dotados.

Padres como maestros

Es imposible exagerar la importancia de los padres en el proceso educativo, porque los padres son los primeros y más importantes maestros de su niño. Ellos pueden expandir el mundo de sus niños de una manera que el maestro de la clase no puede hacer.

Aún si trabaja y no puede ir frecuentemente a la escuela de su niño, en su trabajo o en su hogar hay infinidad de oportunidades para el aprendizaje. Por ejemplo, digamos que el maestro quiere llevar a los estudiantes de viaje a una institución local de investigaciones. En la situación típica, los niños y el maestro reciben la excursión normal pública y son apurados a salir. Pero si un padre trabaja allí, es una cosa totalmente diferente. La alfombra roja se desenrolla; los estudiantes pueden ver áreas no usualmente vistas por el público; comen en la cafetería o en el comedor; se reúnen y comen con empleados que son amigos de su padre y escuchan sobre proyectos especiales en los cuales está trabajando el personal. Alguna de esas conversaciones puede facilitar una relación entre un estudiante y un adulto en particular. Ese es un consejero en potencia. Un padre que proporciona tal oportunidad de aprendizaje puede afectar las vidas de muchos estudiantes.

Vivir con un niño dotado a diario le da a los padres una percepción profunda del mundo de un niño que hasta el más talentoso maestro no puede descubrir. Por ejemplo, Jorge es muy tímido y perfeccionista en clase. Al hablar con el padre de Jorge, el maestro se entera que Jorge frecuentemente habla de la tienda de juguetes que ella va a abrir cuando crezca. Jorge nunca ha mencionado este sueño a su maestro. La información que el maestro recibe del padre de Jorge, sin embargo, abre nuevas posibilidades educativas para el maestro y para Jorge.

Su maestro puede ahora adaptar el programa extendido de Jorge para engancharla a esa su pasión privada. Sin inmiscuirse en las necesidades obvias del estudiante acerca de sus planes para el futuro, el maestro puede idear unas actividades "relacionadas a la venta al por menor." Jorge puede usar sus habilidades de matemáticas para practicar el control de inventario o para averiguar cómo usar información de una encuesta de comercio. Sus habilidades para escribir pueden ser practicadas al crear una campaña de publicidad centrada en los estudiantes; puede usar sus conocimientos analíticos para comparar campañas de publicidad exitosas y fracasadas. El maestro puede invitar a un comerciante al por menor a la clase un día para discutir los altibajos de la operación de su propio negocio.

El maestro también puede ser de mucha ayuda para el padre de Jorge. Aunque sabe de las ilusiónes de Jorge, no sabrá cómo ayudarle a manejar la idea de hacerla una realidad. El maestro puede sugerir que Jorge y su padre visiten a cinco tiendas de juguetes y decidan cuáles son las más amistosas con los niños o cuáles tienen la mayor selección o los juguetes más creativos. Quizás los dos pueden inventar un juego o juguete el cual sería obtenible exclusivamente en la futura tienda de Jorge. Las opciones son infinitas, y quizás algún día Jorge llegará a ser un magnate de juguetes. O quizás no. De todos modos, Jorge seguramente se beneficiará de ser tomada en cuenta seriamente por su padre y pasar tiempo con él en actividades que tomen en cuenta esos intereses y habilidades. Un maestro que esté de acuerdo con estos intereses puede ayudar a que lleguen a una culminación.

"¡Mi escuela no tiene ni lo básico!"

Muchas escuelas hoy en día tienen dificultades de finanzas. Cuando el papel y los libros están escasos, puede que no haya especialistas en educación dotada, clases especiales, o computadora—ningunas de las cosas agradables que hay en las escuelas con un surtido extenso de recursos económicos.

No se desanime totalmente. Un edificio decrépito no necesariamente implica una educación decrépita para su hijo dotado. La falta de un programa especial para niños dotados no tiene que implicar una falta de esperanza. Algunos de los más excepcionales maestros del mundo se pueden encontrar en escuelas miserables, en áreas empobrecidas. Estos maestros han elegido estar allí, y con ese acto han demostrado una dedicación a la enseñanza la cual le servirá muy bien a su niño.

Aunque la escuela esté escasa de dinero, tiene muchos recursos humanos, y eso es lo que un estudiante dotado necesita—seres humanos trabajando juntos para crear un ambiente activo de aprendizaje. Si los padres se mantienen positivos y demuestran un compromiso fuerte hacia la educación de su niño, el maestro se dará cuenta de eso y responderá. Cosas maravillosas pueden ocurrir hasta con la falta de dinero.

También hay programas nacionales imaginativos para resolver problemas en los cuales su escuela puede participar, tales como *Future Problem Solving* y *Destination ImagiNation*, los cuales proveen tareas rigurosas que los estudiantes pueden resolver. Hay muchas otras competiciones estatales y nacionales que se enfocan en la realización académica, tal como The *National Spelling Bee*, *Knowledgemasters*, *The Geography Bee*, *Math Counts*, y *Science Olympiad*. Las escuelas frecuentemente tienen información de estos programas. A veces, solamente se necesita que un padre solicite un programa para comenzarlo.

Algunas escuelas muy necesitadas han logrado mandar equipos a estas competiciones. Los edificios de la escuela serán viejos y en necesidad de reparación, pero los niños, los padres, y los maestros son activos y dedicados. Los niños dotados tienen un gran potencial, y los padres y los maestros han trabajado juntos para nutrir ese potencial a su entero florecimiento. Donde hay poco dinero, hay simplemente una necesidad para usar mayor creatividad.

Los donativos pueden proveer a las escuelas una programación que tal vez no estaría disponible de otro modo. "Hay mucho dinero disponible para dar realce a programas escolares," dice un administrador de escuela, "pero tiene uno que buscarlo. Hay donativos disponibles de fundaciones de la comunidad, del gobierno federal, y otras fuentes, para casi todo tipo de beneficios que Ud. quisiera ver funcionando. No debe hacer donativos a solas; necesita la ayuda de la oficina de su distrito escolar. Los padres y maestros deben unirse para ver si los oficiales de la escuela están prestando suficiente atención a este tipo de actividad. El formular solicitudes para donativos toma muchas horas, pero habiéndolo hecho una vez, estará al tanto de las cosas y de las fuentes de fondos. Yo hice la primera solicitud de un donativo para nuestro distrito; recibimos $25,000 por año por cinco años. Hicimos cosas maravillosas con ese dinero. Si quiere mejores cosas para sus niños y sus estudiantes, no se dé por vencido. Encuentre una manera de realizarlo."

Capítulo 6

El salón de clases y más allá: Opciones de aprendizaje para niños dotados

Un *programa para dotados no debe ser un premio para buenos estudios y altos logros.* Recuerde que los estudiantes dotados no siempre son las estrellas del salón. Llegan a ser elegibles para un programa dotado no por su desempeño actual (aunque pueda ser excepcional), sino porque hay indicadores (tales como coeficientes intelectuales, habilidad de razonamiento, cualidades excepcionales en la lectura o las matemáticas, y calificaciones del comportamiento según el maestro) de que estos niños necesitan experiencias educativas diferentes y especializadas

Si uno o más niños en un salón regular se han identificado como dotados, hay una variedad de maneras para desafiarlos y estimularlos con materiales y destrezas que correspondan a su potencial y habilidades actuales. Unas de estas estrategias implica aceleración educative—es decir, impulsar el estudio en una o más áreas. Otras estrategias implican métodos para enriquecer el programa de estudio del niño o proporcionar opciones educativas a través de estructuras alternativas.

Opciones aceleradas

Los métodos de aceleración incluyen *entrada temprana, comprimiendo el programa de estudio, aceleración de una sóla materia (o enfocada), aceleración de todo un año, inscripción concurrente*, y varias otras alternativas. Cada una tiene posibles ventajas, particularmente para los niños dotados quienes están en el rango alto de habilidades en una o más áreas.

Entrada temprana es lo que la palabra lo dice: permitir al niño la entrada al jardín de niños, secundaria de los años 6-8, secundaria de los años 9-12, o al colegio antes de que haya llegado a la edad tradicional para entrar a estos años. La entrada temprana requiere exámenes y acuerdos de parte de la escuela y los padres.

La entrada temprana al jardín de niños es una decisión mayor, pero los niños intelectualmente dotados generalmente se benefician de un ingreso temprano (Rimm, 1994). Muchos niños dotados necesitan el desafío y a pesar de las preocupaciones de unos padres y maestros, frecuentemente se desempeñan bien socialmente.

Plan de estudio compacto (o comprimiendo) es un tipo de aceleración que posibilita a los estudiantes dotados que se salten una tarea que ya han dominado y avancen a temas del curso que mejor correspondan con sus habilidades, y al mismo tiempo les permita quedarse en el mismo salón que sus compañeros. Permite a los estudiantes moverse en el plan de estudio del nivel del año más rápidamente y evita repetición innecesaria. El comprimir requiere que el maestro cuidadosamente conceptualice los objetivos de aprendizaje para una materia designada, someta a prueba preliminar a los estudiantes para el dominio de esos objetivos, permita que los estudiantes que aprueban ese examen a "comprimir," y luego diseñar actividades de reemplazo o aceleradas para estos estudiantes. Las actividades pueden incluir textos alternativos o materiales suplementarios, investigaciones de grupos pequeños o individuales, o unidades auto-dirigidas de estudio. Aunque el proceso para comprimir requiere inicialmente una inversión de ambos, estudiantes y maestros, ofrece el potencial para desencadenar una enorme creatividad. Ya que el sistema esté en su lugar, impide a los estudiantes dotados de perder su tiempo, permitiéndoles explorar ideas y conceptos en mayor profundidad, y les permite practicar destrezas de pensamiento de nivel superior al resolver problemas más difíciles.

Los niños dotados de muy buena gana aceptan la condensación del programa de estudio ya que se hayan dado cuenta que completando el programa de estudio básico tienen más tiempo para hacer el trabajo que verdaderamente les interesa. Como resultado, ellos se mantienen altamente motivados.

Inscripción concurrente implica que un niño está registrado en más de un programa al mismo tiempo. Por ejemplo, unos estudiantes dotados de la secundaria pueden estar matriculados en la escuela de su vecindario y también en una escuela diferente que se especializa en el área de interés del estudiante. Elissa es tal estudiante. Ella asiste a su escuela secundaria regular por la mañana y va a una escuela de artes de teatro cada tarde. Su compañero de escuela, Paulo, toma clases de física y cálculo en un colegio de la comunidad tres días por semana, pero pasa sus tardes entre semana en la escuela secundaria donde toma sus otras clases.

Aceleración (enfocada) de una sola materia dá a los estudiantes la oportunidad de adelantarse uno o más niveles de grado en una área de fuerza identificada y es precursor de una manera para responder a las necesidades intelectuales y sociales del niño. El niño generalmente se queda con sus iguales en otras materias como música, arte, educación física, el almuerzo y el recreo. Ya que muchos niños dotados no han desarrollado plenamente sus destrezas físicas motoras, se pueden quedar en su salón para práctica de escritura o el aprender a crear gráficas. En el área en el que el estudiante es dotado, sin embargo, está "acelerado" y está con estudiantes de ese año y de esa materia. Por ejemplo, un estudiante del segundo año puede ir al cuarto año para la lectura y al quinto para matemáticas, pero permanece en su propia clase para todas las otras materias y actividades.

Aceleración de todo un año, también llamado "saltándose un año," puede ser una manera efectiva para ayudar a estudiantes dotados a lograr su potencial, particularmente los que son altamente dotados. En una aceleración de todo un año, un niño está ubicado con sus iguales intelectuales en los años altos. Así, desde el tiempo de la aceleración, el niño pasa su carrera educativa entera en la compañía de estudiantes quienes no son sus iguales en edad sino sus iguales académicos.

A los padres y educadores con frecuencia les inquieta que las necesidades sociales y emocionales del estudiante puedan volverse un motivo de preocupación. No obstante, esto frecuentemente resulta ser menos problema de lo que parece. Ciertamente, la mayoría de los estudiantes de las escuelas secundarias (años 6-8) no quieren ser amigos de uno de nueve años. Pero, si el niño está creciendo intelectualmente, los padres muy seguido pueden encontrar una manera de satisfacer las necesidades sociales y emocionales a través de programas como institutos de verano para estudiantes dotados, equipos de deportes, coros de la iglesia, niñas exploradoras, niños exploradores, o varios programas de voluntarios. Investigaciones de estudiantes que han saltado un año muestran que su desarrollo social no se ha dañado. Puede ser más dañino reprimir su crecimiento académico.

Algunos educadores creen que saltarse un año no es suficiente, porque los desafíos del programa de estudio no cambian tanto de un año a otro (Tolan, 1990). Pero un brinco de dos o más niveles deben hacerse sólo después de un estudio prudente, particularmente si significa acelerar un niño de la primaria a la secundaria (años 6-8) o uno de la secundaria (6-8) a la secundaria de los años 9-12.

Hay muchos aspectos que deben tomarse en cuenta cuando se piensa en la aceleración de todo un año. Los autores del *Iowa Acceleration Scale* (Assouline, et al., 1998) han investigado a varios factores relacionados con la escuela y el desempeño académico: la colocación en distinto año a consideración; el nivel actual del año de los hermanos del niño, porque una variedad de problemas surge cuando un estudiante está acelerado hasta llegar al año de un hermano; la motivación del estudiante y su actitud hacia el aprendizaje; la participación del niño en actividades fuera del programa de estudio patrocinadas por la escuela; y su propio concepto académico. Los factores del desarrollo incluyen la edad, el tamaño físico, y la coordinación física. Las habilidades interpersonales del niño y la cantidad de apoyo que la aceleración de todo un año recibirá de sus padres y el sistema escolar deben también ser parte del proceso para tomar la decisión.

El *Iowa Acceleration Scale* contiene un cuestionario que deberá completarse por un equipo para el estudio del niño, el cual pueda incluir al director de la escuela, y el consejero y/o el psicólogo de la escuela, el maestro actual del salón, el maestro de la educación dotada, o cualquier combinación de profesionales considerados apropiados. Basado en las respuestas del cuestionario, este equipo puede tomar decisiones no solamente de la aceleración de todo un año, sino también de otros tipos de aceleración los cuales puedan ser útiles.

Por ejemplo, Diana es intelectualmente hábil para poder con la aceleración de todo un año de la secundaria (años 6-8) al año noveno, pero ella ha sido elegida capitán del equipo de fútbol de su escuela y cree que serán campeones de su liga el próximo año escolar. Ella es muy amiga en lo personal de sus compañeros del fútbol. La aceleración de un año entero implicaría el alejarse de su escuela y de su equipo. Ella, por lo tanto, se opone a la aceleración. Sus padres también tienen muchas dudas. Basado en estos factores, la opción de la aceleración de un año entero está excluida; sin embargo, el grupo, usando la información adquirida del cuestionario del *Iowa Acceleration Scale*, puede proponer una recomendación. Diana asistiría a la secundaria (año 9) para matemáticas solamente (aceleración de una sola materia), y continuaría su estudio independiente en ciencia en su escuela actual (años 6-8). También continuaría jugando al fútbol con sus compañeros.

Alternativas a la aceleración

Hay métodos aparte de la aceleración que también son útiles para proporcionar el estímulo y el desafío que los estudiantes dotados necesitan para mantenerse ocupados y estimulados en la sala de clases. Estos métodos incluyen, pero no están limitados a, el formar grupos, mentores, clases de recurso, y estudio independiente.

El formar un grupo dentro del mismo salón (la palabra cluster quiere decir racimo) se usa no solamente con niños dotados, sino también con niños quienes son de alto desempeño en una materia en particular. Los estudiantes forman grupos pequeños dentro de su salón y trabajan juntos en un tema en particular, o en una exploración científica. Los grupos racimos pueden ser compuestos de un salón o pueden consistir de estudiantes de un número de varios salones. Vengan de donde sea, los estudiantes tienen necesidades y habilidades similares en una materia en particular. Los grupos racimos pueden ser temporales y pueden ser supervisados por un padre con experiencia al igual que por el maestro.

Por ejemplo, un padre o un maestro con entrenamiento especial en dirigir discusiones de Junior Great Books™ puede venir a la escuela un día a la semana para trabajar con un grupo de niños dotados de edades diferentes quienes han sido asignados a leer uno de los libros de la serie. Puede también haber un grupo temporal de semejantes el cual estudia temas de ciencia con la ayuda de padres que trabajan en esa carrera.

Los grupos racimos también pueden ser permanentes. Un grupo permanente incluye a todos los niños dotados de un sólo año. Trabaja de este modo: Suponga que una escuela primaria tiene 100 estudiantes del segundo año, 25 en cada una de cuatro clases. Hay siete estudiantes quienes han sido identificados como dotados. Pero como la escuela tiene un presupuesto limitado, no tiene un maestro de recursos dotados y ningun servicio especial para estos estudiantes.

Una manera de ayudar a estos estudiantes dotados es el asegurarse que todos están asignados al mismo salón y al mismo maestro. La investigación claramente demuestra que los estudiantes dotados necesitan estar con otros niños dotados por lo menos parte de cada día. Cuando están agrupados en racimos, ellos dan realce al aprendizaje del otro, tienen más oportunidades para desarrollar amistades, y es menos probable que se sientan aislados. Tal agrupación aumenta la probabilidad de que sus necesidades—académicas tanto como sociales y emocionales—pueden ser logradas por medio de este grupo permanente.

Clases de recurso (o **"estudio fuera de la sala"**) contienen solamente estudiantes dotados, típicamente se reúnen una o dos veces por semana, y les enseña un profesional entrenado en la educación dotada. Estas clases proveen oportunidades para expansión del programa de estudio, así como la oportunidad para que los niños dotados actúen recíprocamente con otros estudiantes dotados. A menudo las clases giran alrededor de temas específicos los que son estudiados desde muchos diferentes puntos de vista, y frecuentemente hay proyectos esmerados que involucran a la clase entera. Los estudiantes típicamente reciben atención adicional en tales áreas como procedimientos de investigación y referencia y en niveles superiores, y estrategias más complejas de pensamiento.

En estas clases fuera del salón, las necesidades especiales de jóvenes estudiantes dotados pueden ser acomodadas. Frecuentemente un niño que ha sido un problema para un maestro en el salón encuentra su "lugar" en una clase de recursos para estudiantes dotadas y llega a ser mucho más calmado cuando regresa a la rutina regular de la sala de clase. Unos padres reportan que su niño disfruta de la escuela mucho más en los días en que asiste al salón de recursos dotados.

Algunos estudiantes que son silenciosos en su salón regular llegan a ser parlanchines en el salón de recursos dotados, a veces demasiado, porque es un lugar en donde se sienten a salvo de burlas y se sienten entendidos por los maestros y los otros estudiantes. Un joven estudiante recientemente dijo, "El estar en esta clase me sostiene para el resto de la semana. Me ayuda bastante pasar tiempo con otros jóvenes que son como yo."

Tan maravillosas como estas clases de recursos sean, requieren una sociedad entre el maestro de recursos y el del salón. Sin tal cooperación, los estudiantes pueden ser penalizados al tener que completar la tarea que pierden cuando no están en su salón regular. Además, el maestro del salón quizás no entenderá la necesidad para el estudio fuera de la clase, creyendo que él puede impartir información con el mismo éxito o que las actividades realizadas en el salón de recursos deben estar disponibles para todos los estudiantes. A menos que las actividades del salón de recursos sean un reto académicamente, puede haber crítica de este método (Cox, 1985). Así es que, el programa fuera del salón regular debe ser poco más que sólo actividades de enriquecimiento que pudieran beneficiar a cada estudiante. Para que el salón de recursos sea aceptado por los otros maestros, el trabajo hecho allí debe involucrar habilidades de pensamiento de nivel superior y mayor rigor académico. El salón de recursos debe ofrecer un programa diferenciado diseñado para las necesidades del aprendizaje de los niños dotados.

Debido al movimiento de los estudiantes dentro y fuera de las salas de clase de hoy en día, unos maestros ven al estudio fuera del salón como menos perturbador de lo que hubiera parecido hace unos años. Los estudiantes salen para la terapia de la pronunciación o para tomar clases particulares de lectura o para instrucción de música individualizada; otros entran al salón para la instrucción principal en materias en lo particular. Las clases para dotados ya son otro lugar más a donde unos cuantos estudiantes acuden para un período de clase diario o un medio día de la semana.

Las clases fuera del salón, sin embargo, pueden sacar otro punto a la superficie. Algunos estudiantes de alto desempeño (y sus padres) quieren saber por qué no están incluidos en el programa especial. "Soy inteligente," dicen los estudiantes. "Mi hijo calificó con 98 en matemáticas y lectura," los padres dicen. "¿Por qué no está él en el programa de dotados?"

Primero, se les debe asegurar a los padres y a sus hijos que los programas para niños dotados no tiene que ver solo con el ser "brillante". Hay niños brillantes y a menudo muy brillantes, en toda aula. La educación para niños dotados intenta adecuarse al niño, es decir; proporcionarle al niño que aprende de manera diferente, un programa académico que le ayude a aprender mejor así como hay programas académicos diferentes para niños de lento aprendizaje. Los niños brillantes aprenden y sobresalen en aulas normales y pudiera afectar negativamente cambiar a un niño brillante que sobresale en un entorno normal, a un salón para niños dotados donde probablemente le cueste más trabajo. Los niños dotados encajan y sobresalen en un salón en donde la gama de oportunidades de aprender es más amplia y va más a fondo que la que tienen otros estudiantes y donde se presenten ideas y conceptos más rápido. Ellos requieren un programa académico más completo para satisfacer sus necesidades especiales.

Segundo, los maestros pueden ayudarle a los padres a entender la diferencia entre la habilidad y el logro. Un niño sobresaliente no es necesariamente un niño dotado y viceversa. Los resultados de las Pruebas de Aptitud indican lo que el niño sabe y puede lograr. Las Pruebas de Habilidad evalúan las habilidades de razonamiento y resolución de problemas así como su habilidad para pensar de manera novedosa y fuera de lo común. Por ejemplo, pudiera ser que un niño brillante obtenga una calificación del 98% en una prueba de aptitud y obtener una calificación más baja en una prueba de habilidades. Este niño ciertamente es muy brillante pero no dotado. Un niño dotado a menudo sobresale en ambas pruebas pero, otro niño igualmente dotado pudiera obtener muy bajas calificaciones en la prueba de aptitud porque tal vez, se distrajo durante el período de enseñanza o de actividades de la clase y por ello, no puede demostrar lo que ha aprendido como se le solicita en la prueba. O en ocasiones, analizan demasiado las preguntas y no pueden decidir en las preguntas de verdadero o falso y opción múltiple.

Sin embargo, estos estudiantes sobresalen en pruebas de habilidades y su trabajo individual muestra originalidad y creatividad.

La diferencia entre los dos tipos de pruebas puede ser confusa para padres y maestros. La maestra dice "No es posible que Jason sea dotado", no hace ningún trabajo en mi clase, y está reprobando en lectura y en geografía."

Pero Jason es en realidad dotado, si sus calificaciones en las pruebas de habilidad caen dentro del rango de dotados, y quizás está logrando menos de lo esperado en su clase por una multitud de razones. Un especialista de la educación dotada, entrenado para ayudar a estudiantes dotados, puede intervenir y ayudar a Jason a descubrir las cosas que lo motivan a aprender.

No obstante, porque los métodos para identificar al dotado no son siempre perfectos, existe siempre la posibilidad de que un estudiante dotado puede haber sido omitido y no incluido en el programa dotado. Los padres y los maestros entonces deben trabajar juntos para ver si un estudiante de alto desempeño puede calificar. Los padres deben juntar la evidencia por lo qué creen que su niño se beneficiaría del programa y hablar con el maestro durante un período de conferencia o en una reunión que ellos solicitaran. Quizás el estudiante ha escrito un guión para televisión basado en un cuento que el maestro enseñó en la clase de inglés. Quizás ha ido más allá de la clase en matemáticas al completar correctamente los problemas de multiplicación y división en un libro de actividades en casa. Los padres pueden discutir la sed de aprender que tiene su hijo, lo que probablemente no sea evidente para el maestro. Los maestros deben estar abiertos a las observaciones de los padres y deben recomendar al niño para su reexaminación.

Algunas escuelas están dispuestas a ser flexibles con sus programas fuera del salón; ello ayudará a los estudiantes talentosos en el entendido que los estudiantes no cumplen con el criterio estricto para entrar en la identificación dotada. Otros distritos escolares requieren que los estudiantes logren una cierta calificación en una prueba para asistir a un programa dotado. El criterio para la selección es una decisión local, pero los padres tienen el derecho de saber cuál es el criterio. A veces las decisiones se resuelven por un Child Study Team (Equipo para el estudio del niño) el cual tiene obligación de hacer lo mejor para el niño.

Programas de mentores (asesores) dan una oportunidad para que la comunidad se involucre con la educación dotada. Un programa de asesores completo generalmente ocurre en el nivel de la secundaria, pero unos maestros usan simples programas de asesores de plazo corto—o "sombreando"—con bastante éxito en ambas escuelas, primarias y secundarias.

Hay muchas diferentes maneras para estructurar programas de asesores, pero a pesar de todo, el valor de un programa de asesores es enorme. Por ejemplo, un programa de asesores en la secundaria de un distrito escolar empareja a estudiantes dotados con adultos en carreras de interés al estudiante. De esto, los estudiantes adquieren un entendimiento de las realidades de una carrera futura y pueden llegar a una decisión informada si es que desearan seguirla. Los estudiantes matriculados en este programa participaron en una encuesta postgraduada y reportaron que su programa de asesores fué la más valiosa experiencia de sus años de secundaria (Reilly, 1992).

Lateesha participó en un programa de asesores orientado a carreras. El padre de Lateesha era técnico en un hospital local, y Lateesha también tenía el don para investigación científica. Ella decidió estudiar la limpieza de dos salas de espera en el hospital: la sala general, y la sala del departamento de emergencia.

Con el permiso del hospital, Lateesha trabajó junto con un científico en el laboratorio de su padre, quien le enseñó el método científico y cómo llevar a cabo experimentos en el campo. Ella entonces se puso a hacer su investigación, tomando cultivos de varios sitios de las dos salas de espera. Con la ayuda del científico, Lateesha observó el progreso de sus cultivos en el laboratorio, identificando lo que crecía en esos tubos de prueba, y describió sus descubrimientos en un informe. Ella estaba sorprendida al descubrir que las dos áreas de espera estaban mucho menos contaminadas de lo que había creido. Era un estudio fascinante para ella y su clase de ciencia, y la administración del hospital la elogió por su trabajo. También aseguraron que fuera publicado en el periódico local.

Los estudios independientes permiten que los estudiantes trabajen solos bajo la supervisión de un maestro o un asesor en proyectos especiales. Permite a los estudiantes dedicarse a sus áreas de interés y ofrece oportunidades para que desarrollen y utilicen sus destrezas auto-dirigidas de aprendizaje. Los estudiantes que quieren dedicar su atención a la resolución de un problema real mundial pueden ser encaminados al diseño de productos originales y de soluciones. Frecuentemente ellos pueden presentar sus descubrimientos a audiencias apropiadas. El estudio independiente debe tener algo de estructura y debe ser vigilado por un asesor. En el nivel secundario a veces puede ser estructurado para darle crédito por la materia al estudiante.

Lugar donde se imparte la instrucción dotada

Estos métodos de aceleración y otros métodos de expansión del programa de estudio pueden ser proporcionados a los estudiantes de varias maneras. En unas escuelas, la única opción que existe es la de darle esos servicios a los estudiantes dotados en sus propios salones. Aunque generalmente esta situación no es la óptima, si el maestro puede incorporar una variedad de acomodos de la instrucción, tales como agrupar, comprimir, hacer contratos de aprendizaje, estudio independiente, investigación original, y programas de asesores para los estudiantes dotados en la clase, el salón regular puede ser un lugar emocionante para que los estudiantes dotados aprendan.

Sea dentro de un salón regular o en otra parte, las opciones pueden ser estructuradas de maneras variadas: un salón regular con un programa de estudio diferenciado y agrupando en racimos solamente clases de educación dotada, un salón regular con estudio fuera de la clase y agrupando en racimos, clases con estudiantes de diferentes años con enseñanza de equipo, clases de honores (las que permiten graduarse con honores), y cursos de colocación avanzada. Al otro lado del espectro están los programas especializados: escuelas de especialización organizadas alrededor de una disciplina en particular, tales como las bellas artes o ciencia, y programas rápidamente acelerados para el altamente dotado. Las combinaciones son infinitas. Un distrito escolar con un fuerte programa para dotados tendrá una variedad de opciones para diferentes tipos de aprendices dotados, en vez de tener solamente un tipo de programa.

El plan de aprendizaje dirigido

Los estudiantes dotados frecuentemente se benefician de un Plan de aprendizaje guiado que dispone de metas, objetivos, y otros parámetros para asegurar una experiencia óptima para el niño. Este plan hace más fácil implementar y vigilar las intervenciones especializadas que el niño necesita.

Usualmente, se convoca a una conferencia del Equipo de estudio para empezar a esbozar el plan. Este equipo elabora un plan para cualquier niño con necesidades especiales de educación y frecuentemente consiste del consejero o el psicólogo de la escuela además de un administrador, y uno o más maestros. La mayoría de las veces, el equipo se reúne primeramente para crear un plan diario para el niño, y en juntas posteriores el plan y las razones para el plan son presentados a los padres para su consideración y comentarios. Es importante tomar nota de que no todos los niños dotados requieren de esta clase de planificación profunda.

Es útil para el niño tener voz en la discusión de las opciones de un programa de estudio expandido o acelerado. Los niños dotados son capaces de participar para tomar las decisiones que afectan sus vidas, el permitirles hacerlo le da realce a sus habilidades tácitas de auto-dirección y buen juicio. La participación les da un sentido de control cuando menos de una porción de sus vidas, y ese sentido de control ayuda mucho en la prevención de problemas emocionales y de comportamiento. Obviamente, los adultos dirigirán el proceso, pero al punto de vista del niño debe dársele la mayor atención posible.

Los elementos de un plan de aprendizaje dirigido

El Plan de aprendizaje dirigido debe describir:

- Los comportamientos o hechos que indican que las necesidades del niño no están siendo satisfechas por el programa de estudio estandarizado.

- Las estrategias ya puestas en práctica para permitir que el niño "salga" de las áreas que ya ha dominado. (Pruebas, Comprimiendo, Aceleración de una sola materia, Aceleración de todo un año, Estudio independiente, Mentores (asesores)
- Métodos adicionales, materiales, experiencias u otros servicios que puedan elegirse para cumplir adecuadamente con las necesidades del niño.
- Resultados que ya han ocurrido, y resultados que pueden esperarse como una consecuencia de la implementación de este plan.

Una muestra de un plan de aprendizaje dirigido

Fecha____

Nombre del estudiante__________Domicilio______________________

Sexo________________________Fecha de nacimiento____________

Escuela____

Año escolar actual_______Promedio de calificaciones (si es pertinente)

____

Miembros del equipo de estudio del niño: _____________________

____

Director______________Maestro actual_________________________

Padre(s) o guardián(es)____

Otro (por ejemplo, especialista de educación dotada, psicólogo, consejero)

____

Coordinador del plan____

Áreas de habilidad especial (Marquen todos que aplican y usen el área de comentarios para indicar cómo el estudiante ha demostrado habilidad excepcional):

☐ Matemáticas Comentarios:________________________

☐ Lectura Comentarios:________________________

☐ Estudios sociales Comentarios:________________________

☐ Ciencia Comentarios:________________________

☐ Arte Comentarios:________________________

☐ Música Comentarios:________________________

☐ Otro Comentarios:________________________

Pruebas de habilidad ya completadas:

Wechsler Intelligence Scale for Children (WISC-III)
Calificación___Fecha_____

Stanford-Binet Intelligence Scale (Binet 4) Calificación___Fecha_____

Woodcock-Johnson Cognitive Ability Scale Calificación___Fecha_____

Otis-Lennon School Ability Test Calificación___Fecha_____

Cognitive Abilities Test Calificación___Fecha_____

Slosson Intelligence Test Calificación___Fecha_____

Otra_________________ Calificación___Fecha_____

Una muestra de un plan de aprendizaje dirigido *(continuación)*

Pruebas de logros completadas:

Iowa Test of Basic Skills	Calificación___Fecha_____
California Achievement Test	Calificación___Fecha_____
Woodcock-Johnson Achievement Scale	Calificación___Fecha_____
Stanford Diagnostic Reading Test	Calificación___Fecha_____
Stanford Diagnostic Mathematics Test	Calificación___Fecha_____
Metropolitan Test of Readiness	Calificación___Fecha_____
Otra_________________________	Calificación___Fecha_____

¿Cuál otro criterio está utilizando para verificar que este estudiante debe estar incluido en un programa dotado? ____________________________

____

____

____

____

¿Cuáles ajustes se han hecho al plan de estudio actual del estudiante? (Marquen todo lo que corresponda y use la sección de comentarios para aclaración adicional)

☐ Estudio independiente	Comentarios:__________________
☐ Agrupando	Comentarios:__________________
☐ Mentores	Comentarios:__________________
☐ Entrada temprana	Comentarios:__________________
☐ Comprimiendo	Comentarios:__________________
☐ Aceleración de una sola materia	Comentarios:__________________
☐ Aceleración de todo un año	Comentarios:__________________
☐ Inclusión previa en un programa dotado	Comentarios:__________________

Tipo de clase____

Fecha de entrada a clase____

☐ Viaje educativo	Comentarios:__________________
☐ Clase fuera de la escuela	Comentarios:__________________

Una muestra de un plan de aprendizaje dirigido *(continuación)*

Buena disposición:

En una escala de 1 – 10 (10 siendo la más alta calificación):

¿Asiste el estudiante a la escuela regularmente y completa sus tareas?	1 2 3 4 5 6 7 8 9 10
¿Acepta el estudiante desafío académico?	1 2 3 4 5 6 7 8 9 10
¿Se relaciona bien el estudiante con otros estudiantes y con maestros?	1 2 3 4 5 6 7 8 9 10
¿Se comporta apropiadamente el estudiante dentro de, y fuera de, la escuela?	1 2 3 4 5 6 7 8 9 10
¿Participa el estudiante en la vida escolar?	1 2 3 4 5 6 7 8 9 10
¿Es el estudiante un líder?	1 2 3 4 5 6 7 8 9 10
¿Está el estudiante entusiasmado acerca de colocación en un programa dotado?	1 2 3 4 5 6 7 8 9 10
¿Desean los padres tal colocación?	1 2 3 4 5 6 7 8 9 10

Resultados y medidas esperados para usar en la vigilancia y el progreso del estudiante:

____

____

____

____

____

Recomendaciones adicionales para este estudiante:

____

____

____

____

____

____

____

____

Se puede agregar a este plan las anotaciones del maestro, las observaciones del consejero, o los comentarios de los padres. El plan será entonces revisado cada año, o más seguido si es necesario, para asegurarse que el niño está respondiendo apropiadamente a las intervenciones educativas y para hacer planes para el siguiente año. Se firmará por miembros del Equipo de estudio del niño y los padres.

Las soluciones rápidas no trabajan

Lo que es más importante de las opciones para los estudiantes dotados es que *estén en marcha.* Es fácil ofrecer actividades breves, parchadas y decir así que se están cumpliendo las necesidades del niño dotado. Por ejemplo, Francesca, de diez años, va al salón de recursos dotados cada jueves. Pero el caso es que Francesca también es niña dotada los lunes, martes, miércoles, y viernes, y es igualmente dotada en los fines de semana, cuando está totalmente fuera de la supervisión del maestro.

Lo que los adultos que se encargan de Francesca necesitan hacer, entonces, es comentar, coordinar, y planear para asegurarse de que su estudio en el salón de dotados es más que un descanso en una semana de aburrimiento y baja-utilización de sus habilidades. Su maestro regular necesita asegurarse que ella tenga un programa de estudio extendido o experiencias "fuera del paraguas" de todos los días. El maestro del salón regular necesita comunicación significativa entre los padres de Francesca y del maestro del salón de recursos dotados para darle lo que ella necesita de una forma continúa y para vigilar su progreso. Requiere algo de tiempo y esfuerzo, pero los resultados valen la pena.

¿Es verdaderamente un plan de estudio dotado?

Hay escuelas que anuncian que tienen un programa de estudio para los niños dotados, pero al investigarse se ve que no es lo que prometen. Los padres y miembros de la comunidad deberán encontrar todas estas cosas, o la mayoría de ellas, en un programa dotado:

- Un ambiente intelectual donde el aprendizaje sea apreciado
- Que los estudiantes estén activamente involucrados y con entusiasmo de aprender
- Programas de estudio que cumplan con el desarrollo y la buena disposición del estudiante; diferenciación de tareas para cumplir con necesidades individuales
- Aprendizaje independiente y proyectos independientes
- Resolución de problemas, tareas que no se hagan de una sola manera y uso del pensamiento a nivel superior
- Creatividad y pensamiento que se aparta de lo común (en vez de una sola respuesta)
- Tecnología disponible para los estudiantes en investigación y trabajo diario
- Programa de estudio amplio que involucre a más de una sola área de contenido
- Estudiantes que están aprendiendo a entenderse y apreciarse a ellos mismos y a otros
- Estudiantes que estén expuestos a áreas de aprendizaje adicional tales como opciones de carrera y colegios, y áreas de estudio posibles en el futuro

Además, los padres encontrarán que la escuela y el distrito escolar tienen:

- Maestros con entrenamiento en necesidades especiales de estudiantes dotados
- Administradores y facultad con conocimiento de las necesidades especiales de los estudiantes dotados que son apoyadores de estas necesidades
- Un grupo de estudiantes dotados que contiene aproximadamente el mismo porcentaje de diferentes grupos culturales y económicos como los tiene la escuela o el distrito en conjunto

- Una mesa directiva escolar que apoye las necesidades especiales de los estudiantes dotados y que provea el financiamiento para el programa
- Una escuela abierta a, y que acepta con beneplácito a, los padres de los estudiantes dotados

Capítulo 7

Eligiendo opciones: ¿Qué es lo mejor para su niño?

Soluciones exitosas para estudiantes dotados

Todas las opciones escolares mencionadas en el capítulo anterior representan el compromiso de una escuela o un maestro a la flexibilidad en la educación dotada. Este tipo de flexibilidad ayuda a los niños dotados a lograr su potencial. Pero, ¿cómo sabrá cuáles métodos trabajan mejor para su niño? Y, ¿cuándo es tiempo para un cambio? La información a continuación le dará unos indicadores.

Comprimiendo el plan de estudio

Lo que los padres deben saber: Comprimir el programa de estudio permite a los estudiantes que han dominado los talentos y los conceptos del programa de estudio regular a "examinarse para salirse" de ese programa. Ellos entonces usan el tiempo ganado para aspirar a buscar los temas y actividades que correspondan a su competencia académica. Por ejemplo, si Amy ya ha leído los poemas que serán usados en el estudio de literatura y puede mostrar que ha dominado el vocabulario requerido y las habilidades de escritura, podrá entonces ser exentada de leer los poemas y completar las tareas compañeras. En vez, se le dará una tarea para comparar y contrastar dos obras del mismo poeta o para redactar un informe acerca de cómo dos poetas tratan el mismo tema. Su estudio tiene más profundidad y complejidad que el trabajo completado por el resto de la clase.

Para establecer quién es elegible para el programa comprimido de estudio, el maestro somete a una prueba preliminar a todos los niños sobre la información que se espera sepan al completar la unidad. Los niños que demuestran competencia en la prueba preliminar se les permite avanzar. No todos los niños que pasan "examinan para avanzar" de una unidad en particular son dotados, y a veces un niño pasa la prueba en una área y no en otra.

Investigadores en el University of Connecticut Research Center on the Gifted and Talented (Centro del dotado y el talentoso de la Universidad de Connecticut) han descubierto que comprimir el programa es posible en un rango amplio de escenarios de salones y puede tener resultados positivos para ambos, maestros y estudiantes. Estos investigadores encontraron que al someter a los niños dotados a prueba preliminar, los maestros pueden eliminar aproximadamente cuarenta a cincuenta por ciento del programa de estudio en una o más áreas, incluyendo matemáticas, ciencia, lenguaje, y estudios sociales, sin efectos perjudiciales para los niños dotados (Reis, et al., 1993).

Niños para los que es lo más apropiado: Comprimir el programa es importante para el niño quien se resiste a la repetición ***y además*** ha probado que puede adelantar sin esas repeticiones. No es provechoso para niños que simplemente son impacientes con los ejercicios repetitivos. Los estudiantes deben demostrar un entendimiento de conceptos antes de que puedan avanzar con el tema a un paso más rápido. Comprimir el programa le es muy atractivo a un niño que quiere hacer trabajo independiente. Demostrando comprensión del programa actual puede ser la entrada por la cual el niño debe pasar en el camino a un proyecto independiente.

Cómo saber si está funcionando: Cuando funciona éste, el estudiante puede mantenerse en la tarea y capta conceptos más avanzados. Si el niño se desvía de la tarea o de repente parece confundido, puede entonces estar abarcando demasiado.

Si no está funcionando: Es posible que el criterio para la prueba preliminar no fue muy específico, permitiendo a niños que no son buenos candidatos para entrar en esta opción de programa comprimido de estudio. Además, unos niños, que ya han avanzado a través de pasar las pruebas, se vuelven perezosos y deciden que no quieren efectuar el esfuerzo necesario para alcanzar los beneficios de comprimir el programa. Estos niños frecuentemente empiezan a superar de nuevo si se les provee de un motivador, tal como un programa de incentivos. Idealmente, la motivación de los niños debe ser generada internamente, pero a veces el padre o el maestro necesitan proveer estímulo extra o incentivo por un tiempo.

Finalmente, algunos estudiantes se vuelven temporalmente ansiosos y/o abrumados si una gran cantidad de material nuevo se presenta a la vez; estos mismos niños se calman si el trabajo es introducido en pequeñas cantidades. Si Ud. ve a su niño poniéndose nervioso y tenso con la introducción de contenido nuevo, discútalo con su maestro.

Agrupando en racimos (Cluster grouping)

Lo que los padres deben saber: Como se menciona en el Capítulo 6, hay dos tipos de grupos: 1) grupos flexibles basados en el interés y la capacidad en áreas de materias en particular y que se enseñan dentro del salón regular, y 2) grupos que son una mezcla de niveles escolares y son formados para atender a las necesidades académicas de los estudiantes de varios salones. A veces un grupo está compuesto solamente de niños dotados; a veces puede incluir niños que simplemente muestran una aptitud en una área en particular y quienes se beneficiarán del trabajar con estudiantes igualmente dotados.

Es importante diferenciar a los grupos de alta-habilidad de los de "aprendizaje cooperativo y habilidades mixtas" en los cuales los niños trabajan juntos en varios tipos de proyectos de aprendizaje. Aunque algunas investigaciones indican que los estudiantes dotados de la primaria no experimentan efectos adversos de la participación en tales grupos (Kenny, et al., 1995) otros maestros reportan que los estudiantes dotados de un grupo de aprendizaje cooperativo de varias habilidades frecuentemente reciben una parte mayor del trabajo, y que los estudiantes menos hábiles no lo objetan, es más les gusta. Los estudiantes dotados pueden resentir al hacer la mayor parte del trabajo en tales grupos.

Esos grupos no ayudan a niños dotados si están simplemente efectuando los mismos tipos de trabajo que los otros estudiantes. En cambio, esos grupos en racimo (clusters) deben ofrecer más y/o diferentes oportunidades; los estudiantes deben ser desafiados con actividades y conceptos que extiendan sus habilidades. Esos grupos en racimo deben ofrecer a los estudiantes dotados una variedad de enriquecimiento y/u opciones aceleradas (Rogers, 1995).

Niños para quienes es lo más apropiado: Estudiantes que se benefician de esos grupos en racimo son los que necesitan mayor profundidad y complejidad de materia y son capaces de ser parte de un grupo pequeño. No todo estudiante en un grupo dotado necesita ser dotado; unos pueden ser estudiantes regulares quienes se desempeñan excepcionalmente bien en ciertas áreas y se benefician de la colocación en un grupo.

Cómo saber si está trabajando: El grupo es útil y está orientado a la tarea; corrige por sí mismo a los que se desvían del trabajo.

Si no está trabajando: Vigile para ver que el niño dotado no quede encadenado con el papel de líder en cada grupo. El maestro debe estar en guardia de que el niño dotado siempre sea solicitado para líder mientras los otros descansan. Antes de que empiece el trabajo en un grupo en racimo el maestro debe explicar que todos tienen un papel que desempeñar en el grupo. Asignándoles esos papeles puede ayudar. Un niño, por ejemplo, puede dársele el trabajo de secretario, tomando apuntes y escribiendo un informe; a otro se le da la tarea de juntar libros y otros materiales que el grupo necesita para hacer su trabajo; y el tercero sirve como gerente del proyecto. Otros estudiantes dirigen la investigación, diseñan gráficos y carteles para ilustrar los descubrimientos de la investigación, o hacer la presentación actual a la clase.

Si los estudiantes se desvían de la tarea, están jugando sin propósito, y no están completando las tareas, el maestro puede cambiar el criterio para la inclusión o cambiar el modo de interacción entre el grupo. Necesitará proveer más dirección práctica hasta que los niños desarrollen las aptitudes para trabajar juntos efectivamente.

Estudio independiente

Lo que los padres deben saber: El estudio independiente proporciona a los estudiantes una oportunidad para estudiar un tema de interés especial en detalle y se enfoca en las necesidades específicas y los estilos de aprendizaje del niño. Si al niño le gusta trabajar en proyectos definidos, el estudio debe ser basado en un proyecto; si al estudiante le gustan las matemáticas, actividades de matemáticas deben ser utilizadas liberalmente en el estudio independiente. El estudio independiente, aunque provee libertad para el estudiante, también necesita ser estructurado cuidadosamente. Aunque el estudiante tenga un interés intenso en una materia, pudiera tener poca experiencia en una de las tareas relacionadas al juntar, analizar, y presentar la información. El maestro proporciona instrucción en estas destrezas, esboza los pasos del estudio, y fija plazos para las varias etapas de cumplimiento. Los contratos de aprendizaje entre el estudiante y el maestro son útiles para mantener encarrilados a los estudiantes independientes. Los resultados del estudio independiente son generalmente presentados en un tipo de foro para evaluación por otros estudiantes o por un experto externo.

Niños para los que es lo más apropiado: El estudio independiente trabaja bien con niños que son auto iniciadores, requieren dirección mínima, son suficientemente disciplinados para trabajar solos, y tienen la iniciativa y el ingenio para hacer la necesaria investigación. Porque el estudio independiente requiere un cierto nivel de madurez, es usualmente más benéfico para los estudiantes mayores.

Cómo saber si está trabajando: El estudiante se mantiene ocupado, mantiene su enfoque, e inicia ideas y proyectos. Pareces estar absorto en su propósito y en la alegría del descubrimiento.

Si no está trabajando: El maestro tendrá que prestar más atención y estructura al proyecto de estudio independiente. Serán necesario frecuentes períodos de verificación con el maestro durante los cuales el niño recibe orientación adicional. No obstante, si la curiosidad continua apagándose, un grupo pequeño será un buen substituto para el trabajo independiente.

Aceleración de una sola materia (enfocada)

Lo que los padres deben saber: Aceleración de una sola materia es una táctica útil para el niño cuyas pruebas de realización y desempeño diario indican que está por lo menos un año adelante de sus compañeros en una materia particular. El estudiante puede salir de su aula a una hora específica cada día para ir a un grado más alto para instrucción en esta materia.

Quizás el área de aceleración enfocada son las matemáticas. Es esencial que el niño **no se le obligue a** completar el trabajo de matemáticas que ya ha dominado. Por ejemplo, un niño quien está tomando matemáticas del quinto año mientras está en el cuarto año no debe ser obligado a participar en las lecciones de matemáticas en su salón regular. Ese tiempo debe ser usado para practicar nuevas destrezas o para completar otras tareas omitidas mientras el niño estaba en el salón de matemáticas del quinto año.

Los maestros y padres que consideren la aceleración de una sola materia deben estar conscientes de que están instaurando una cadena de eventos la cual durará años. Si el niño del tercer año está tomando matemáticas del cuarto año, estará tomando matemáticas del quinto año durante su cuarto año, matemáticas del sexto año cuando en el quinto, y así sucesivamente. Mientras el niño crece, el salón de aceleración estará en otro edificio, y será necesario disponer la transportación. Para que el plan de aceleración sea exitoso, padres, maestros, y los niños deben comprometerse a él y hacer lo necesario para adaptar el aprendizaje del niño en una forma continua.

Niños para quienes es lo más apropiado: Este tipo de aceleración es mejor para el niño capaz de trabajar en un nivel avanzado en un área en particular. Aunque el nivel de competencia social del niño—es decir, la habilidad del niño a dejar su salón de origen para trabajar con estudiantes mayores en la materia en la cual sobresale—debe ser considerado, es un factor menor si los padres y la escuela apoyan la aceleración.

Cómo saber si está trabajando: El estudiante siente el desafío pero no se siente abrumado y espera ansiosamente el tiempo académico en el otro salón.

Si no está trabajando: Si el estudiante teme dejar el salón y vacila acerca de juntarse con el grupo mayor, ayúdele a encontrar un amigo especial que pueda servirle como mentor/guía para tender un puente entre el salón de origen y el salón de aceleración enfocada. Si el niño está incómodo y triste, la aceleración podría tener que ser abandonada; el maestro necesitará entonces incorporar el contenido acelerado dentro de las actividades diarias del salón.

Aceleración de todo un año (saltando un curso)

Lo que los padres deben saber: La aceleración de todo un año puede funcionar para un estudiante cuyas calificaciones de exámenes, de desempeño, y evaluaciones del maestro indican que es excepcional en todas, o casi todas, las áreas y tiene razonable madurez social y emocional.

Niños para quienes es lo más apropiado: Esta opción es para el niño quien sobresale mucho sobre sus compañeros de la misma edad prácticamente en todas las materias y puede enfrentarse a las presiones de ser el miembro más joven de un salón.

No es suficiente que los padres y los maestros crean que este tipo de aceleración será benéfica; el niño también debe quererlo. Discusiones con el estudiante y la familia son imperativas, para que todos los involucrados tengan una imagen clara de lo que esta opción significará en cuanto a las interacciones diarias del niño con sus iguales y compañeros de clase mayores y cuáles responsabilidades tendrán que asumir los padres.

Estas discusiones también deben ocuparse con el tema de "fracaso." Un niño que pruebe la aceleración—aunque de una sola materia o todo un año—y la encuentra muy difícil puede creer que tiene que aguantarla para no parecer fracasado. Aconsejar a los niños antes de que entren en la aceleración les puede ayudar a entender que están enfrentándose a algo difícil y que deben ser alabados por el intento, aún si más tarde deciden que es mucho para ellos.

Cómo saber si está trabajando: El niño se siente cómodo con estudiantes mayores, no está indebidamente tenso, y puede llevar al día la tarea.

Si no está trabajando: En vez de saltar un año entero inmediatamente, un estudiante puede, por ejemplo, comprimir el programa entero de estudio del segundo año al primer semestre y el programa de estudio del tercer año en el segundo semestre, así ir formando amistades en las dos clases y ser desafiado convenientemente. Para el fin del año el niño estará preparado para el cuarto año en vez del tercero, pero el aprendizaje habrá sido a un paso para satisfacer las necesidades sociales, tanto como las académicas, del estudiante. Este tipo de aceleración requiere cooperación íntima entre los maestros, administradores y padres.

Si el niño se siente fuera de lugar, tiene aversión a la colocación avanzada, y empieza a sufrir emocionalmente y socialmente, otras opciones tales como estudio independiente o un mentor pueden suministrar al niño estímulo intelectual, y aún permitirle interacción con sus iguales.

Clases de recurso para el dotado (estudio fuera del salón)

Lo que los padres deben saber: El salón de recursos dotados es un lugar en donde los estudiantes identificados dotados son reunidos por un período de tiempo específico cada semana. El grupo se concentra en tareas que requieren que los niños ejerciten destrezas de pensamiento de nivel superior. Hay abundantes oportunidades para discusiones, resolución de problemas, y una variedad de actividades y experiencias reales. Un salón de recursos es más efectivo cuando el programa de estudio incluye varias disciplinas y utiliza temas amplios que corresponden a los intereses variados y las habilidades de los estudiantes para pensar globalmente.

Niños para quienes es lo más apropiado: Estudiantes dotados que tienen destrezas para investigación independiente y para estudiar y la habilidad para conectar temas alrededor de un tema general son los que más se benefician de clases de recursos dotados. Estos niños dotados en el salón de recursos frecuentemente trabajan alrededor de una idea o cuestión clave y desarrollan un proyecto final o actividad avanzada que a menudo requieren una audiencia y algo de participación de los padres.

Cómo saber si no está trabajando: Los estudiantes están ansiosos para ir a clase; están entusiasmados por la naturaleza exploratoria de las lecciones que empiezan en cada unidad de estudio. Ellos traen sus propios recursos. Pasan por el salón durante períodos fuera del horario. Ellos mismos ofrecen al maestro sus propias ideas, las cuales extienden más el programa original del estudio.

Si el niño está contento en la clase de recursos, los padres lo escuchan porque se convierte tema de conversación mayor en la mesa durante la cena. Los padres a veces le dicen a los maestros, "No habla de otra cosa. Es un lugar en donde se siente aceptado y verdaderamente aprende."

"El venir aquí hace posible descubrir nuevas cosas que son interesantes para mí," dicen los estudiantes. El salón de recursos dotados frecuentemente los libera de sentimientos de impaciencia del programa de estudio estandarizado y les da un sentido de pertenencia.

Si no está trabajando: El salón de recursos dotados no es una panacea. Si el estudiante se resiste a dejar el salón regular y no está interesado en trabajar en proyectos o materia fuera del período de la clase de recursos, el maestro y los padres necesitan tener una plática entre ellos.

Puede haber resistencia de los otros maestros acerca de las actividades en la clase de recursos dotados, porque los estudiantes en estas clases pueden estar involucrados en actividades que son "fuera del paraguas" y hasta fuera del programa de estudio general. Sin embargo, los niños dotados requieren esta clase de acomodo. Para mantenerlos interesados y motivados su plan de educación debe estar relacionada a sus intereses.

Otro posible problema es que los estudiantes que asisten a un salón de recursos pueden perder interés en las actividades del salón regular, porque las materias son enseñadas en un nivel más bajo y a un paso más lento. Un modelo de un salón de recursos trabaja mejor cuando hay comunicación continua y verificación entre el maestro de recursos dotados y el maestro del salón regular para vigilar el progreso del niño en ambos escenarios. Comunicación frecuente entre el maestro del salón, el maestro de dotados recursos, y el especialista de educación dotada es también importante. La retroalimentación de los padres es también útil.

Clases o conferencias autónomas para el dotado

Lo que los padres deben saber: Unos distritos escolares usan los talentos de sus maestros de estudiantes dotados en lugares distintos de los salones de recursos. En vez de una clase semanal o dos clases por semana, hay clases diarias regulares en materias como lectura o matemáticas. El estudiante dotado asiste a una o a ambas. Las clases cumplen con las necesidades de estos niños todos los días, no solamente una o dos veces por semana. Este modelo provee la mayor cantidad de servicio a los estudiantes dotados, al estar agrupados con otros niños dotados y enseñados por un especialista de educación dotada por una porción de cada día.

Niños para quienes es lo más apropiado: Estudiantes que demuestran su dominio de los conceptos del salón y muestran que son capaces del trabajo acelerado desempeñan mejor con este tipo de instrucción.

Cómo saber si está trabajando: Otra vez, los estudiantes están contentos. Están al día con su trabajo, gozan de sus iguales, y se sienten desafiados, pero no fuera de su entendimiento.

Si no está trabajando: El niño llega a un punto en el cual el trabajo se vuelve muy difícil. El estudiante puede requerir más tiempo, frente a frente, con el maestro de recursos dotados, unas clases particulares, aceleración enfocada, u otras modificaciones del programa de estudio las cuales cumplan más precisamente con sus necesidades.

Mentores

Lo que los padres deben saber: Un programa de mentores ofrece a un estudiante la oportunidad para trabajar con un profesional adulto en un área de interés o talento especial. La duración del programa de mentores variará según la edad de los estudiantes. Los estudiantes deben empezar con un día de *hacerle sombra* u observar al adulto, y luego progresar a una relación de corto plazo, la cual para estudiantes de la secundaria podría después ser ampliado a un internado para crédito de colegio.

Niños para quienes es lo más apropiado: trabajo de *hacerle sombra* y programas de mentores de corto plazo son útiles para estudiantes antes de la secundaria (años 6-8), Mientras que programas de mentores a largo plazo son más benéficos para los estudiantes de la secundaria (años 9-12) quienes están pensando cuidadosamente en una posible carrera. Los programas de mentores pueden también ser de valor para adolescentes dotados quienes logran menos de lo que se espera porque no pueden ver la pertinencia o lo práctico de su tarea. Para que un programa de mentores sea útil, los estudiantes deben tener la habilidad para funcionar apropiadamente en escenarios de trabajo de adulto. Deben ser instruidos en cómo vestirse y en el protocolo del sitio de trabajo antes de soltarlos. Para responsabilizarlos y para calificación y crédito, los estudiantes pueden ser requeridos a entregar un *curriculum vitae*, tener una entrevista, y mantener un diario en el cual documentan sus experiencias de trabajo y observaciones. El maestro platica con los estudiantes de vez en cuando para ayudarles a evaluar la experiencia y a relacionarla a futuras opciones de carrera o estudios universitarios.

Cómo saber si está trabajando: Los programas de mentores trabajan bien cuando ambos, el estudiante y el mentor, se sienten cómodos, el estudiante pregunta y recibe respuestas a sus preguntas, y cumple con sus tareas completamente y las piensa bien. Un programa de mentores no debe ser un trabajo de conveniencias; para ser una experiencia de verdadero aprendizaje para el estudiante necesita tener profundidad y sustancia.

Si no está trabajando: Si los estudiantes no tienen que ser engatusados para completar sus tareas, o si ellos le dicen que no se llevan bien con su mentor, puede convenir un cambio, ya sea de otro mentor o a estudio independiente. Pero antes de que se tome cualquiera acción, los padres y los maestros deben reunirse para tratar de determinar cómo hacer la experiencia más significativa y desafiante.

Verificación de la realidad

Verdaderamente, es muy difícil para los maestros ordenar todas estas opciones frente a clases grandes, tiempo limitado, y requisitos del estado. Es imposible analizar las necesidades de 30 o más estudiantes individuales diariamente. No hay, sin embargo, tantos estudiantes dotados quienes verdaderamente se crucen con ellos en todo un año, y vale la pena ayudar a estos estudiantes a expandir sus opciones para aprendizaje al máximo—y por una razón bastante egoísta. Así el estudiante dotado se siente satisfecho y contento, el maestro también. Ayudarle a un estudiante dotado a acostumbrarse se traduce en un niño feliz y en un salón más relajado. Como padre de tal estudiante, tendrá Ud. que señalar amablemente al maestro las posibles ventajas de darle a su niño atención individual.

Evite decir, "Si le hubiera dado a Bert atención individual se comportaría mejor." Diga mejor, "Hemos notado en casa que si le preguntamos a Bert que si qué quisiera aprender o hacer nos lo dice, y podemos negociar una actividad con la cual todos estamos conformes."

Todos los maestros buenos ajustan el programa de estudio básico hasta un punto. Saben cuáles estudiantes necesitan práctica extra y conciben maneras para que lo reciban. Los maestros animan a niños tímidos al agruparlos con otros; les dan a esos que florecen temprano responsabilidades adicionales. Ellos proporcionan centros de aprendizaje, concursos, experiencia verdadera, viajes de excursión, y acceso a computadoras. Los buenos maestros también permiten a los estudiantes moverse dentro del salón y seguir actividades individuales porque han descubierto que es un enorme desperdicio de tiempo cuando estudiantes capaces, dotados o no, tienen que esperar, en sus pupitres, sus mentes vagando, para que otros entiendan la lección del día. El permitir opciones flexibles recuperan tiempo perdido y permite darle a los niños aprendizaje con sentido.

Un maestro que trabaja con estudiantes dotados tiene que ir solamente un poquito más lejos, ir abriendo la extensión de posibilidades del programa de estudio un poco más amplio y darle atención especial a las necesidades sociales y emocionales de niños cuyo crecimiento intelectual a veces ha sobre paseado a su habilidad para tratar con sus sentimientos.

Claro, hay un número de opciones de flexibilidad las cuales permiten a estudiantes dotados seguir sus intereses sin una tremenda cantidad de trabajo adicional de parte de maestros o padres. Lo que es importante para los padres es recordar que cumplir con las necesidades de un niño dotado es importante para su desarrollo y felicidad, y que opciones educativas diferentes pueden ser apropiadas en diferentes etapas de la vida del niño. La mejor opción es siempre la que está basada en las necesidades emergentes del niño, las cuales continúan cambiando mientras crece y se desarrolla.

Por ejemplo, mientras grupos (clusters) pueden funcionar bien en la primaria, estudiantes dotados de la secundaria quizás aprenderán más de un mentor o de estudio independiente simplemente porque han desarrollado mayor madurez y buena disposición. Además, es raro el maestro de la secundaria quien puede establecer grupos para los 150 o más estudiantes que ve diariamente. Cuando se ordenan las opciones, es especialmente necesario para padres y maestros mantener la comunicación para que puedan vigilar cambios en el comportamiento del niño los que indican si la actividad flexible es apropiada.

¿Quién es responsable? Los papeles de los padres y los maestros

Los maestros, por lo menos esos en el mismo edificio, deben comunicarse unos con otros acerca de estas necesidades especiales de los estudiantes. Si el maestro de primer año de Luis va a permitirle comprimir el programa de estudio de matemáticas, el maestro del segundo año necesitará saberlo, porque tendrá implicaciones acerca de cómo manejará la instrucción de matemáticas de Luis el próximo año. No es justo para Luis o para su maestro del segundo año que el maestro del primer año conduzca estas actividades sin comunicarlo. Debe compartir los planes con aquellos que serán afectados más tarde por la decision—y con la administración de la escuela.

Por lo regular, los maestros no hacen estas decisiones de la expansión del programa de estudio por cuenta propia. Un equipo de estudio del niño debe vigilar el progreso de Luis por lo menos una vez por año para determinar cuáles acomodos deben ser realizadas a través del tiempo. Los padres de Luis son también una parte integral del proceso de tomar decisiones. Comunicación regular y frecuente entre todos los miembros del equipo de estudio del niño es la clave para transiciones sin problemas entre diferentes grados y niveles.

No es un fracaso admitir que un estudiante no se está beneficiando de un método particular de paso flexible. El maestro simplemente necesitará afinarlo o intentar otra táctica. Ningún método por sí solo es propio para cada niño; parte del arte de la enseñanza es acomodar al niño con estrategias las cuales serán las más productivas a esa fecha, tomando en cuenta las necesidades y la buena disposición del estudiante. Los padres deben otorgarle a la maestra del niño el apoyo que necesita al mismo tiempo que prueba diferentes opciones y son evaluadas.

Es buena idea para los padres mantener sus propios datos de las opciones de la expansión que se han utilizado. Si, por alguna razón, la escuela no transmite la información a los consejeros del nivel secundario, los padres entonces pueden suministrar la información necesaria. Los apuntes de los padres también son útiles si la familia se muda a otro sitio y a una nueva escuela. A causa del puro volumen de estudiantes con los cuales los maestros de las escuelas secundarias tratan cada día, no pueden mantener ese tipo de información a la mano. A veces puede llegar a ser la responsabilidad de los padres para asegurarse que sus niños no caigan en problemas ni vayan a parar en situaciones en el salón que no sean apropiadas.

Eso le ocurrió una vez a Hector mientras se movía por el programa resumido en el cuadro a continuación. Cuando saltó de la primaria a la secundaria, sus archivos eran una parte de muchos archivos de muchas escuelas primarias. Pero porque su madre tenía un conocimiento íntimo del programa de largo plazo de Hector, pudo ayudar a los maestros y a los consejeros y facilitar a la escuela el colocar a Hector donde debería estar.

En distritos escolares suficientemente afortunados de tener un especialista de educación dotada, la planeación a largo plazo es más fácil implementarla porque el especialista ayuda a facilitar la comunicación entre los maestros y los padres, tanto como entre los grados y las escuelas. Sin embargo, con la creciente movilidad de familias y la falta de profesionales entrenados en algunas escuelas, habrá veces cuando los padres, como la madre de Hector, necesitarán ser los defensores primarios para el plan flexible existente de su niño.

Los programas dotados de corto plazo, son solamente un escenario de resolución rápida no relacionado al programa de estudio del niño, y no son muy efectivos. Las alternativas para los niños dotados deben formar parte de una manera total de pensar de su educación—un programa de largo plazo que provea aprendizaje y flexibilidad óptima a través de toda la trayectoria de su experiencia escolar.

Los niños dotados son un grupo diverso. Una sola estrategia de aceleración no funcionará para cada estudiante; para darles a estos jóvenes la mejor oportunidad de éxito, los programas dotados deben ofrecer una variedad de opciones de expansión de un programa de estudio. Aquí hay dos historias clínicas que muestran cómo un distrito escolar cumplió con las necesidades de dos estudiantes muy diferentes:

El progreso de un niño dotado: Hector

Kinder-2° año: El especialista de estudios dotados consultó frecuentemente con los padres y los maestros de Hector para asegurar que se le proporcionaban las actividades apropiadas de expansión en su salón regular.

Años 3-6: Por las calificaciones excepcionales de Hector en matemáticas, fue acelerado en una sola materia. En el tercer año fue ubicado en el quinto año para sus actividades de matemáticas; en el cuarto año tomó matemáticas del séptimo año. En el quinto año continuó su aceleración de una sola materia, tomando matemáticas del octavo año. Completó sus matemáticas de la secundaria (años 6-8) durante el sexto año. Este paso flexible requirió cooperación y comunicación entre sus maestros, otros maestros de la primaria, y maestros de matemáticas de la secundaria. En el sexto año también estudió guías para el SAT (Scholastic Aptitude Test) y tomó los exámenes de práctica verbales y de matemáticas para determinar su nivel de habilidad en matemáticas.

Años 4-8: Hector fue asignado a un salón de recursos dotados un día entero por semana. Asistió a este salón de recursos hasta el octavo año. La clase con otros niños dotados lo expuso a la economía, experimentos de laboratorio, y la arquitectura, todos los cuales expandieron sus habilidades inusitadas en matemáticas. Sin embargo, en este salón también descubrió el drama y las civilizaciones antiguas y pulió sus habilidades para presentaciones.

Años 6-8: Hector dos veces calificó en segundo lugar y una vez calificó en primer lugar en el concurso de matemáticas del estado para estudiantes de la secundaria (6-8). (No todos los estudiantes disfrutan de estas competiciones, pero a Hector le encantaba participar en ellas.)

Años 9-12: Hector utilizó todo lo que había aprendido a través de su aceleración y programa dotado. Tomó un complemento entero de clases de AP (Advanced Placement / clases avanzadas de nivel universitario) y también participó en drama, atletismo en pista, y gobierno estudiantil. Recibió una calificación perfecta en las dos secciones del SAT. Fue aceptado por varios colegios mayores y optó continuar sus estudios con una beca en una universidad mayor, donde actualmente está en su tercer año.

El progreso de un niño dotado: Lucinda

Años 2-5: Lucinda, quien tenía un cociente intelectual (IQ) de 160, era introvertida y bastante tímida alrededor de sus iguales. Su arreglo personal era desordenado y su ropa desaliñada porque su mente estaba en otras cosas. Superaba en todas disciplinas académicas, pero era muy reservada acerca de sus logros. Porque era considerada socialmente inmadura para su edad y había poco apoyo escolar para la aceleración de todo un año, ella fue acelerada por una materia solamente, trabajando dos años adelante de sus iguales en, matemáticas y lectura. Completó varios proyectos independientes de estudio y tomó parte en unas actividades de otras carreras. Siendo una estudiante bastante concienzuda, Lucinda hacía más de lo requerido en el salón. Por ejemplo, si un maestro mencionaba un libro en el cual otro estudiante tuviera interés, Lucinda también iba a la biblioteca lo más pronto posible y leía el libro de cubierta a cubierta. Como ella, incorrectamente, suponía que los comentarios casuales de su maestro eran tareas, Lucinda trabajaba varias horas cada noche en "tareas" que nunca se le habían asignado. Se agotó por razones del régimen de estudio impuesto a sí misma; sus padres y maestro tuvieron que ayudarle a entender que una observación acerca de un libro o de una exhibición no era un mandato para que estudiara el libro o asistiera a la exhibición, y que las sugerencias dadas a otros estudiantes no eran pertinentes para ella.

Años 6-7: Todavía acelerada en una sola materia, Lucinda tuvo un despertar social. En el pasado ella había ignorado a sus iguales en edad; ahora quería ser como ellos en todo. Adoptó el estilo de vestuario de las otras muchachas, escuchaba sus bandas de rock favoritas por horas, leía las revistas para adolescentes, y trataba desesperadamente de congeniar con ellas. El "encajar" (estar in), sin embargo, simplemente no existía. Ella estaba dos años adelantada en los estudios de sus compañeras y muy por delante de ellas en lo que le interesaba. En su corazón verdaderamente no le importaban las modas y las tonterías por alguien de las muchachas de su edad. Ella estaba interesada en la música, pero no en escuchar a las bandas de música rock. Lucinda cayó de picada en una depresión clínica, por la cual sus padres inmediatamente buscaron ayuda profesional.

Año 8: Lucinda rogaba ser aceptada en entrada temprana a la secundaria. "No puedo regresar a la primaria media (años 6-8)," lloraba ella. "Ya sé todo lo que me van a enseñar, y los niños son tan inmaduros. Yo sé que puedo encargarme del trabajo de la secundaria. Por favor déjenme intentarlo."

Debido a su insistencia, los padres, maestros, y consejeros revisaron su trabajo, sus calificaciones, y su situación familiar, y decidieron pedir a la administración de la escuela que permitieran entrada temprana a la secundaria. Ese tipo de aceleraciones eran prácticamente inauditas en el distrito escolar de Lucinda, pero enfrentados con un grupo de gente que creía en las habilidades de Lucinda y en ella misma, los directores y el superintendente cedieron, accediendo a una "aceleración tentativa."

Año 10: Lucinda floreció en el ambiente de la secundaria. Tenía mucha más libertad para seleccionar de una gama más amplia de cursos; participó en la banda y también acompañaba al coro de la escuela. Al adelantarse en sus estudios empezó a tomar clases de Advanced Placement (clases avanzadas de nivel universitario). En su último año estaba matriculada simultáneamente en una universidad mayor cerca de su casa. Fue premiada con varias grandes becas en su graduación y ahora estudia teoría de música y composición en una universidad lejos de su casa.

Capítulo 8

Contratos de aprendizaje: ¿Qué son y qué hacen?

El valor de los contratos

Si su niño llega a casa de la escuela y le dice que ha celebrado un contrato con un maestro, no se asuste. No se ha comprometido a servidumbre por contrato o ha obligado a Ud. a proveer galletas para las siguientes quinientas ventas. Contratos del salón son solamente acuerdos redactados entre el estudiante y el maestro (con participación ocasional de los padres también). No únicamente para niños dotados, los contratos son útiles para todos tipos de estudiantes—esos que están teniendo dificultades y necesitan un proceso paso a paso para ayudarles a progresar, esos quienes necesitan supervisión extra de los padres y maestros, y estudiantes que están dominando nuevas destrezas de estudio.

Para estudiantes dotados, sin embargo, los contratos frecuentemente son usados como un instrumento de dirección para el maestro y el estudiante; ellos declaran lo que debe ser realizado y evaluado antes de que al niño le sea permitido participar en actividades extendidas. Quizás también ofrezcan opciones para la extensión del programa de estudio.

Los contratos son valiosos porque dan a los niños dotados unas áreas de trabajo independiente, aún más, les enseñan un camino a seguir. Cuando los contratos se usan como una opción de extensión, trabajan de este modo: Los estudiantes descubren cuáles son los requisitos para una unidad particular de estudio, cuáles actividades opcionales estan disponibles, y qué deben hacer para ganar el privilegio de ejercitar estas opciones. Si eligen seguir el contrato, no hay, prácticamente, un límite a las maneras en las cuales pueden expandir su programa de estudio particular, y el contrato les ayuda a tomar la responsabilidad para las actividades de aprendizaje que quieren llevar a cabo. Un importante subproducto del contratar es que el estudiante tiene la oportunidad para aprender y practicar destrezas de negociación y es más probable que se sienta involucrado en el proceso educativo.

Ya que un contrato se firma por ambos, maestro y estudiante (y debe estar disponible para inspección por los padres), Ud. nunca tendrá que oír alegatos de, "pero eso no es lo que dijo el maestro." Un contrato le da a los niños dotados una dosis de aprendizaje real. Ellos aprenden pronto que en la vida real un contrato firmado es un acuerdo que puede ser impuesto—por ambos, maestro y padres.

Para los niños dotados, los contratos son especialmente provechosos para fijar límites. Porque son tan ávidos y curiosos, los niños dotados frecuentemente quieren estudiar todo al mismo tiempo. Es fácil para ellos dispersarse en todas direcciones, empezando proyecto tras proyecto, para luego abandonarlos cuando algo más fascinante surge en su mente. Un contrato les ayuda a enfocarse en una área a la vez, una destreza que será esencial mientras progresan por la escuela y por la senda de su carrera.

Los contratos son igualmente valiosos para los padres. Primeramente, un contrato disminuye los desacuerdos acerca del tiempo que el niño debe de estudiar cada noche. Cuando Ud. ve que su niño está activamente ocupado en aprendizaje significativo, será menos probable sentir que Ud. tiene que imponer un régimen estricto de estudio de minuto a minuto. Eso es un gran alivio para un niño quien no necesita que le repitan noche a noche los conceptos que un estudiante regular requiere. También es un gran alivio para Ud. porque la tarea ya no es más un campo de batalla.

Los padres a veces se preocupan si su niño parece distraerse en áreas opcionales y vagar muy lejos del programa de estudio estandarizado. Se preocupan acerca de si su niño estará preparado para los exámenes estandarizados, porque no está preparándose para las pruebas como los otros niños. Un contrato le da a los padres la seguridad de que su niña ha dominado los requisitos básicos y está al corriente con el programa de estudio aprobado por el estado antes de que se le permita lanzarse a las actividades extendidas del programa de estudio opcional.

Aprendizaje opcional es la norma para niños dotados. Los estudiantes dotados frecuentemente vienen a clase ya sabiendo lo que otros estudiantes están batallando para aprender, y necesitan ejercitar su conocimiento y sus destrezas en maneras significativas. Las operaciones diarias del salón deben ser adaptadas a sus necesidades, así como serían para otros niños con requisitos especiales de aprendizaje. Así que, aprendizaje extendido u opciones curriculares deben ser la norma para niños dotados.

Finalmente, los contratos simples son bastante útiles para los maestros de un salón regular. Mientras caminan alrededor del salón, observando a los estudiantes trabajando en grupos o en estudios independientes, pueden ver si un estudiante está sin hacer algo y luego amablemente señalar los plazos del contrato de estudiante-maestro-padre. También, si el maestro necesita estar ausente del salón por razones de enfermedad, cirugía, emergencia familiar, o desarrollo profesional, un maestro substituto puede fácilmente vigilar el contrato. La oportunidad de aprendizaje del niño dotado permanece en su lugar aún cuando el maestro no está allí.

Cuando el niño se aventura en la comunidad para investigar o tomar parte en un programa de mentores, el contrato es parte de la relación del estudiante con otros adultos los cuales estarán en lugar del maestro. El contrato es un maravilloso vehículo para medir la eficacia de una opción extendida cuando el estudiante está afuera del escenario del salón.

Desarrollando y usando contratos

Los contratos pueden ser simples documentos activos de dos—o tres—columnas las cuales están basadas directamente en el plan de enseñanza general. Los maestros generalmente no necesitan crear nuevas estrategias complicadas de enseñanza para estudiantes dotados; es suficiente expandir el curso básico de estudio. El contrato llega a ser el plan de enseñanza individual del niño. Los estudiantes pueden ofrecer sus propias sugerencias para opciones adicionales y negociar con el maestro para su inclusión en el contrato.

Los contratos tampoco necesitan implicar una cantidad enorme de papeleo. Los mismos estudiantes deben encargarse del proceso de control y programar sus propias conferencias para compartir los productos de su trabajo. Los estudiantes también deben ser responsables de la custodia del contrato. Si lo pierden, tendrán que repetir una gran cantidad de trabajo. El contrato es una valiosa experiencia de aprendizaje real para el estudiante y un instrumento útil para el maestro.

Los contratos para estudiantes dotados empiezan con un entendimiento de lo esperado al final del período del contrato—las metas y los objetivos de la unidad. Ya que los niños dotados tienen la idea general, saben que dirección tomar y qué necesitan poder demostrar al final de un estudio de la unidad. Con lo básico bien descrito, son capaces de progreso bastante rápido.

Por ejemplo, digamos que el tema de la unidad es la inmigración en los Estados Unidos. Antes de que los estudiantes puedan empezar a trabajar independientemente o en grupos pequeños, necesitan un sistema de referencia. La unidad, entonces, puede empezar con una discusión informal, la cual puede incluir preguntas como:

- ¿Qué es la inmigración?
- ¿Quiénes son unos famosos inmigrantes?
- ¿De dónde vinieron?

- ¿Con qué contribuyeron después de haber llegado a los Estados Unidos?
- ¿Cómo llega a ser ciudadano un inmigrante?

Mientras el maestro escucha las respuestas de los estudiantes, empieza a captar un sentido de lo que saben y lo que no saben. El maestro puede descubrir que la clase entera no tiene ni idea de ello y necesita unas cuantas lecciones de introducción que les provee de vocabulario y conceptos básicos.

Inmediatamente despues de las lecciones de introducción, el maestro somete la clase a prueba preliminar. La prueba incluye todos los puntos los cuales los estudiantes deberán dominar al final de la unidad. La mayoría de los niños en la clase no obtendrán una calificación de competencia de 80 por ciento o más; unos, sin embargo, sí la ganarán. ¡Sería una pérdida de tiempo y esfuerzo mental pedirles a estos niños a sentarse sosegados y absorber lo que ya saben! No deben esperar que ellos aguanten a que el resto de la clase los alcance. En cambio, deben inmediatamente ser desafiados con materiales que los cautiven y los entusiasmen. Es hora de ponerlos en un contrato de estudio independiente.

Por razones del curso y mandatos del estado, los contratos no pueden ser simplemente listas sin propósito de proyectos "divertidos" los cuales no tengan ninguna relación con el programa de estudio. Los contratos deben incluir requisitos y opciones. Los estudiantes saben que deben completar, y ser evaluados en los requisitos antes de poder agregar actividades opcionales. Los requisitos para la unidad sobre la inmigración pueden ser como lo siguiente:

- Aprobar, con un mínimo de 80 por ciento de competencia, el exámen de la ciudadanía americana y la Constitución (para ayudar a preparar para la prueba del estado de la competencia de la ciudadanía).
- Crear un árbol genealógico el cual contiene información de los antepasados inmigrantes del estudiante (para desarrollar técnicas de investigación y para involucrar a los

padres en la experiencia de aprendizaje del niño). Si el estudiante es adoptivo, tenga Ud. conciencia de que puede ser sensible de eso y no saber cuál familia debe investigar. Si el estudiante muestra gran molestia, escoja otra opción o hable con el estudiante acerca del problema. A veces una plática con él es provechosa.

- Crear unos gráficos de estadísticas de inmigración durante varias épocas de la historia americana (para emplear destrezas de matemáticas).
- Investigar el país de origen de un antepasado (para usar destrezas de geografía y de mapas).
- Pretender ser un inmigrante y mantener un diario de la experiencia (para aumentar destrezas de lenguaje).

Ya que el estudiante haya completado, y ha sido evaluado en una porción de los requisitos anteriormente concordados, estará libre para agregar actividades opcionales, las cuales pueden incluir:

- Investigar el problema de la inmigración ilegal.
- Crear un gráfico de datos de fechas de los descubrimientos de famosos científicos que fueron inmigrantes.
- Construir un modelo a escala de la Estatua de Libertad.
- Aprender varias frases del idioma de un antepasado.
- Aprender una canción o un baile folclórico del país de orígen de un antepasado.

Los requisitos del contrato reflejan una variedad de talentos. Unos requisitos y actividades opcionales estan basados en las matemáticas y la ciencia, otros ponen énfasis en geografía o la historia, unos ponen importancia en el arte o la música, mientras otros enfatizan el lenguaje.

Los niños dotados generalmente gravitan hacia las opciones del contrato que les permiten seguir sus propios intereses y a ejercitar sus dotes especiales. Eso está perfectamente bien, porque si están siguiendo el contrato, sus requisitos del programa de estudio se están cumpliendo, y muchos de los productos de su estudio opcional serán excepcionales.

Ejemplos de contratos entre estudiantes y maestros se describen en las páginas a continuación.

Muestra de contrato 1

Al usar este contrato, los estudiantes llevan cuenta de sus puntos mientras completan su trabajo. El contrato está dividido en dos partes para que no parezca tan abrumador para el estudiante. Para estudiantes más jóvenes, un maestro puede desarrollar más partes con menos actividades por parte para no abrumar al niño con lo que parece una tremenda carga escolar.

Muestra de contrato 1

Nombre del estudiante: Jane Metcalf **Año:** 5		**Fecha de terminación:** **Materia:**	
Nombre del/de la maestro/a: Srta. López			
Inmigración a los Estados Unidos			
Primera parte			
Posibles Puntos	**Requisitos**	**Puntos recibidos**	**Opciones**
	Investigue a cinco parientes y eventos familiares significativos para colocar en el libro *Gente y eventos especiales.*		
	Familiarícese con el exámen de ciudadanía. Tome el un antepasado calificación.		Escriba un poema como una dedicatoria examen. Apunte su inmigrante.
	Complete un árbol incluyendo fechas de nacimiento y de muerte de antepasados. Transfiera las fechas al gráfico de fechas.		Complete un cuadro genealógico, de llegada que contenga copia simuladas de los documentos que un inmigrante necesita para entrar al país.
	Conduzca una entrevista con un pariente.		
	Complete computaciones matemáticas en la hoja de matemáticas de la Estatua de Libertad.		Haga un mapa de los viajes de sus antepasados de su país de origen hasta su llegada a los Estados Unidos hasta el sitio donde originalmente se establecieron.
	Escriba una descripción de un inmigrante ficticio.		

Muestra de contrato 1 *(Cont.)*

Segunda parte			
Posibles Puntos	**Requisitos**	**Puntos recibidos**	**Opciones**
	Haga una muestra de un pasaporte.		Construya un modelo a escala de la Estatua de Libertad.
	Estudie patrones de inmigración. Transfiera datos de estadísticas de inmigración a un gráfico de barra.		Escriba un guión para video acerca de la inmigración.
	Mantenga un diario (siete días mínimo) simulado de un inmigrante.		Dibuje o pinte la llegada de su familia a la Isla Ellis.
	Escriba una dedicatoria de una página a un miembro de la familia.		Haga un diorama de un barco llegando a la Isla Ellis. Incluya la Estatua de Libertad.
	Investigue el país de origen de un antepasado y escriba un resumen de una página de lo que aprendió.		Investigue el problema de la inmigración ilegal a E.U.U.U de los ultimos diez años.
	Participe en el simulado evento especial de la inmigración; para este evento crea un disfraz semejante a ese llevado por un antepasado, "baje en" en la Isla Ellis, y pase por el proceso de entrada que los inmigrantes deben usar.		Crea un gráfico de fechas de descubrimientos de famosos científicos quienes fueron inmigrantes.
Total de Puntos Posibles **Firmado:**____________ **Maestro**		**Total de Puntos Recibidos** **Firmado:**____________ **Maestro**	

En este contrato abarcando 60 días de la unidad de la inmigración, los estudiantes obtienen un total específico de puntos por cada requisito completado. Después de que hayan acumulado 150 puntos pueden seleccionar una actividad opcional. Los puntos adicionales pueden ser usados para seleccionar actividades adicionales. Los puntos también pueden ser usados para calcular calificaciones si el sistema escolar del niño requiere calificaciones de letra. Al firmar el niño el contrato se hace responsable de fijar el horario de conferencias con el maestro para enseñar el producto de su trabajo, y está encargado de sumar los puntos que le permiten escoger una selección de la columna de opciones.

Este tipo de contrato es relativamente fácil de crear e implementar, y tiene una vida limitada. Este contrato en particular es simplemente un ejemplo; muchos maestros prefieren un contrato sin puntos acumulados u otros motivadores externos.

Los contratos no necesitan ser tan complejos como el ejemplo antedicho. Aquí hay otros dos contratos independientes que también funcionan bien.

Muestra de contrato 2

Nombre: Juana Lopez

Año: 3

Fecha: 16 de enero

Maestro: Sr. Santilli

Maestro de recursos (si pertinente): Srta. Paulson

Tema que quiero estudiar: Johnny Appleseed

I. Yo completaré las siguientes actividades requeridas:
   A. Calificaré por lo menos 85 en el exámen de la unidad de los pioneros.
   B. Haré un mapa de los viajes de Johnny Appleseed por el centro oeste de los Estados Unidos con una leyenda que muestra cuántas millas viajó.
   C. Completaré un proyecto de arte usando semillas de manzana.

II. Necesitaré los siguientes libros para completar mi estudio:
   A. *John Chapman: The Man Who Was Johnny Appleseed* (Greene)
   B. *Johnny Appleseed: God's Faithful Planter* (Collin)
   C. *The Real Johnny Appleseed* (Lawlor)

III. Completaré las siguientes actividades opcionales:
   A. Aprenderé los nombres de las variedades de manzanas que sembró Johnny Appleseed y haré un cartel que describe sus diferencias.
   B. Grabaré una presentación de audio cinta de la relación de Johnny Appleseed con los indígenas americanos los cuales encontró en sus viajes.
   C. Prepararé un gráfico de fechas de los eventos en la historia americana que tomaron lugar durante los años de los viajes de Johnny Appleseed por el centro oeste de los estados unidos.

Compartiré mi trabajo al presentar un informe de medios visuales.
Presentaré mi informe para (fecha ______________________________).

Tendré dos conferencias con el Sr. Santilli en (fechas) para asegurar que estoy cumpliendo con mi tarea a tiempo para presentar mi informe oral.

Firmado: Juana Lopez

Muestra de contrato 3

Nombre: Juana Lopez

Tema el cual quiero estudiar: Johnny Appleseed

I. Estas son las preguntas que espero contestar:
   A. ¿Cuáles son los mitos acerca de Johnny Appleseed? ¿Por qué surgieron estos mitos?
   B. ¿Dónde sembró Johnny Appleseed sus huertos?
   C. ¿Existen unos de esos huertos hoy en día?
   D. ¿Cuáles eventos mayores de la historia americana tomaron lugar durante su vida?

II. Estos son unos libros y otros materiales que utilizaré:
   A. La enciclopedia en el centro de medios literarios y publicitarios.
   B. *Folks Call Me Johnny Appleseed* (Glass)
   C. *Johnny Appleseed: A Poem* (Lindbergh)
   D. *The Story of Johnny Appleseed* (Aliki)
   E. La computadora en el aula

III. Asi como compartiré lo que he aprendido:
   A. Presentación con dos carteles y un gráfico de fechas

Firmado: Juana Lopez

Al usar contratos como estos, los estudiantes llegan a ser responsables de parte de su propio aprendizaje, consultando con su maestro a intervalos anteriormente acordados o si requieren asistencia. El contrato fomenta independencia y motivación, y da a los estudiantes dotados un sentido de control y autoridad los cuales reducen dramáticamente la tensión que puedan sentir cuando son forzados a un programa de estudio paso a paso el cual ya dominan. Cuando la tensión se alivia y a los estudiantes se les proporciona la libertad y confianza que merecen, tanto padres como maestros serán testigos del desarrollo de estos capaces niños. Estos estudiantes es posible que aprendan toda su vida.

Tercera Sección

Estrategias Útiles para los Padres y para la Educación Que Funcionan

Capítulo 9

Construyendo confianza Construyendo relaciones

Una emoción inesperada

Cuando a un niño se le ha identificado por primera vez como dotado, los padres sienten un arrebato de emoción y orgullo. Cuando se haya disminuido el encanto inicial, sin embargo, es probable sientan una nueva emoción, la cual no saben como entender. Esa emoción es el miedo.

Los temores de los padres frecuentemente son expresados con preguntas como:

- ¿Soy suficientemente inteligente para ir al mismo paso de mi niño? ¿Qué pasará si no lo soy?
- ¿Debo presionar a mi niño o retroceder? Si no lo presiono ¿se volverá perezoso? Si le presiono demasiado ¿lo dañaré psicológicamente y lo haré enojar y sentirse resentido?
- ¿Y si no tengo el tiempo para darle a mi niño todo lo necesario para cumplir con sus necesidades? ¿Y si no puedo encontrar el dinero para darle la mejor educación?
- ¿Por qué es el temperamento de mi niño tan extremoso? ¿Verdaderamente tiene un problema? ¿Qué puedo hacer para que las cosas sean más agradables?

Los padres de niños dotados a veces temen verbalizar un miedo que es común a casi todos los padres de niños con necesidades especiales—el miedo de que su niño sea considerado un gilipollas ("geek") o un "nerdo," poco atractivo, misterioso, o diferente—y nunca podrá congeniar con otros o tener amigos.

Quizás los padres siempre han llevado una foto mental de su hijo como líder de su clase o un miembro del comité de la familia real del "homecoming."(baile de graduación) Ahora están enfrentados con un niño el cual tendrá problemas para llevarse bien con sus iguales de edad, quien encuentra a la escuela aburrida, quien frecuentemente desafía las ideas de otros, y quien puede ser considerado por otros como "demasiado grande para sus pantalones." Estos no son los comportamientos que hacen a niños populares con otros o que los eligen a posiciones de líder.

Puede ser un ajuste mayor para los padres reconciliar sus sueños y esperanzas con la realidad. Pueden estar confundidos o decepcionados de que su niño sea diferente de lo que habían esperado. Pueden temer hablar de sus sentimientos con alguien, porque la sociedad les dice que "no deben sentirse de ese modo" acerca de sus propios niños, particularmente si son bastante afortunados de tener niños inteligentes.

Es esencial, sin embargo, que los padres enfrenten y afronten sus emociones. Lo más pronto que dejen de tratar de moldear sus niños a sus propios ideales o los de la sociedad y empiecen a aceptarlos como son, llegarán a ser fuertes y podrán abogar por sus niños y ayudarles a desarrollar sus talentos especiales. Es verdaderamente el uso de esos talentos—no simplemente siendo presidente de la clase—lo que ultimadamente resultará en que el niño esté más contento y más satisfecho.

El ser dotado no quiere decir que su niño no logrará cosas de "niños regulares." Muchos niños dotados terminan como líderes de la clase, líderes de las porras, líderes del gobierno estudiantil, atletas, ganadores de becas, y todo tipo de cosas que llenan de orgullo a los padres. En realidad, cuando los padres y los maestros los aceptan como son, quitan una enorme carga de tensión de los hombros de los niños. Tal aceptación aumenta su auto-estima al punto que, aunque son diferentes de los otros estudiantes, entienden que el ser diferente no los hace menos o en algún modo deficientes.

Es paradójico, pero también verdad, que cuando niños dotados son aceptados por lo que son, ganan una mayor confianza propia, congenian mejor con sus compañeros de clase, participan en más actividades extra curriculares, y es más probable que ejerciten su don de dirección que cuando sus padres y sus maestros están constantemente tratando de "ayudarles" a ser más como sus compañeros.

Muchos niños dotados han dicho que las personas que tienen el mayor impacto en sus vidas son los que:

- ➤ aceptan sus sentimientos.
- ➤ los aman, no solamente a sus dotes y talentos.
- ➤ pasan tiempo con ellos.
- ➤ apoyan sus intentos tanto como su desempeño.
- ➤ creen que el aprendizaje es importante.
- ➤ les ayudan a creer en sí mismos.
- ➤ los animan a seguir sus sueños.
- ➤ les proporcionan atención enfocada.

Este tipo de respeto y consideración es bueno para todo niño, pero es especialmente importante para el crecimiento y el desarrollo de niños dotados.

Les sorprenderá a Uds. saber que cuando se trata de interactuar con niños dotados, los maestros también temen.

Los maestros temen que:

- ➤ los estudiantes dotados sepan más que ellos y los harán parecer ignorantes frente al resto de la clase.
- ➤ los niños dotados tomarán todo su tiempo y crearán horas de trabajo adicional.
- ➤ los padres de los niños dotados esperarán mucho de ellos.
- ➤ no serán capaces de proporcionar adecuadamente desafíos para los niños dotados.

Mientras los adultos pelean con estos miedos, los niños dotados están peleando con sus propios temores. A veces están aterrorizados por que creen que:

- de verdad *sí son* misteriosos y que nadie los querrá.
- deben siempre tener la respuesta correcta a cada pregunta.
- A lo mejor no son tan inteligentes como todos creen que son.

Porque los niños dotados tienden a tener una perspectiva más global que sus iguales de edad y además son extremadamente sensibles, a veces también están bastante asustados de cuestiones mundiales tal como la guerra, el hambre, la represión, la tortura, la contaminación del ambiente, el crimen, el abuso de niños, y otros serios problemas. Además, los niños dotados tienen imaginaciones vívidas y antenas cuidadosamente afinadas. Muchos de ellos pueden ver una serie de cosas las cuales pueden salir mal en cualquier situación. Ellos ensayan y se preocupan sobre cualquier posibilidad, a veces imaginando acciones y consecuencias bastante fuera de la realidad.

No es raro, entonces, que un niño dotado entre a su salón con considerable miedo, que se enfrente a actividades diarias con miedo, y que se embarque en amistades nuevas con miedo. Porque los niños dotados sienten tan profunda emoción y son capaces de imaginar o visualizar muchos posibles resultados, amistades con otras personas les pueden parecer bastante amenazadoras. Al fin y al cabo, aunque una relación puede darles alegría, felicidad, y satisfacción, puede fácilmente terminar en una pérdida, en burlas, o desacuerdos—y ellos lo saben.

Así es que la cosa más importante que los padres y los maestros pueden hacer, mucho antes de que se preocupen de grupos o mentores, es establecer una relación de confianza con estos niños dotados. Esto les da a los niños refugios seguros, personas con las cuales pueden ir para solicitar ayuda, lugares con los que puedan anclarse y descansar.

El factor más importante

Es muy importante que los niños dotados puedan confiar y depender en un mínimo de dos a tres adultos significativos (trascendentes). Necesitan saber que estos adultos actuarán consistentemente y siempre tendrán sus mejores intereses de corazón, hasta durante períodos de frustración y desacuerdo.

Las relaciones de los niños con sus iguales tienden a fluir y menguar. Primero hay un mejor amigo, luego otro. Las camarillas se forman y se dispersan, los desacuerdos saltan y son sanados, la confianza es destrozada y restablecida. La mayoría de los niños pueden ir con la corriente, aún si sus sentimientos se han dañado y sus sensibilidades lastimadas. Pero para los niños dotados el riesgo es más grande. Porque el mundo es frecuentemente hóstil o indiferente a los niños especialmente talentosos puede dificultárseles establecer amistades con sus iguales de edad. Cuando los niños dotados encuentran otros niños que los aceptan, pueden sobre invertir en las relaciones. Si los amigos después traicionan esa confianza, la ruptura la siente irreparable el niño dotado, y la herida sana muy despacio.

Tanto los padres como los maestros, entonces, necesitan ser consistentemente de confianza. Los niños dotados deben estar seguros que los adultos importantes en sus vidas jamás se burlen de ellos, nunca los pongan por los suelos, o sean intencionalmente hostiles. Estos adultos deben ser los que nunca les fallen aunque el interactuar con ellos a veces será frustrante, desconcertante, o agotador.

Una madre relató, por ejemplo, que su hija "tenía que llorar cada noche." La mayoría de los adolescentes son emocionales, pero ¿cada noche? Esta madre se preocupaba hasta que notó que en las mañanas su niña estaba alegre, contenta, y podía emprender su vida provechosamente. Como muchos niños dotados, ella simplemente tenía un exceso de emoción la cual necesitaba desahogar en la seguridad de la presencia de su madre. La madre vigilaba a esta niña noche tras noche tras noche. ¿Estaba cansada? ¡Por supuesto! ¿Estaba frustrada? ¡Sí! Pero ¿era también receptiva y de confianza? ¡Completamente!—y esto era una ayuda inmensa para su niña intensa, dotada, y delicada.

Este tipo de consistencia en tratar con los sentimientos de un niño es difícil de lograr, y a veces los padres quieren decir, "¡No es para tanto! Julia no tenía intenciones de ofenderte cuando dijo que quería ir al cine solo con Monique; tú irás la próxima vez. ¡No la hagas de tos!" Los padres deben resistir la tentación de criticar cuando el niño está compartiendo sus sentimientos. Si quiere que su niño continúe confiando en Ud. necesita evaluar a esos sentimientos, no importa qué tan absurdos parezcan. No quiere decir que debe estar de acuerdo que Julia es la niña más mala de la vecindad. Ud. lo sabe bien. Pero tiene que mostrar que entiende cómo se siente su niño. Es como siente el niño a los hechos, no los hechos mismos, los que importan al niño.

Las diez reglas de la confianza

Hay varias maneras en que padres, maestros, y otros adultos pueden ser la mano que conduce el ascenso del niño hacia su realización y socialización. Estos siguientes diez consejos son utiles al criar cualquier niño, pero para niños dotados son todavía más importantes porque las características emocionales y las necesidades de los niños dotados son frecuentemente mucho más intensas que las del niño regular.

1. Déle al niño atención enfocada.

   Contrario a los reportes en el periódico, tiempo de calidad tiene poco o nada que ver con las excursiones al zoológico, al museo de arte, o al centro de ciencia, aunque todas estas actividades pueden valer la pena y ser divertidas.

   Tiempo de calidad, por lo menos para un niño, es tener la atención completa de un padre u otro adulto significativo, aunque sea sólo por unos cuantos minutos. Para ayudar a su niño a sentirse importante necesita verdaderamente escucharlo durante ese tiempo. Mirarlo a los ojos es esencial, porque son sus ojos los que le dicen al niño que está completamente enfocado en él por el momento.

Hace unos años, una señora confió a un grupo de padres que su talentoso esposo era la persona mejor adaptada que había conocido. Ella siguió diciendo, "Cuando vi cómo su madre actuaba recíprocamente con nuestros hijos era como si una bombilla se había iluminado sobre mi cabeza. Cuando mis niños hablaban con su abuela ella se sentaba, mentón en mano, su vista fija directamente en ellos, absorbiendo cada palabra que decían. Durante esos momentos, ellos sabían que eran las personas más preciosas e importantes en su vida, porque ella estaba completamente absorta en ellos. Cuando le pregunté a mi esposo acerca de eso él dijo que ella siempre lo había escuchado de esa manera también. Estoy segura que la fuerte confianza en sí mismo se debe en gran parte a esa influencia."

Las vidas de los padres hoy en día están tan ocupadas, que proveer a un niño de atención enfocada de una forma regular parece ser imposible. Pero no lo es, porque no tiene que ser tan prolongada. Una charla de uno a uno, o uno a dos con mamá y / o papá, puede llevarse a cabo durante el desayuno, antes de que empiece la preparación de la cena, la hora antes de acostarse, o los primeros minutos después de que el niño se haya metido a la cama.

Si su niño necesita más atención que ésta, sin embargo, necesita estar preparado para darla. No importa qué tan ocupada sea su vida, sus niños deben ser su prioridad. Puede haber veces en la vida de su niño cuando se vuelva excesivamente emocional o necesitado de atención, y sienta que lo está agotando completamente. Ud. necesita estar disponible para su niño durante estos períodos. Estas ocasiones no durarán para siempre, ya que cuando su niño se haya asegurado que existe atención enfocada su deseo de ella disminuirá.

Cuando necesite acortar una conversación por demandas de tiempo o porque otra cosa necesita su atención, trate de recordar dónde quedaron. Con toda probabilidad el niño esperará a continuar el tema de nuevo, y mostrará verdadero interés si Ud. le puede decir, "Sabes, no completamos nuestra conversación la última vez que nos juntamos. ¿Has pensado más sobre ello?"

En el salón, la atención enfocada de parte del maestro puede consistir simplemente de pláticas breves entre estudiante-maestro una cuantas veces por semana. No es deber del maestro ser el padre, pero los padres sí tienen el derecho de esperar que su niño reciba, hasta cierto punto, atención individual de parte del maestro.

2. Provea maneras por las cuales el niño se pueda comunicar cuando Ud. no esté allí.

En un hogar con uno o dos padres que trabajan y tres niños, un padre no puede estar a la disposición de cada niño en todo momento. Déle al niño que necesita comunicarse con Ud. opciones que substituyan las reuniones frente a frente.

Por ejemplo, déle al niño una grabadora de casete o un cuaderno en el cual puede escribir cosas que quisiera discutir con Ud. más tarde. Esto disminuye el nivel de tensión del niño, le ayuda a enfocarse de nuevo, y hace posible que Ud. le dé la necesaria atención individual en una hora cuando sea posible hacerlo. Si trabaja, asegúrese que su niño se reporte a Ud. puntualmente y regularmente después de la escuela.

Si su niño asiste a un programa después de la escuela quizás puede pasar unos cuantos minutos escribiendo los eventos del día—y sus pensamientos acerca de esos eventos—para conversación después esa noche. Un block de papel post-it es valioso para conversaciones a la carrera. Cuando un padre o maestro no está disponible, los estudiantes pueden escribir sus preguntas e ideas en tal block, fecharlas, y pegarlas a un tablero de anuncios en casa o en la escuela, y el padre o el maestro pueden comunicarse con el niño al fin del día. Los adultos deben estar comprometidos a discutir los temas de los apuntes que hace el niño dentro de un límite de tiempo el cual satisfaga al niño.

3. Asegúrese que su lenguaje corporal esté de acuerdo con sus palabras.

   Los niños dotados nacen equipados con su propio juego de sentidos de la verdad. Aunque la mayoría de los niños pueden sentir incongruencias entre el habla y el lenguaje corporal, los niños dotados son excepcionalmente hábiles en eso, y cuando observan una incongruencia frecuentemente la señalan. O pueden simplemente observar la incongruencia, identificarlo como hipócrita, y encerrarse completamente.

   Si Ud. dice que no está enojado, pero está gritando o apretando los dientes, o si le está diciendo al niño qué tan interesado está en lo que se dice, pero está vigilando a su reloj cada cuantos segundos, prepárese a que el niño se dé cuenta o hasta señale la inconsistencia en el mensaje que manda. Esto a veces empeora las cosas, porque se avergonzará y estará enojado y/o apurado. En tales situaciones es mejor ser honesto y decir, "Sí, estoy enojado porque te pedí que movieras tu proyecto de ciencia de la sala y todavía está allí," o "Lo que quieres que te diga es muy importante para mí, pero tengo que salir a mi trabajo en cinco minutos. ¿Puedes explicar rápidamente lo que necesitas? O ¿Podemos reservar tiempo esta noche para discutirlo?

4. Respete la privacidad de su niño.

   Respetar la reclusión puede ser extremadamente difícil, particularmente para los padres que a veces ven al niño como una extensión de ellos mismos, y especialmente si un niño al cual aman parece preocupado. Ud. querrá leer ese diario secreto o registrar ese cajón. Resista la tentación. ¿Cómo se sintiera Ud. si encontrara a su mejor amigo revolviendo sus cosas o leyendo su diario? Créame, el niño se sentirá igual, pero con más intensidad que Ud.

Una vez que haya hecho añicos la confianza de un niño, puede tomarle meses, o hasta años para armarla de nuevo, si es que se pueda salvar. Encuentre otras maneras, más directas, para descubrir qué sucede. Pregúntele al niño directamente qué es lo que piensa o le molesta. Si Ud. es el padre, vaya en busca del maestro, y viceversa. Hable con un consejero u otro profesional, pero no viole la confianza que el niño tiene en Ud. a base de demoler esa pared de secreto o pisotear los límites a los cuales todos tenemos derecho.

Existe una excepción a la regla de intimidad. Si los padres sospechan que el niño está involucrado en algo ilegal o peligroso, tendrán que recurrir a trabajo de detective para evitarle daño. Es mejor sacar a la luz sus sospechas, pero si el niño parece estar cubriendo una situación posiblemente peligrosa, tendrá que tomar medidas que de otro modo no tomaría.

5. Insista que su niño respete sus límites también.

   La confianza es una carretera de doble sentido. Ud. debe ganársela, y también el niño debe ganársela.

   Hace unos pocos años, el padre de un adolescente dotado fue con un maestro y dijo, "Mi hijo ahora está físicamente más grande que yo, y él y yo estamos dando de topes por el teléfono, ¡por el amor de Dios!. Sus hormonas están alborotadas, y se pasa llamando a muchachas a todas horas del día y de la noche. ¡Tengo miedo a estar alegando por esto durante meses!"

   "Saque el teléfono de su cuarto," aconsejó el maestro. "Si está haciendo llamadas las que Ud. no aprueba, quítele ese privilegio hasta que la confianza de Ud. se haya restablecido. No es suficiente que el le tenga confianza a Ud.; él tiene que entender que Ud. necesita confiar en él también."

   El mundo en el cual niños dotados se abrirán paso tiene límites, y los jóvenes necesitan conocer esos límites temprano en la vida. Los niños dotados son tan curiosos y sus niveles de energía tan altos que pueden perder control rápidamente, pisoteando los derechos y los sentimientos de otras personas. Límites razonables y restricciones, aplicadas consistentemente, frecuentemente dan confianza a un niño que va moviéndose a un millón de kilómetros por hora y no reconoce que está al punto de "perderlo."(volverse loco)

Julio era ese tipo de niño—carismático, bastante guapo, atlético, y un verdadero líder—pero también era manipulador, discutidor, y fácilmente se deprimía si no estaba en control de su ambiente y la gente. Con facilidad podía alebrestar a una clase, y la mayoría de sus maestros lo consideraban como un niño difícil. En su clase de dotados él tenía contacto con estudiantes los que eran tan inteligentes como él. Cuando trataba de manipularlos o dominarlos, no le funcionaba. Tenía frecuentes desacuerdos con otros estudiantes. Su maestro explicó, "cuando veía a Julio frustrarse y listo para explotar de coraje, él simplemente le decía, 'Julio, creo que estás un poco descarrilado. Antes de que tú y Amir continúen su trabajo juntos, quizás deberías investigar un poco más.' Luego lo encaminaba a la computadora o le daba materiales adicionales para estudiar hasta que pudiera calmarse. Nuestro sistema de comunicación ahora está tan refinado que no necesito más que verlo de cierto modo y sabe retroceder y componerse. Es interesante para mí que viene a verme a primera hora cada mañana, simplemente para desahogarse un poco y prepararse para el día. Mi salón parece ser un lugar seguro para él.

6. Esté preparado para explicar reglas y límites.

Los niños dotados quieren respuestas. ¿Por qué tengo que hacer mi tarea antes de escribir en mi diario? ¿Por qué tengo que acostarme cuando quisiera mejor leer por una hora más? ¿Por qué tengo que quedarme en la mesa hasta que todos hayan comido? ¿Por qué? ¿Por qué? ¿Por qué? Todos los niños hacen estos tipos de preguntas, pero no todos son capaces de entender las razones detrás de las reglas y los límites. Los niños dotados, sin embargo, pueden usualmente entender las explicaciones, y frecuentemente aceptan límites al ver las razones de ello.

Andres, por ejemplo, era un niño dotado quien asistía a una clase de recursos una vez por semana. De alguna manera consiguió una lista de todos los tipos de extensiones curriculares que estaban disponibles en su escuela. Siendo un estudiante animado, competitivo, Andres se acercó a su maestro de recursos dotados y le pidió que intercediera con los otros maestros para que pudiera participar con cada uno de ellos. ¡Él quería estar en un grupo de matemáticas, hacer un estudio independiente, y ser parte de un programa de mentores!

Su maestro respondió, "Andres, ¿recuerdas cuando empezaste a venir a esta clase? Parecías estar conforme con la mezcla de actividades aquí y en tu salón regular. ¿Has cambiado de opinión?"

"No," contestó, "pero quiero ir más adelante y aprender más. Me encanta esta clase y me gustaría la escuela todavía más si pudiera hacer todas estas cosas." Como muchos niños dotados, Andres sobreestimaba lo que podía enfrentar y subestimaba el tiempo que involucraba.

Como el maestro relató después, "Se volvió un juego de ajedrez. No hubiera sido una buena estrategia que Andres emprendiera todo lo que quería hacer. Pero tenía un argumento en contra de cada punto que yo le hacía ver. Finalmente, dije, 'Andres, vamos a hacer un horario semanal de todo lo que haces. Quiero que incluyas todas tus actividades escolares además de tus actividades de deportes, de iglesia, y de familia. Luego averiguamos cómo manejarás ese trabajo adicional que estas nuevas extensiones exigirán.'"

Andres hizo la gráfica, y aunque estaba bastante llena, aun creía que podía mover actividades y darse el tiempo necesario para encargarse de las responsabilidades extras.

Su maestro, quien sabía qué tan intenso era Andres, finalmente dijo, "Vamos a ver una cosa más. Quiero que codifiques en colores este cartel. Usa rojo para marcar todo lo que crees que te causará estrés y te mantendré tenso. Colorea las actividades que te darán placer en azul." Cuando Andres regresó el cartón estaba prácticamente todo rojo. Su maestro habló con él de la necesidad de balance en la vida de uno, y cuando Andres pudo visualizar de lo que el maestro hablaba, dejó de pedir más trabajo.

"Yo honestamente creo que el extenderse en sus opciones más lejos lo hubieran abrumado. Ya se había presionado tanto él mismo que se hubiera desplomado bajo el peso de agregar más trabajo—y luego tratar de hacerlo perfecto, que es como él trataba de hacer todo."

Pero esté preparado para debates animados cuando se trate de fijar límites. Estos niños pueden inventar más disculpas que una escuadra de abogados, y "porque yo lo digo" usualmente no funciona con ellos. Rob, un dotado del segundo año, había sido enseñado desde su infancia a detener su comportamiento grosero o fuera-de-control a la cuenta de tres. Si su comportamiento no mejoraba inmediatamente, se enfrentaba a una consecuencia—usualmente una restricción de tiempo que podía usar para jugar un juego favorito, ver una caricatura que le gustaba, o trabajar en la computadora. Recientemente, mientras su madre contaba, él la paró y dijo, "¿Qué pasa si te dejo llegar a tres?" Aunque ella encontraba la pregunta bastante divertida, la madre de Rob mantuvo una cara seria al decirle cuál sería la consecuencia de su continuo comportamiento grosero. La vio por un largo momento y dijo, "Está bien, creo que debo parar."

Tanto padres como maestros deben estar preparados para unos intentos interesantes de manipulación. Una madre relató que ella había restringido las actividades extracurriculares de su niño hasta que completara la tarea diaria de la escuela.

Luego, ¡de repente empezó a prepararle el desayuno cada mañana! Ella, por supuesto, quería derretirse, pero afortunadamente, vio completamente su plan para manipularla y tuvo la fuerza para resistir. Mantuvo su posición, y la tarea de la escuela mejoró.

Aunque la pregunta "¿porqué?" parece ser absolutamente irritante, las preguntas de un niño dotado acerca de los límites le pueden ayudar a descubrir si se es innecesariamente restrictivo. Es más eficaz establecer reglas acerca de cosas que verdaderamente importan, tal como asuntos de seguridad o respeto para otros, y adoptar una actitud más relajada en cuestiones que no son tan importantes.

Recuerde, ponga en lugar solo esas reglas y límites que puede—y quiere—imponer. Las amenazas no son productivas, y los niños capaces pueden ver a través de ellas inmediatamente.

La madre de un preescolar dotado reportó que ella le había dicho a su hijo que si no recogía sus juguetes, se cepillaba los dientes, y se acostaba, no podía ir al jardín de niños al día siguiente. A él le encantaba la escuela, y ella creía que esta consecuencia capturaría su atención. "Pero luego," dijo ella, "se me ocurrió que manteniéndolo en casa era un castigo para mí también. Yo tenía que trabajar ese día, así es que la escuela era una necesidad tanto para mí como para él. Ahora la consecuencia es no ver Plaza Sésamo. Eso lo afecta solamente a él."

Ya que haya fijado los límites que le interesan a Ud., impóngalos consistentemente. Los niño dotados someterán a Uds. a prueba más seguido que otros niños. Debe responder consistentemente, aún si está tan cansado y quisquilloso como el niño. Si le gana a Ud., el juego se ha acabado.

7. Respete los sentimientos del niño, aún si tiene que restringir comportamiento.

Una declaración tan simple como, "Es difícil esperar, ¿no?" O "Te sientes mal porque Courtney te tomó el pelo," valida los sentimientos del niño. Ellos necesitan asegurarse que cualquier sentimiento—aún los que no son tan cómodos, tal como enojo o resentimiento—están bien, pero actuar en esos sentimientos al ser rudo, irrespetuoso, abusivo, o poco amable definitivamente no está bien.

8. Respete las confidencias del niño.

   Solo que haya razones obligatorias para violar un acuerdo de confidencia, cosas que sus niños le pide que mantenga en secreto no deben ser compartidas. Si bien, por razones de serias preocupaciones, cree que necesita violar esa confidencia, dígasele al niño antes y explíquele sus razones. Nada destruye la confianza más rápidamente que no respetar las confidencias de un niño.

   Hay ciertas excepciones a esta política, sin embargo, e involucran confidencias que tratan con la seguridad y la salud de otros, tal como oír que un amigo del niño planea llevar un arma a la escuela o que un amigo que ha estado enfrentando un problema de abuso de drogas está usándolas de nuevo. Su niño puede perturbarse porque ha violado su confidencia, pero puede usar la situación como un "momento de enseñanza" con respecto al criterio ético de Ud.

9. Incluya al niño en decisiones que afectan su vida.

   Ya sea una decisión de expansión de un programa de estudio, una política de ver la televisión, o hasta una cuestión de disciplina, Ud. no conseguirá la cooperación del niño a menos que haya sido parte del proceso de la decisión.

   Los niños dotados frecuentemente tienen ideas muy definidas de lo que es justo, injusto, racional, irracional, útil, o no muy útil, y son capaces de declarar sus creencias pensadas profundamente y escuchar a las suyas inteligentemente. Ponga a prueba al niño: pregúntele, "¿Qué crees que sería justo?" Escuche su respuesta, y quizás lleguen a compromisos inventivos juntos.

La madre de Katrina logró la cooperación de su hija en el establecimiento de consecuencias por el mal comportamiento. En un cambio de papeles, la madre le dijo, "Imagina que ahora eres la madre, el adulto. Yo soy el niño. Acabo de violar una seria regla familiar. Como madre, ¿cuál castigo crees que me debes imponer?

Como muchos niños dotados, Katrina se ajustaba a muy altos niveles morales; ella propuso una restricción más severa de lo que su madre hubiera pedido—y la aceptó de buena voluntad, porque ella había sido incluida en decidir cuál acción disciplinaria debería haberse tomado.

10. Diga la verdad.

Si la abuela está enferma, o Ud. dejó su trabajo, platique honestamente de esto con el niño. Por supuesto, debe considerar la edad y el nivel de sofisticación del niño. El niño, no importa qué tan maduro parezca, es todavía un niño y no necesita saber cada detalle de la operación de su abuela o que Ud. cambia trabajo porque su patrón está acosando a Ud. o a otra persona.

Decir la verdad, sin embargo, no quiere decir que debe hacer a su niño dotado su confidente en cuestiones delicadas familiares. Por ejemplo, si los padres se están divorciando, ellos deben recordar que aunque su niño parece excepcionalmente maduro y capaz de poder con la situación, no es sabio ni justo compartir información de adultos ni tampoco esperar al niño comportarse como un igual. Los adultos con problemas necesitan encontrar a otros adultos en los cuales puedan confiar; deben de salvar al niño de la confusión emocional de tener que asumir el papel de adulto sustentador.

Sea sin embargo, dentro de límites aceptables, honesto con su niño. Los niños dotados tienen tan fértiles imaginaciones que los escenarios que pintan en sus mentes pueden ser mucho más alarmantes que los hechos. La operación de la abuela era nomás para sacarle la vesícula biliar. Si la cirugía se ha discutido solo en susurros, sin embargo, el niño puede llegar a creer que su abuela tiene una enfermedad terminal y que ha ido al hospital a morir.

Si no sabe la respuesta a la pregunta del niño, dígaselo. No trate de engañarlo. Los niño dotados pueden hacer preguntas difíciles. Ud. puede decir, "Yo no sé. Vamos a investigarlo," o "Yo trataré de averiguarlo para decírtelo." La honestidad es un componente clave en una relación de confianza. Si Ud. es honesto, tendrá el derecho de esperar, también, honestidad de parte del niño.

Flexibilidad y autonomía

Establecer una zona segura de confianza y honestidad con su niño ayudará a desterrar el miedo y la nerviosidad que tan seguido acompañan el paquete intelectual del niño dotado. Pero para ayudar a estos niños a descubrirse a sí mismos y lograr su potencial, también necesitará darles amplia libertad, autonomía, y mucha flexibilidad.

Unos padres malinterpretan el concepto de la flexibilidad. Creen que el ser flexible quiere decir darle a un niño rienda suelta, permitirle hacer demandas a la familia y esencialmente "llevar la voz cantante." Nada podría ser más lejos de la verdad. Todo el flexionar, extender y expandir que los niños dotados requieren debe ser llevado a cabo dentro de límites cuidadosamente fijados, en la casa y en la escuela. Los adultos deben siempre estar encargados del hogar y el salón de clase, porque no importa qué tan inteligentes y capaces parezcan los niños, la verdad es que no saben como "llevar la voz cantante". En sus corazones ellos saben que no están preparados para esa responsabilidad, así es que no se debe ceder la autoridad a un niño dotado, aún si parece estar peleando por el control.

Pero no apriete demasiado ni se aferre tampoco a los conceptos viejos del aprendizaje o de la disciplina física. En generaciones anteriores, los niños frecuentemente eran disciplinados con castigo físico, tal como una zurra; pero en la mayoría de hogares hoy en día esa alternativa, aunque una opción, es raramente utilizada.

La negociación y el uso de consecuencias naturales o lógicas son los métodos preferidos de disciplina hoy en día (Dreikurs & Soltz, 1992). Al igual, simplemente porque Ud. una vez se sentaba en un salón con otros veinticuatro niños, y nunca se levantaba de su pupitre, escuchaba conferencias, y aprendía por repetición y práctica, no quiere decir que estos métodos trabajarán con un niño hoy en día. Porque los niños dotados tienen la habilidad para pensar analíticamente, responden bien a opciones y a alternativas. Son capaces de entender razones cuando los adultos se toman el tiempo para explicarlas.

Por lo tanto, la flexibilidad en casa es tan esencial como en el salón de estudio, a menos que Ud. quiera pasar su tiempo con un niño que esté frustrado, aburrido, ansioso, deprimido, combativo, o retraído. Un poco de hacer concesiones mutuas puede lograr una verdadera diferencia en la calidad de vida de un niño dotado.

Capítulo 10

Aceptando al niño dotado

¿Ha oído a algunos de los siguientes de miembros de la familia o de maestros decir:?

- "Si es tan inteligente, ¿por qué es tan desorganizado? Siempre entrega sus tareas tarde."
- "Si ella es tan dotada, ¿por qué recibió dos C (7 de calificación) en su boleta?"
- "Su don no es excusa para interrumpir a otros en la clase."
- "Su hijo está deliberadamente tratando de socavar mi autoridad al hacer preguntas las que él sabe que no puedo contestar."
- "Su hija siempre quiere hablar, y tengo veintidós estudiantes a los cuales necesito prestar atención. No puedo pasar todo mi tiempo con ella. Si es tan dotada ella misma debe poder entenderlo, sin mi ayuda."
- "Él será muy inteligente, pero sus papeles están en un desorden. No puedo ni siquiera leerlos."
- "¿Por qué le permiten cuestionar todo lo que Ud. dice? Usted es el padre. Muestre una poca de autoridad."

- "Él reprobó el examen porque era de opciones múltiples, y no escogía ningunas respuestas. Seguía diciendo, 'Depende.'"

La gente que hace declaraciones como éstas, claramente no entiende cómo los niños dotados son diferentes de otros niños y por lo tanto es incapaz de aceptar su comportamiento frecuentemente complejo y a veces contradictorio. Pero la aceptación de nuestra parte es lo que los niños dotados, como todo niño, necesitan más. No pueden crecer en un ambiente que los restringe y sofoca su crecimiento intelectual, social y emocional.

Desarrollando una actitud acogedora

¿Cómo puede la gente aceptar a, y congeniar con, un niño que los desafía, los interrumpe, discute con ellos, y a veces los supera? Lo hacen al darse cuenta y recordar que el niño no puede evitar el ser dotado, no más de lo que puede un niño con un impedimento del oído evitar la necesidad de un audífono.

No podemos condonar comportamiento malo o hacer excusas para un niño que es insoportable. Como padres y maestros, parte de nuestro trabajo es ayudar a los niños a aprender las destrezas que los harán aceptables al resto de la sociedad. Tenemos que reconocer, sin embargo, que la mente del niño dotado trabaja de manera distinta a las de otros niños, tal como los oídos del niño con un impedimento del oído funcionan de manera diferente.

A veces la aceptación no es fácil, porque las diferencias que caracterizan a los niños dotados pueden aparecerse de maneras que no son particularmente atractivas. Padres, maestros, y otros que estén involucrados con niños dotados tendrán que aguantar alegatos, emociones exageradas, cuestionamientos intensos, desorganización, falta de cuidado, o interrupciones. Todos estos tipos de comportamiento indican desarrollo incongruente—es decir, una mente fuera de sincronización con el cuerpo. La mente está trabajando a todo meter pero residiendo en el cuerpo de un niño—un niño quien todavía no ha desarrollado ni la madurez ni el juicio para ponerle freno a sus impulsos. ¿Cómo podemos ayudarle a ese niño?

Como padres o maestros, nosotros no rechazaríamos a un niño que es sordo. En cambio, aceptaríamos al niño y trabajaríamos en lo que se necesitara para hacerlo un miembro funcional de la sociedad. Debemos usar el mismo método con niños dotados, aceptándolos como son, alimentando sus cualidades únicas, aún más, ayudarles a modificar sus comportamientos que a veces resultan en el ser criticados o condenados al ostracismo por sus iguales y adultos. Los niños dotados necesitan nuestra aceptación, ayuda, y dirección. Esperar que "se arreglen" por sí mismos es como pedirle al niño sordo que oiga.

La importancia de la opinión de los padres

Los padres son los primeros espejos donde se ven los niños. Si lo que ven en esos espejos no es amor incondicional, alegría, y aceptación, pero al contrario, ven desilusión, frustración, y enojo, puede conducirlos a creer que no son importantes o que no valen la pena. Al fin y al cabo, si sus padres, quienes deben amarlos no pueden aceptarlos como son, ¿qué esperanza tienen de que otro lo quiera? La importancia de la aceptación, por los padres, del niño que es diferente, difícil, y exigente no se le puede dar demasiado énfasis.

¿Es Ud. un padre acogedor?

Verifique para ver qué tan bien:

➤ Escucha Ud. a su niño

El escucharle es el mejor regalo que Ud. le puede dar. Los niños dotados frecuentemente necesitan trabajar con sus pensamientos e ideas en voz alta, y un padre que verdaderamente está presente durante este proceso es una fuente poderosa de autoestima para el niño.

La madre de un niño dotado del jardín de niños dice, "¡No lo podía creer! Mientras preparaba la cena, Tonia entró a la cocina y habló durante media hora, sin parar. Lo único que dije fue, 'O, ¿sí? ¿Por qué crees que eso pasó?' O ¿Qué sientes por eso?' Pero ¿sabe?, esta conversación fue bastante divertida. Aunque era simplemente una tonelada de palabras, ella tenía muchas ideas interesantes."

Como adultos, conocemos el poder de escuchar. Cuando somos escuchados y entendidos, también nos sentimos valuados y validados. Los niños también se sienten de esa manera.

Es verdad, sin embargo, que "el escuchar" a un niño dotado puede ser agotador, y a veces necesitará ponerle fin. Si eso es necesario, sea sensible. Ud. no le diría a su mejor amigo, "¡Chihuahua, has estado hablando por veinte minutos! ¿Cuándo te vas a cansar?" No diga eso a un niño tampoco. Dígale *cómo se siente Ud.*, por ejemplo, "Mi'jita, estoy tan interesada en lo que tienes que decir, pero mi cabeza está zumbando con todas las ideas de las cuales hablas. Necesito un descanso. ¿Qué tal si escribes unos de tus pensamientos para discutirlos más tarde?" De esta manera puede evitarse un dolor de cabeza feroz sin ofender al niño.

➤ Apoye los intereses del niño.

Un padre ofrece este ejemplo: "No me importaba o atraía el teatro, pero era la pasión de mi hija. Así es que la llevaba a dramas y al teatro musical cada temporada. Más que simplemente llevarla a las representaciones, sin embargo, este padre también encontró una manera de ganar el apoyo del administrador de escena como mentor para su hija. El administrador con frecuencia la llevaba detrás de bastidores para presentarle a los actores y ocasionalmente hacía posible que asistiera a los ensayos. El padre también averiguó todo lo que pudo acerca de las oportunidades del teatro de niños en su área y arregló que su hija tomara un curso para dramaturgos y lecciones de actuación con una de las compañías. Eso es verdadera aceptación paterna.

Apoyar los intereses de un niño muestra el respeto a su persona, pero no se engañe; no es siempre fácil. Los padres de Marcos siempre habían deseado que fuera un doctor y estaban encantados cuando superó en la ciencia y parecía estar interesado en una carrera médica. Su madre y padre tenían grandes sueños para él; escuela médica, una beca a un centro mayor de investigaciones, y quizás el Premio Nóbel.

Cuando tenía 16 años, sin embargo, Dan, a quien siempre le había gustado la cocina, de repente les dijo que quería ser un chef de cocina. Fue un golpe enorme para su familia, y era casi imposible para ellos cambiar su enfoque de la escuela médica, estetoscopios, y radiografías, a la escuela de cocina, espátulas para los panqueques, y hornos de convección. Pero hicieron lo posible, y más extraño, después de un largo flirteo con la ciencia de comidas, al fin y al cabo Marcos decidió que prefería ir a la escuela médica.

Los padres de Marcos eran muy sabios. Ellos podrían haber insistido que continuara el camino que ellos querían que siguiera y así preparar la escena para una completa rebelión. Aún después de que había cambiado de parecer, Marcos podría haber continuado con su carrera culinaria simplemente para frustrar a sus padres y establecer su independencia. Al aceptar sus deseos, sus padres le dieron el tiempo y el espacio que necesitaba para experimentar y luego abrirse paso por sí mismo. Marcos llegó a ser doctor, pero también es un excelente cocinero y usa sus habilidades en la cocina para aliviar las tensiones del día.

Como los padres de Marcos era gente acogedora, ellos lo hubieran soportado aunque hubiera continuado su carrera culinaria. Ellos sabían que su relación con él—no su selección de carrera—era lo que importaba más. No estaban dispuestos a sacrificar esa relación para ganar una batalla de voluntades acerca de su vocación.

Es especialmente importante para los padres darse cuenta que intereses y carreras no están vinculados al género. Muchas mujeres dotadas se niegan la entrada a carreras en matemáticas y ciencias porque la sociedad continúa diciéndoles que estas áreas son solamente para hombres. Igualmente, algunos salones de escuelas primarias han perdido a excelentes maestros y algunos hospitales han perdido a enfermeros talentosos porque la educación primaria y la profesión de enfermeros son a veces percibidos como carreras de mujer.

➤ Alabe a su niño apropiadamente.

La alabanza es una cosa delicada, porque los niños dotados pueden ver por encima de tópicos vacíos. La hipocresía no los engaña; ellos lo consideran mentira, y tienen razón.

Por lo general, es mejor alabar el esfuerzo, no el resultado, y evitar palabras tales como el mejor, brillante, magnífico, fantástico, el más inteligente, e increíble.

Aquí hay un ejemplo: Su niña trae a la casa un dibujo que ha pintado en su clase de arte. ¿Dice Ud.?:

1. "¡Eso es excelente! Eres la mejor artista en tu clase," o
2. "¡Increíble! Puedo ver que has trabajado bastante duro en eso. Me gusta lo que has hecho con los rojos y azules aquí en la esquina. ¿Qué te hizo decidir a usar esos colores juntos?"

La primera observación puede poner tremenda presión para lograr más excelencia en la niña. Ella puede sentir que debe siempre ser la mejor artista en la clase o arriesgarse a desilusionarlo.

La segunda respuesta muestra valorización, no solo para el producto, sino también para el esfuerzo dedicado al trabajo. Envía un fuerte mensaje positivo, y ha abierto la puerta para más comunicación al preguntar acerca del trabajo de arte. Si Ud. fuera el niño, ¿cuál tipo de alabanza quisiera? Alabar el esfuerzo es también una estrategia útil si el resultado del proyecto no es muy exitoso.

➤ Evite "la crítica humillante".

Palabras que critican, tales como flojo, desordenado, desconsiderado, egoísta, estúpido, feo, grosero, y descuidado claramente comunican falta de aceptación, y también pueden llegar a ser profecías que lleguen a cumplirse. Cuando los padres o maestros, que son las figuras de autoridad más importantes en la vida de un niño, les dicen que son perezosos o desordenados, entonces, en las mentes de los niños, llega a ser la verdad. No debería ser sorpresa, entonces, que los niños llegan a ser más flojos o desordenados que nunca.

Corregir el comportamiento es el otro lado de la alabanza, pero las técnicas son las mismas. No manden *mensajes de "tú"* como, "¡Me estás volviendo loco!" O "¿Por qué nunca haces algo sin alegar?" Mande *mensajes de "yo"* como "Me enojo tanto cuando bajo los escalones por la mañana y encuentro platos sucios por toda la cocina." O "Me sentía tan cansado e impaciente cuando tuvimos esa discusión para sacar la basura.": Ha localizado con precisión el comportamiento irritante, y ha salvado al niño de una "crítica dañina".

➤ Respete la inteligencia del niño sin asombrarse.

Probablemente llegará la ocasión cuando su niño sepa más de un tema que Ud. Alégrese con su conocimiento, pero no esté tan impresionado que abandone su papel como padre. El niño no ha crecido todavía; lo ha aventajado en solamente una pequeña área del conocimiento. No importa cuánto sepan estos niños, ellos todavía necesitan el juicio, la madurez, y la presencia de un adulto, para sentirse "anclados"—a buen recaudo, seguros, y aceptados. No obstante, si el niño tiene una pasión para algo de lo que Ud. nada sabe, puede mostrar su apoyo y aceptación al alistarle un mentor que conozca la materia.

Victor, por ejemplo, era un estudiante emprendedor y dotado que tenía muchos intereses que sus padres simplemente no entendían. Estaban orgullosos de su curiosidad intelectual, y tenían el dinero para proveerle las cosas que necesitaba para sus investigaciones, pero eso era todo lo que creían que podían hacer. Porque era auto iniciador, Victor había juntado su propio grupo de mentores: uno lo guiaba por los detalles de la fotografía; otro le enseñaba código Morse y le ayudó a lograr su licencia de radioaficionado; y otro era experto en la búsqueda de inteligencia extra-terrestre.

No todos los niños exhiben tanta iniciativa, así es que Ud. tendrá que ser el que busca mentores para su niño. Sería en beneficio propio hacerlo, porque ya que el mentor esté en su trabajo, tendrá menos carga de tratar de mantenerse al día con todos los detalles de este aspecto del aprendizaje de su niño.

➤ Ayude al niño a desarrollar sus destrezas sociales.

Para ser felices, los niños quieren y necesitan amigos. Los niños dotados están frecuentemente avanzados intelectualmente de sus iguales de edad aunque pueden estar socialmente muy atrasados de sus iguales intelectuales. Así que, ellos tendrán dificultad en conseguir amigos.

Como padre, Ud. tiene experiencia en hacer amigos, y también tiene un niño que probablemente muestra una inclinación natural hacia comportamiento ético y juego limpio. Si desarrolla la compasión interna y la habilidad del niño para ver el punto de vista de otra persona, Ud. llegará lejos en ayudarle a su niño a ganar éxito social.

El padre de Héctor era un psicólogo que le enseñó sobre el lenguaje corporal. Después de que su padre había empleado bastante tiempo instruyéndolo acerca de las varias posturas del cuerpo y expresiones de la cara, Hector llegó a ser un experto en adivinar el lenguaje corporal. Por ejemplo, él sabía cuando otros niños estaban asustados, nerviosos, o confundidos simplemente al ver cómo se paraban o actuaban. Este conocimiento le ayudó a Héctor llegar a ser más comprensivo de los sentimientos de otras personas. Aumentó su identificación natural, y su perspicacia lo hizo muy admirado por sus iguales de su escuela secundaria.

Ayude a su niño a ser modesto y a no jactarse de sus realizaciones, marcas, o calificaciones en pruebas. Sin rebajar los logros del niño o comparándola favorablemente o negativamente con otros, señale los varios tipos de talento que otros poseen. La habilidad intelectual es un atributo maravilloso, por supuesto, pero también son el talento artístico o musical, la habilidad atlética, las artesanías, y cualidades como persistencia, bondad, amabilidad, y cortesía.

Los niños dotados ya tienen su lugar en muchas maneras; es útil para ellos entender que son parte de un todo más grande, que hay mucha gente especial en el mundo, y que cada ser humano es valioso. Haga todo lo que pueda para asegurarse que su niño conozca a niños y adultos de otras razas, otros grupos étnicos, religiones, y grupos socio-económicos. Esto amplía sus perspectivas y ayuda al niño a aprender a respetar a toda clase de personas.

➤ Ríase con su niño.

El buen humor es un gran instrumento para desactivar situaciones tensas o simplemente para disfrutar de la vida. Algunos niños dotados tienen un sentido del humor altamente desarrollado, mientras otros son pequeñas personas tensas quienes necesitan la liberación emocional que proporciona la risa y el buen humor. Anime a su niño a ver el lado divertido de la vida diaria; comparta chistes y juegos de palabras; ría con el encanto puro de las cosas ingeniosas que dice. La risa libera a las endorfinas en el cerebro y hace a todos sentirse mejor.

¿Es Ud. un maestro acogedor?

Los maestros obviamente tienen un fuerte efecto en los niños. ¿Cómo llega a ser Ud. el maestro que el niño dotado recordará, no con desesperación, sino con alegría? Esto es lo que algunos estudiantes dotados han dicho acerca de los maestros que querían y admiraban:

- ➤ "Ella me confiaba con su cámara de video. Y tuve que mostrarle que yo sabía cómo usarla y cuidarla, pero al hacerlo, me permitió grabar las presentaciones de la clase."
- ➤ "Yo quería estudiar sistemas más complejos, y él me ayudó a hacerlo."
- ➤ "Ella me dice por qué debo aprender ciertas cosas. La mayoría de las maestras dicen, 'porque está en el examen.' Ella se toma el tiempo para contestar mis preguntas y a explicar las razones."
- ➤ "Todos mis otros maestros esperan tanto de mí. Creen que debo lograr A's en todo y nunca errar en una pregunta de una prueba. Él es diferente. Ha llegado a conocerme como persona, no sólo como un 'cerebrito,' y eso me hace ser más diligente y cumplir en su clase."

- "Unos de mis maestros me dicen que soy muy desorganizado para tener éxito en algo. Ella me decía que era desorganizado también, pero luego me enseñó cómo manejar mi tiempo y tareas de una mejor manera."
- "Me trata como a los otros niños, así que no me siento como un tipo de persona rara."
- "Ella me permite hacerle la lucha a cosas difíciles, y si no lo hago bien, me enseña dónde hice mis errores, pero no se ríe de mí ni dice que fracasé porque trataba de alardear."

¿Que están verdaderamente diciendo estos estudiantes? Nos dicen que sus maestros favoritos:

- les dan autoridad, facultades.
- los animan a tomar riesgos.
- les permiten reprobar sin llamarlos fracasados.
- los respetan, como individuos únicos y como miembros de la clase.

Estos maestros aceptan a sus estudiantes dotados, defectos y todo. ¿Los acepta Ud., también? Verifique para ver si Ud.:

- Se mantiene paciente cuando los niños dotados hacen preguntas, cuestionan sus respuestas, o hablan demasiado.

Si Ud. hace muecas, aparece exasperado con frecuencia, o suspira profundamente cuando los niños dotados en su salón se portan como niños dotados, está mandando un mensaje poderoso que no los aprueba de alguna manera, y, por ejemplo, también está dejando saber a los otros niños en el salón que este particular grupo de niños no es digno de su aceptación. Y si Ud. no los acepta, ¿porqué deben ellos aceptarlos?

Recuerde que ***estos estudiantes no pueden evitar ser dotados.*** Porque piensan tan rápidamente, cuestionando, desafiando, y hablando demasiado son parte de su composición general. Por supuesto, Ud. no puede permitir a estos niños que controlen el salón y que pisoteen los derechos de los otros estudiantes. Para impedir esa ocurrencia, utilice estrategias de enseñanza que les ayudará a controlar sus impulsos así como dirigirlos a aprendizaje óptimo.

Por ejemplo, si está introduciendo un estudio nuevo de literatura, pregúntele a sus estudiantes por adelantado si algunos de ellos ha leído el libro. Quizás descubra que dos de ellos, Reza y Hayley, lo han leído anteriormente y lo conocen al derecho y al revés desde hace dos años. Esa es una valiosa información, porque puede anticipar que estos dos estudiantes podrán ser bastante perturbadores en el estudio cooperativo. Es posible que espeten las respuestas a las preguntas, y descubran el fin, o reírse de los intentos de entender de los otros estudiantes.

Será ventajoso para Reza y a Hayley, tanto como al resto de la clase, permitirles algunas alternativas en el proyecto de literatura. Quizás, ellos dos, puedan escribir de algún aspecto del cuento en sus diarios; posiblemente puedan trabajar juntos para crear finales alternativos del libro o escribir ensayos cortos del punto de vista de un personaje. Hay muchas maneras de expandir su aprendizaje y al mismo tiempo mantenerlos como parte de la clase.

➤ Trate a sus estudiantes dotados con el mismo respeto que le da a los otros estudiantes.

Si no lo hace, puede estigmatizarlos. Algunos padres se han quejado de maestros que con sarcasmo dicen, "Bueno, todos los niños dotados, es hora de irse a su clase especial." Estos mismos maestros jamás dijeran, "Todos los niños incapacitados vayan a su clase especial ahora." Acepte a sus estudiantes dotados simplemente dejándolos ser miembros del salón y de la comunidad escolar.

➤ Sustituya lecciones significativas por aprendizaje por repetición

¿Está de acuerdo que la mayoría de los niños dotados no necesitan un programa de estudio de "más de lo mismo?" ¿Hace Ud., planes específicos para asegurarse que no tienen que participar en ejercicios de memorizar, que no les benefician? Si un niño dotado ha demostrado claramente el dominio de los conceptos en un libro de tareas, ¿por qué debe completar tres ejercicios más que repasan los conceptos otra vez?

Richard, de siete años, ha contado dinero desde que tenía cuatro años de edad; él siempre ha sido el banquero en juegos familiares tal como Payday™. Él ya puede manejar fracciones simples y está ansioso de aprender la división. ¿Por qué, entonces, debe completar una serie de lecciones en el conteo de dinero? Si su maestro insiste que él "haga lo que los otros están haciendo," el más previsible resultado será que se aburra completamente. Necesitará, al igual que los otros, estudiar la computación matemática, pero también necesitará lecciones alternativas que desafían a sus habilidades que implican transacciones más complejas. O necesitará estar en la clase de matemática acelerada. O tener su programa de estudio comprimido. O usar otra estrategia alternativa que funcione con él.

El aprendizaje significativo cautiva a los niños dotados, no tener suficiente desafío es una de las razones por las cuales los niños dotados muy seguido entregan tarde su tarea. La asignatura es tan fácil que parece insignificante, y ¿quién quiere perder su tiempo en cosas triviales? El niño dotado calcula que puede hacerlo en el último minuto. Pero quizás algo sucede: el niño se queda dormido, se interesa en otra cosa, o el autobús llegó temprano. El "último minuto" no existío, y la tarea va tarde. Una tarea de más reto puede ayudar en esta situación. Al igual que con el trabajo diario en la clase, los niños dotados no necesitan tarea que simplemente refuerza una materia ya dominada; su tarea debe invitarlos a aumentar su entendimiento actual. Sí, eso puede implicar asignaturas individualizadas, pero también puede decir que la tarea será entregada con más frecuencia y que el niño está aprendiendo más.

Algunos niños dotados querrán negociar con el maestro el diseñar su propia tarea. La negociación puede ser beneficiosa para ambos, estudiante y maestro; la destreza de negociación servirá al niño durante su entera educación, y la negociación puede también reforzar las relaciones entre maestro y estudiante.

- Entienda que tendrá que usar criterio diferente para calificar el trabajo de un niño dotado.

Los niños dotados frecuentemente desempeñan pobremente en exámenes de verdadero-falso o de múltiples opciones; pues pueden ver cómo dos, tres, o todas las respuestas pueden ser correctas en diferentes circunstancias. Ellos pueden tener dificultades al escribir ensayos por una tendencia a pensar demasiado en la pregunta. Ellos conocen la respuesta obvia, pero frecuentemente van más allá de lo que se les ha pedido. Su respuesta escrita tendrá poca relevancia a la pregunta porque ya van adelante de la idea original. Cuando es hora de sumar todas las calificaciones de las pruebas, la marca final puede ser mucho más baja de lo que merece el niño.

Si Ud. observa una gran discrepancia entre lo que cree que un estudiante sabe y el resultado en su calificación, es posible que el error radique en la prueba en lugar de el niño. Ud. puede pensar en darle pruebas orales o algún tipo de evaluación de desempeño para determinar la verdadera competencia del niño.

Recuerde que la mayoría de los exámenes están hechos para que los estudiantes regulares puedan desempeñarse adecuadamente. Una modificación de los exámenes puede ser necesaria para estudiantes que caen fuera del promedio en ambos extremos del rango de la habilidad.

No obstante, ya que las pruebas de competencia están llegando a ser la norma en muchos estados, es importante que todos los estudiantes, incluyendo a los que son dotados, se les enseñe cómo tomar estas clases de pruebas de desempeño estatales. Los Estados utilizan calificaciones de pruebas para clasificar a escuelas, así que los intereses de maestros y administradores de escuelas, son grandes. Y cuando los estudiantes lleguen a la secundaria, también los intereses son grandes para ellos. Los exámenes de admisión al colegio, son muy parecidos en forma, a las pruebas de desempeño estatales, así que es crítico para los estudiantes aprender las destrezas apropiadas para tomar exámenes. Sin instrucción específica, algunos niños dotados, que pueden tener problema con estos tipos de pruebas, pueden paralizarse de ansiedad en el día de la prueba y reprobarlos o desempeñar pobremente.

➤ Entienda que un niño dotado probablemente no superará en todas las materias.

Los niños dotados usualmente son mejores para unas cosas que para otras. La mayoría de ellos tienen áreas de especialización. Pueden ser prodigios en las matemáticas o expertos verbalmente. Los hay talentosos como músicos o artistas; otros son fenomenales en ciencia.

No espere desempeño sobresaliente en cada aspecto de la académica. Los estudiantes dotados, como otros, pueden tener deficiencias en una variedad de destrezas. Muchos tienen escritura terrible o apenas pueden deletrear porque su habilidad para pensar se pasa de su velocidad para escribir, o han desarrollado una taquigrafía particular para tratar de acortar la diferencia.

En matemáticas, a veces no pueden "mostrar su trabajo." Aunque frecuentemente pueden llegar a la respuesta correcta por su intuición, no pueden desacelerarse lo suficiente para conceptualizar los pasos que usaron para resolver el problema. Unos estudiantes son increíblemente desorganizados, con pupitres que parecen nidos de ratas. Los niños dotados que luchan con estas cuestiones necesitan tanta ayuda como los estudiantes regulares. No les dé menos ayuda. Si desempeñan pobremente en una área escolar, no los repriman al decirles, "¡Se supone que eres dotado!" Y no los dispensen del aprendizaje de las estrategias y destrezas las cuales los llevarán al éxito en el mundo real así como en el aula.

➤ Dese tiempo para la discusión.

Por razón de sus increíbles curiosidades y sus habilidades verbales, los niños dotados tienen una inusitada necesidad de hacer preguntas y discutir cuestiones a fondo. "¿Cómo podemos aprender si nunca hablamos de algo?" dicen ellos. Los períodos de discusión no necesitan ser largos; una conferencia frente a frente, cuando los otros niños están trabajando en grupo o completando sus tareas, funciona bien. Los estudiantes pueden prepararse para estas conferencias de estudiante-maestro al escribir sus preguntas en sus diarios o al fin de sus tareas; esta estrategia le proporciona al maestro un instrumento con el cual mantiene enfocada la conversación.

Aprobación y apoyo: Cooperación para resultados

La etapa final en la aceptación de su niño dotado es el apoyo—ayudando a desarrollar las políticas que gobiernan la educación del niño. Ambos, padres y maestros, pueden ser abogados defensores a nivel del salón, dentro del distrito, delante de la legislatura estatal, o hasta en Washington D.C. Un tipo de apoyo podría ser la formación de un grupo de ayuda para padres de niños dotados dentro de su escuela o distrito. Un segundo sería afiliarse con una asociación del estado y asistir a sus reuniones y conferencias para aprender más de nuevas teorías, estrategias de enseñanza, y mandatos de pruebas, y para ejercer presión en actividades legislativas en su estado.

Los niños dotados con dominio limitado del inglés, estudiantes con incapacidades de aprendizaje, niños de minorías, y con incapacidades físicas necesitan que sus padres y maestros aboguen para su inclusión en programas dotados. Estos niños están mal representados en la educación dotada por 1) prejuicio en exámenes, por ejemplo, pruebas que favorecen a estudiantes angloparlantes de la clase media; 2) prejuicio de maestros, es decir, maestros quienes no entienden las formas en las cuales el don se manifiesta en estudiantes de minorías o en esos con incapacidades; y 3) prejuicio de cultura, es decir, educadores que no entienden cómo varios mandatos culturales afectan las formas del desempeño de los estudiantes (Frasier, Garcia, & Passow, 1995).

Por ejemplo, un niño dotado asiático que está trabajando en una tarea puede, con frecuencia, solicitar dirección y consejo de un maestro por razones de respeto de la cultura asiática para esos con mayor edad y experiencia. Otras culturas, tales como la del indígena americano, también enfatizan la sabiduría de los ancianos y quienes tienen autoridad (Cohen, 1990). Unas culturas ponen mayor énfasis en los logros del grupo en vez del logro de un miembro del grupo. Un niño Caucásico nativo, de la clase media, sin embargo, probablemente ya ha asimilado los valores de pensamiento independiente y de acción típicamente americanos. Si los maestros no entienden los valores culturales de sus estudiantes étnicos, será probable que los consideren menos dotados.

Como padre del niño, Ud., más que cualquiera otra persona, conoce a ambos, a su niño y a la cultura que él representa. Ud. tendrá que persuadir a los maestros y a los administradores a adoptar un enfoque más amplio en la evaluación de su niño para enrolarlo un programa dotado.

Si Ud. no habla bien el inglés o tiene una incapacidad y necesita un traductor, intérprete, o un padre que lo ayude en las visitas a la escuela, por favor notifique a la escuela por adelantado de su visita. Ud. tiene derecho a estos servicios, pero a veces se toma un día o dos para conseguirlos. Es injusto culpar a la escuela por no complacerlo si no les ha dado la oportunidad de hacerlo.

Aunque unos padres cabildearán a un nivel estatal o nacional, la mayoría de los padres confinarán sus esfuerzas de apoyo al distrito escolar al cual asiste su niño. Si se encuentra en el papel de abogado para su niño u otros en su sistema escolar, aquí enumeramos unos consejos importantes para recordar:

➤ Siga la cadena de orden de mando.

Si Ud. tiene un problema que le molesta, vaya primeramente con el maestro del niño. Trabaje con el maestro para tratar de efectuar un cambio. Si Uds. Dos no pueden resolver el problema, pídale al maestro que vaya con Ud. a ver al Director. Muchos asuntos pueden ser solucionados en este nivel. Raramente debería ser necesario involucrar al superintendente o a la mesa directiva, aunque hay casos en los cuales este tipo de intervención llega a ser apropiado. Si va directamente al superintendente ha pasado por alto a la cadena de orden de mando y arriesga alienar al maestro de su niño o su director.

Un método paso a paso para resolver el problema puede tomar un poco más de tiempo, pero si quiere cambiar las políticas de la educación dotada, es provechoso tener tantos aliados como sea posible. Si Ud. ha saboteado a un maestro o al director al dirigirse directamente con su patrón, ellos difícilmente querrán ayudarle. Es mucho mejor tratar de lograr su apoyo y ayuda de modo que ellos quieran ayudarle en su caso si necesita llevarlo más arriba en la escalera de mando.

➤ Abogue por todos.

Trate de crear cambio para cada estudiante dotado, no solamente para su hijo o hija. Logrará más atención y respeto si está trabajando para un grupo entero de estudiantes en vez de usar todos sus esfuerzos en un miembro de su familia.

➤ Ayude a las escuelas.

Asista a las reuniones de la mesa directiva y de la organización de padres-maestros de la escuela. Si hay una elección para la mesa directiva, una campaña para impuestos, o una cuestión de bonos, trabaje para aprobación y para efectuar el voto. Los presupuestos de escuelas públicas están restringidos, y justo el programa que quiere para su niño puede ser el que está para eliminarse si la campaña para financiamiento no se aprueba. Además, si Ud. está en la trinchera con los maestros y los miembros de la administración durante los tiempos difíciles, ellos lo recordarán cuando presente su caso para los estudiantes dotados.

➤ Tenga un plan.

Sepa lo que quiere lograr, y mantenga sus metas en mente. Escuche a las ideas y las estrategias de otros. Recuerde que hay muchas caminos para llegar a un destino. Esté preparado para ser flexible y para hacer compromisos en el camino. Quizás el resultado justifique una variedad de medios.

➤ Si puede evitarlo, no se meta en pleitos.

Simplemente el pedir mucho es una causa perdida. Decídase a trabajar cooperativamente con los oficiales de la escuela para desarrollar el mejor programa posible. Participe, no los enfurezca. Una pequeña cortesía lo llevará lejos. Compórtese con madurez y concéntrese en los temas, no en las emociones. Como todo mundo, los educadores profesionales responden mejor a una presentación razonada de prueba que a una de pura emoción.

➤ Obtenga los hechos.

Nada socava a su posición más que proceder en base a una verdad a medias o chismes. Obtenga copias de políticas existentes; sepa y entienda las reglas estatales con respecto a la educación dotada. Manténgase al corriente de investigaciones de la profesión. Ud. puede llegar a ser una valiosa fuente de información para administradores de la escuela que no están al día en todos los aspectos de la educación dotada. Asegúrese de usar su conocimiento para ayudar a lograr una decisión de equipo, y no para menospreciar públicamente las ideas de otros.

➤ Sea persistente.

El cambio es lento en instituciones tan grandes como los sistemas escolares. Tiene que seguir moviendo su agenda, poco a poco. Su persistencia, a la larga, puede finalmente lograr los cambios que desea, y su paciencia y fortaleza serán poderosas lecciones de ello para sus niños.

➤ Mantenga una actitud positiva.

Recuerde que lo que Ud. da es lo que recibe. Lo negativo es contagioso. La mayoría con quienes Ud. negocia son gente de buena voluntad, aún cuando sus opiniones difieran de las suyas. Trate de encontrar áreas en las cuales están de acuerdo y construya en ellas.

➤ Amplíe el círculo.

Reclute otros padres, maestros, personal administrativo, y miembros de la comunidad que piensan de la misma manera. Muchas cabezas son mejores que una cuando se atacan problemas complejas. Si sus esfuerzos y los de otros no funcionan, deberá buscar métodos más formales relacionados con la mediación o el proceso legal correspondiente. Antes de hacerlo, sin embargo, esté seguro de leer y estudiar las experiencias de otros que se describen en tres libros de Frances A. Karnes y Ronald G. Marquardt: *Gifted Children and the Law: Mediation, Due Process and Court Cases*; *Gifted Children and Legal Issues: Parents' Stories of Hope*; and *Gifted Children and Legal Issues: An Update.*

➤ Cuando se canse de todo (y seguramente se cansará), recuerde a los niños.

Si está interesado en ser más activo en abogar por los niños dotados a nivel estatal o nacional—muchos padres son incansables en sus esfuerzos para influir en la creación y la aprobación de leyes que benefician a este grupo de estudiantes—el National Association for Gifted Children (la Asociación Nacional para Niños Dotados) tiene información, guías, publicaciones, información para padres, documentos de políticas públicas, alertas legislativas, y muchas otras. La organización tiene afiliaciones en cada estado. Su sitio en el Web se encuentra en www.nagc.org. Esto le permitirá a Ud. aprender de lo que está ocurriendo en su estado y nacionalmente y a participar en los mucho esfuerzos de apoyo que se necesitan.

Capítulo 11

Ayudando a los niños dotados

Todos los niños necesitan ayuda, sostén emocional y social, pero los niños dotados lo necesitarán más que todos. Algunos niños dotados se sienten peculiares y aislados. Muchos son perfeccionistas, con poca tolerancia para sus propios errores. Muchos muestran señales de profunda tensión. Unos son excluidos de los grupos de sus compañeros iguales; ansían a amigos y relaciones que otros niños dan por un hecho, pero carecen de las destrezas sociales para efectuar amistades.

Aunque la investigación muestra que muchos niños dotados tienen conceptos positivos de ellos mismos, es igualmente cierto que otros tienen necesidades especiales con relación a su salud emocional y en el interactuar socialmente (Hoge & Renzulli, 1991).

Algunos de los problemas emocionales más comunes que los niños dotados enfrentan son:

- tensión
- depresión
- perfeccionismo
- amistades
- auto-estima

Por supuesto, muchos niños son afectados por estos asuntos, pero los niños dotados pueden también ser afectados en un mayor grado—más tensión, más profunda depresión, más intenso perfeccionismo, más baja auto-estima, y más dolorosa soledad. El criar y enseñar a niños que parecen un manojo de nervios puede ser un asunto delicado. ¿Dónde empezamos?

Disciplina y límites: Una estrategia esencial sustentadora

Una de las más importantes faenas de los padres y maestros es la disciplina. Los límites impuestos por disciplina consistente crean los límites que les dan a los niños un sentido de predicción, el sentimiento de que el mundo es un lugar comprensible, y la oportunidad para sentir libertad dentro de estos límites. Todo niño necesita límites y un sentido de sensibilidad, pero para los niños dotados la sensación de seguridad y tranquilidad que resultan de la disciplina consistente es particularmente necesaria. Los niños dotados tienen tantos intereses, tanta energía, tanta curiosidad, tanta emoción, tantas ideas y preocupaciones, y tanto pasa por sus mentes que rápidamente pueden sentirse abrumados, fuera de control, y asustados. La confusión engendrada por el miedo y el aturdimiento puede conducirlos a una variedad de dudas emocionales. Si las reglas, los límites, y la disciplina son justos y consistentes, es a veces posible mantener los trastornos emocionales a un mínimo o hasta eliminarlos completamente.

Los niños aprenden a disciplinarse ellos mismos al incorporar en su propio concepto particular la disciplina aplicada a ellos por sus padres y maestros. Mientras maduran, ellos aprenden a aplicar esta disciplina a sus propias vidas. Sin la autodisciplina, los niños—sean dotados o no—tendrán mucha dificultad para alcanzar su potencial. Si no pueden mantenerse enfocados, completar lo que empiezan, y tomar responsabilidad por sus acciones, el éxito probablemente los eludirá.

La disciplina y el castigo *no son* la misma cosa. Las palabras disciplina y discípulo tienen la misma raíz latina, una palabra que significa estudiante o pupilo. Disciplinar a los niños, entonces, significa hacerlos discípulos—para ayudarles a aprender los principios y los valores que hemos encontrado que son importantes para vivir una vida plena, de satisfacción. La *única* manera que podemos hacer eso es que nosotros modelemos estos principios y valores a diario. Como Bruno Bettelheim (1998) dice en su libro, A Good Enough Parent, "Todos nosotros conocemos el antiguo dicho, 'Hazlo como te digo, no como lo hago' pero aborrecemos el reconocer que esto simplemente no funciona cuando estamos enseñando a niños. Ya sea que obedezcan nuestras órdenes o no, en el fondo están respondiendo menos a nuestras órdenes que a su percepción de nuestro carácter y conducta."

Si no lo modela, no espere verlo. Si le habla rudamente a niños, espere que sean rudos con Ud. y con otros. Si chilla y grita, esté preparado a que ellos chillen y griten también. A la inversa, si trata a los niños con respeto, los verá tratando a otros con respeto. Si les habla con cortesía, generalmente recibirán respuestas corteses. Modelar con consistencia ayuda a lograr comportamiento consistente. Debido a su inteligencia y sus aguda capacidad de observación los niños dotados son rápidos para detectar y aprovecharse de inconsistencias.

Por supuesto, habrá días cuando los padres y maestros serán inconsistentes, porque los adultos también propenden a la tensión y la preocupación. Pero si los estudiantes están conscientes que sus maestros y sus padres los respetan, y si los niños están relativamente seguros de las consecuencias de sus acciones en casa y en el hogar, sus vidas emocionales llegan a ser más estables. Los adultos que se hallan en circunstancias excepcionalmente tensas, tales como divorcio o problemas en su empleo, es conveniente que busquen ayuda para manejar sus emociones. Traer estas tensiones al hogar o al salón de clase puede tener un impacto negativo en niños jóvenes.

El poder de sus palabras

El criar o enseñar a un niño dotado puede por cierto, a veces, acabar con la paciencia de un adulto. Pero hasta cuando sea necesario corregir al niño, la meta debe ser el animar, no disminuir, el entusiasmo, la curiosidad, y la originalidad del niño. Los niños dotados frecuentemente son perfeccionistas severos con sí mismos; a veces todo lo que se necesita para cambiar su comportamiento es echarles lo que padres a veces llaman "la mirada." Si se requiere algo más, sin embargo, los adultos necesitan encontrar maneras positivas para señalar lo que necesita hacerse. Los niños dotados son delicados, y las palabras severas pueden quebrantar sus espíritus.

Es interesante saber que la charla negativa perjudica al que habla tanto como al que escucha. Si los padres y maestros están reprimiendo constantemente a un niño o un estudiante, usando sarcasmo, burlas, y crítica negativa, estarán alimentando a su propia negatividad-y la negatividad usualmente no se siente muy bien. Las palabras positivas inspiran pensamientos positivos en ambos, el que habla y el que oye.

Negativo y desvalorizad	o Alentador
J. J., ¿por qué tengo que decirte todo 500 veces?	J. J., te pedí que pusieras la mesa hace 15 minutos. Por favor hazlo ahora mismo para que podamos cenar.
Ah ¡qué bien!, Roberta va a compartir su sabiduría con nosotros.	Roberta, me encanta que te haya gustado el cuento, pero ahora toca el turno a Serena para hablar.
¿Cómo esperas llegar a ser algo si no haces la tarea más simple?	Dime porque no quieres completar esta tarea.
¡Me siento tan avergonzado de ti! ¿Qué te da el derecho de ser tan rudo con la Srta. Donnolley?	Tú sabes que no toleramos lo grosero en nuestra familia, y hoy fuiste muy rudo con la Srta. Donnolley. ¿Puedes pensar en una manera de mejorar las cosas?
¿Por qué no usas el cerebro que Dios te dio? Te comportas como un idiota a veces.	Estaba decepcionado con tu proceder en el jardín hoy. ¿De qué otra manera puedes manejar una situación como esa de modo que puedas evitar problemas en el futuro?

Viviendo la vida

Sería bastante raro que los niños dotados, u otros niños, navegaran por la vida sin que encontraran dificultades o sin cometer errores. Tienen que tropezar y chocar con las piedras para poder aprender y crecer. A veces es fácil para ellos enderezar su curso. A veces necesitan ayuda. Aquí hay unos posibles problemas que debe vigilar:

Tensión

La tensión es parte de la vida diaria, y todos los niños necesitan tratar con, y manejar, sus tensiones. Los niños deben aprender a dominar desafíos, cumplir con metas y plazos, y comportarse responsablemente—y todo este aprendizaje va acompañado por su correspondiente cantidad de tensión. Ciertos tipos de tensión pueden ayudar a los niños a crecer, conocer propósitos en sus vidas, y a superarse.

A veces, sin embargo, la tensión puede abrumarlos y distraerlos. Los niños generalmente no tienen las estrategias para tratar con una tensión asfixiante. Los padres y los maestros necesitan intervenir para enseñarles y modelar la destreza necesaria para enfrentarla.

¿Cómo se manifiesta la tensión?

En niños dotados la tensión puede tomar muchas formas. Unos niños se vuelven tan hiperactivos que no pueden concentrarse o tomar decisiones. Otros se vuelven apegados, exigiendo total y constante atención y consuelo. Otros se aburren sin motivo. Algunos les causa fobia la escuela.

La tensión también puede presentarse físicamente. La postura de los niños puede llegar a ser tensa y encogida, en vez de relajada. Pueden desarrollar tics o hábitos nerviosos, tales como comerse las uñas, tartamudear, o parpadear excesivamente. Pueden evitar ver de frente a personas y volverse hoscos y antisociales.

¿Cuáles son las razones de la tensión?

Algunas razones de la tensión son obvias: la muerte de un pariente o una mascota querida, la disolución de una familia, para nombrar unas pocas.

Otras tensiones, sin embargo, surgen por motivos que son menos claros. Ellas pueden incluir:

➤ Expectativas que son muy altas.

Estas expectativas, que generalmente surgen de mitos acerca de niños dotados, pueden venir de la sociedad, padres, maestros, o de los mismos niños. Unos adultos creen, por ejemplo, que los niños dotados deben recibir 10 en todas las materias, siempre "desarrolla todo su potencial," hacen su mejor trabajo todos los días, siempre saben la respuesta correcta, ascienden a la cabeza de cada actividad, y siempre son maduros y dignos de confianza. Todos estos "deben ser" no realistas pueden llegar a provocar tensión insoportable.

➤ Una preocupación por el mundo.

Los niños dotados frecuentemente tienen considerable conciencia global. Pueden preocuparse excesivamente de guerras, enfermedades, niños hambrientos, terremotos en tierras lejanas, violaciones de derechos civiles aquí y en el extranjero, y la distribución de la riqueza. Además, algunos niños dotados creen que, porque se les han dado talentos especiales, ellos deben usarlos para resolver los problemas del mundo—ahora mismo. Cuando no pueden hacerlo, se vuelven tensos y frustrados.

➤ Padres demasiado intensos.

Hay una línea sútil entre animar a un niño y presionarlo. Por ejemplo, un padre quien nota que su niño es verbalmente dotado y exige que lea en voz alta por una hora cada día, está presionando. Ese mismo padre podría, en lugar de ello, fomentar los talentos verbales del niño al darle una fuente inmensa de historias a través de visitas a museos, festivales de la vecindad, teatro de niños, y viajes de excursión de un día. El padre puede pedir un cuento especial como un regalo para un cumpleaños o día festivo. Forzar a los niños a "usar sus dones" en una situación estructurada impuesta por el padre casi siempre resulta en considerable tensión para el niño.

➤ Padres desconectados.

Por el otro lado, hay padres que no les dan a sus niños suficiente estructura o disciplina. Estos padres usan un método de no-intervención, quizás pensando que los niños dotados, quienes con mucha frecuencia parecen adultos, no requieren mucha participación de parte de los padres. Consecuentemente, los niños prácticamente se crían solos, y como no aprendieron la habilidad de comportarse en la vida para criarse efectivamente, muy seguido están altamente tensos y confundidos.

➤ Muchas actividades.

Los niños dotados tienen tantos intereses que querrán probar todo, desde el karate hasta el gobierno estudiantil, y hasta ofrecerse de voluntarios del hospital, y generalmente, todo al mismo tiempo. Aunque algunos niños dotados pueden manejar lo que parece una agobiante carga académica y de actividades, otros se pondrán nerviosos y frustrados por haberse extendido demasiado.

➤ No hallan acomodo.

En escuelas americanas, si un niño tiene seis años de edad, está en el primer año. Para un niño de seis años que domina el trabajo del tercer o del cuarto año, sin embargo, "el no tener acomodo" entre su capacidad del niño y su estancia en el primer año puede resultar en considerable tensión.

Esta situación es como un sistema escolar que requiere que todos los niños que pesan 40 libras vayan al jardín de niños, y todos los que pesen 50 libras serán del primer año, y todos los que pesan 60 libras están asignados al segundo año. La mayoría de los niños congeniarán bien en las categorías de peso y estarán en el año apropiado, pero esos que crecen despacio tendrán que repetir un año dos veces, mientras esos que crecen más rápidamente pueden estar presionados para adelantarse muy pronto.

Los años escolares relacionados a la edad y al nivel del año trabaja del mismo modo. Los niños de inteligencia y de competencia social regular se desempeñan bien en sus niveles de año basados en su edad. Los que son un poco más inteligentes (o más lentos para aprender) sufrirán de la "falta de acomodo". Las escuelas están diseñadas para educar a los niños que se acomodan dentro de la norma. Padres y maestros deben abogar por los que encajan arriba, o debajo, de ella. Para efectuar los mejores acomodos, las escuelas deben tomar en cuenta más factores que solo la edad.

➤ Aburrimiento.

No es sorpresa por tanto, que los niños dotados que están tratando con la "falta de acomodo" frecuentemente se aburren en la escuela. Algunos expertos teorizan que casi un cuarto a una mitad del tiempo de los niños dotados se pierde en esperar a que otros estudiantes los alcancen. Esta situación puede ser una receta para el desastre, porque los niños dotados que están aburridos pueden causar problemas en el aula. No son malos niños; están comportándose mal porque les falta la habilidad para hacer frente al aburrimiento. El tener que hacer cosas que ya han hecho muchas veces crea tensión sobre la cual los niños no tienen auto control o la habilidad para manejar esa situación.

No obstante, los adultos necesitan estar conscientes que algunos niños dotados usan el aburrimiento como una excusa para manipular y para evitar el trabajo que no tienen ganas de hacer. En la mayoría de los casos, cuidadosa observación y la comunicación entre el hogar y la escuela pueden ayudar a los adultos a discernir lo que realmente está ocurriendo.

➤ Rigidez innecesaria en casa o en el salón de clase.

Un adulto dotado recientemente relató el siguiente cuento: "Tengo treinta y ocho años de edad, pero lo recuerdo vívidamente. Estaba en el quinto año, y la maestra nos asignó la tarea de escribir un cuento titulado 'Soy el reloj en la pared.'

"Pensé mucho y no se me ocurría nada, así que usé el reloj como un punto de partida para empezar otro cuento. Empecé con un muchacho mirando al reloj, el cual de alguna manera lo dirigió a soñar despierto del viaje espacial.

"Trabajé bastante duro en mi cuento. Eran treinta páginas de largo y muy inventivo. Describía a mi traje espacial en detalle, y también de cómo era viajar en el cosmos. Escribí sobre la relación entre el espacio y el tiempo.

"Recibí una F (reprobado)."

Este hombre, quien ahora sobresale en una profesión altamente creativa, fue una víctima de un maestro inflexible quien quería un cuento solamente sobre un reloj. El maestro se negó a premiar la iniciativa y la originalidad, dejando la alabanza para solo los que siguieron la tarea al pie de la letra. Aunque es posible que el cuento no mereciera una A (10), ciertamente no merecía una calificación mala.

La rigidez excesiva y disciplina autoritaria en casa o en la escuela pueden resultar en una lucha de poderes. Esa lucha de poderes abierta ocurre cuando un niño, sintiendo una presión insoportable para estar a la altura de criterios académicos o de comportamiento no realistas, públicamente se rebela, negándose a hacer tarea o a cumplir con reglas familiares. Impotente para "hacerlo correctamente," ejerce su poder al ser desafiante, o a veces simplemente difícil. Los padres y el niño o el maestro y el niño se enfrascan en una batalla constante sobre cualquier cosa.

Una batalla de poderes también puede tomar la forma de lograr menos de lo esperado. El niño, sabiendo que nunca podrá recibir puras As, ganar cada juego de ajedrez, o ser elegido presidente de su clase, simplemente se da por vencido. Reprobar en la escuela o en una actividad que los padres valorizan sirve dos propósitos para el niño: es una manera equivocada de encargarse de su propia vida, y fuerza a sus padres a distraerse. Algunas mujeres jóvenes que están expuestas a crianza severa, autoritaria, pueden pensar que el único poder que tienen es sobre sus propio cuerpos; pueden llegar a ser anoréxicas o bulímicas en un intento para mantener control. Los niños dotados son intensos y decididos; cuando las expectativas de los padres se vuelven más importantes que los sentimientos del niño, una larga y amarga batalla puede resultar.

➤ Soledad.

Puede ser difícil para un niño dotado encontrar iguales, particularmente porque sus intereses no congenian con los de su edad o los compañeros de clase. No muchos otros niños del primer año estarán intensamente interesados en la clasificación de dinosaurios y la era en la cual vivieron, así es que un niño dotado puede tener dificultad en encontrar otro niño con quien compartir su entusiasmo. Otros niños dotados pueden ser bromeados por sus compañeros de clase porque son tan delicados, intensos, o curiosos, y pueden ser llamados nombres como "nerdo," "dork," o "bebé." No es sorprendente, entonces, que muchos niños dotados se sienten fuera de lugar con sus iguales de edad, y en su lugar encuentran refugio en libros, o prefieran pasar más tiempo con niños mayores o con adultos.

¿Cómo puede ayudar?

➤ Anime a su niño a relajarse.

¿Hacen los adultos lo mejor en cada minuto del día? ¿O no es su desempeño a veces menos de lo que podría ser? ¿Por qué, entonces, deben exigir, o exigen, los adultos perfección de un estudiante dotado?

Los niños dotados frecuentemente se presionan de tal manera, ellos mismos, para ser excelentes; generalmente no necesitan que nadie les agregue más. En realidad, una de las cosas más provechosas que los padres y los maestros pueden hacer es quitarles el peso de expectaciones imposibles y ayudar al niño a darse cuenta de que es humano, cometerá errores, hasta reprobará, y no importa. De nuevo, alabe el esfuerzo, no el resultado.

Recuerde que la mayoría de los niños son dotados en un área u otra; no espere que sobresalgan sobre los demás en todas las materias.

Y no los carguen con responsabilidades. Los niños jóvenes dotados, son intelectualmente avanzados; eso no quiere decir que tienen el conocimiento práctico para cuidar a sus hermanitos, preparar la cena, o encargarse de la ropa sucia. Enséñeles cómo hacer estas tareas para que estén preparados para asumirlas cuando llegue el tiempo, pero no exija que se encarguen de más de su parte del trabajo de la familia simplemente porque parecen ser tan capaces.

Involúcrese con el niño en actividades fuera del área de su don. Salga a velear o a observar pájaros o a cocinar, y aprendan de estas nuevas actividades juntos. No enfatice el desempeño en estas actividades; en su lugar, enfóquese a la participación, la diversión, la experimentación, y quizás hasta el desorden. Actividades en las cuales el niño no se espera que desempeñe más que los demás son grandes liberadores de la tensión.

En el salón de clase, tenga cuidado al preguntarle al niño dotado cuando todos han tratado y no han logrado contestar una pregunta. Es posible que el estudiante dotado tampoco sepa la respuesta, o aunque la sepa, quizás prefiriera no ser conocido como el "cerebrito de la clase."

Ud. también puede enseñarle al niño estrategias específicas para reducir la tensión, tales como respirar profundamente, la meditación simple, y la relajación progresiva de músculos.

➤ Déle al niño formas de desahogo para sus sentimientos de altruismo.

Aunque los niños no pueden resolver los problemas de guerra y hambre, hay acciones que pueden tomar para aliviar el sufrimiento en sus propias comunidades.

Una madre ha servido como voluntaria para personas con cáncer, llevándoles comida a los pacientes, llevándolos a sus citas con el médico, y haciendo quehaceres en sus casas. Su joven hijo, altamente dotado, la ha acompañado en estos quehaceres y ha conocido a muchas de las personas que ella cuida. En su madre ve un ejemplo en vivo de la generosidad. El ha hecho suyo este valor, así que no es sorprendente que sus amigos lo busquen cuando tienen un problema. Su compasión es admirable para un niño de nueve años de edad.

Otra madre tiene unas personas sin hogar, como clientes, en su trabajo social; ella y su esposo han llevado a su hijo de siete años a refugios de familias, donde ha visto de primera mano lo que significa estar sin las comodidades de un hogar. Él, también, es un niño compasivo, y junto con sus padres, frecuentemente seleccionan algunos de sus juguetes para dárselos a los niños que ha conocido en el refugio.

Estos niños están aprendiendo que la vida puede ser difícil y que los seres humanos necesitan cuidarse uno al otro. Tienen la satisfacción de ser parte de la solución, y eso les da una nueva dimensión a sus vidas.

Comunidades religiosas, organizaciones caritativas, y programas de exploradores son buenos lugares para que los niños empiecen a involucrarse. Por supuesto, es mejor si los padres también se involucran en estas actividades. Los niños aprenden mejor con el ejemplo.

➤ No den demasiado énfasis a conversaciones sobre desempeño escolar.

A los niños dotados no se les debe dar la idea que valen la pena solo si están recibiendo buenas calificaciones, o que las calificación es lo único que importa. En vez de ello, anímelos a tomar responsabilidad por su propio aprendizaje al desarrollar buenas costumbres de estudio a través de apartar una hora y un lugar para la tarea, enseñándoles a usar recursos como diccionarios y enciclopedias, y quizás revisando sus asignaturas.

No se siente con su niño todas las noches para "ayudarle" con su tarea. No corrija constantemente su tarea o lo fuerce hacerla de nuevo una y otra vez hasta que Ud. crea que está perfecta. No complete una tarea que al niño se le olvidó completar. Si los niños van a desarrollar su autodisciplina para completar su tarea adecuadamente, ellos deben enfrentar las repercusiones de las asignaturas perdidas o incompletas.

Las consecuencias naturales (es decir, esas que naturalmente siguen a una acción en particular) son los mejores maestros. Por ejemplo, si se le olvida la tarea a su niño y le llama de la escuela, pidiéndole que la lleve a la escuela en camino a su trabajo, su primera reacción podría ser "rescatarlo" al hacer lo que pide. No obstante, al no llevar la tarea a la escuela, le permite experimentar las consecuencias naturales de su descuido. Ya que un niño haya sufrido por esas consecuencias naturales unas cuantas veces, probablemente llegará a ser más responsable sin la necesidad de intervención de los padres.

➤ Vigile las actividades del niño.

Si su niña llega a tener demasiado trabajo y se vuelve tensa, siéntense juntos y averigüen cuáles actividades ella valora más, permítale aspirar a una o dos de ellas. Como los niños dotados pueden ver tantas posibilidades y frecuentemente tienen capacidad para hacer muchas cosas, les es extremadamente difícil elegir. El limitar sus opciones es frecuentemente insoportable para ellos.

Ud. puede ayudar al hacerles ver que eliminar una actividad de sus vidas ahora no quiere decir que nunca pueden continuarla de nuevo. Explíqueles qué tan remunerador es dominar completamente un interés en vez de dispersarse en muchos.

➤ Ayúdele al niño a superar lo que se le dificulte congeniar.

Los adultos en la vida de un niño dotado deben trabajar juntos para asegurar que reciba la educación que sea más apropiada. Todavía hay muchos mitos acerca de la educación de los niños dotados. Unos de estos mitos incluyen:

> —*Los niños dotados deben ser mantenidos con sus iguales de edad.* ¿Por qué? Un niño al que se ha colocado con compañeros intelectuales en vez de sus iguales de edad por una gran parte del día escolar probablemente tendrá menos problemas relacionados a la socialización que un niño que se ha mantenido con niños con los cuales no puede

relacionarse porque son intelectualmente muy inmaduros.

Durante el transcurso de la carrera escolar del niño él tendrá muchos tipos de iguales: iguales en deportes, iguales en intereses, e iguales en actividades.

Tener iguales intelectuales es igual de importante para el niño, y es injusto y contraproducente privar a un niño de iguales intelectuales justo en el lugar dedicado a su educación.

—*La educación dotada es elitista.* Si esto es verdad, entonces la banda es elitista también, y de la misma manera los equipos deportivos y el club de debate, porque estos grupos están dedicados al avance de esos que han mostrado un talento especial en esas áreas.

¿Por qué es la instrucción especial para el talento intelectual más elitista que la instrucción especial que se da a los atletas talentosos? Para incentivar la excelencia debemos alimentar lo excelente, ya sean jugadores del fútbol americano o estudiantes de física (o a veces los dos al mismo tiempo).

—*Las clases para dotados presionan demasiado a los niños.* ¡No es verdad! Los niños dotados, correctamente identificados, que están intelectualmente empleados y desafiados estarán mucho menos tensos que esos que quieren desempeñar pero están frustrados por la falta de estímulo. Las discrepancias entre la habilidad del niño y las oportunidades que da la escuela pueden ser estresantes.

➤ Enfatice lo que el niño hace bien.

Entienda la manera en la cual el niño ve las cosas y evalúe su trabajo de acuerdo a ello. Si un niño no escribe exactamente el cuento que el maestro esperaba, ilustra precisamente el dibujo que le fue asignado, o entrega tarea idéntica a la de los otros estudiantes, el énfasis no debe estar en lo que no se hizo, sino en lo que sí se hizo. ¿Es el cuento inventivo, el trabajo de arte sobresaliente, y la tarea completa? Deles el mérito. Los maestros y los padres no pueden esperar que estos niños se comporten exactamente como los otros. En su lugar, deben ayudarles a averiguar dónde congenian y en que se distinguen.

Depresión

Tensión profunda y excesiva crítica de sí mismo pueden resultar en que un niño dotado se deprima. La depresión es más que un caso de melancolía. Es una condición que debe ser considerada seria por los maestros y los padres, porque, dejarla sin tratamiento, la depresión puede llegar al suicidio. No todos los niños deprimidos llegarán a ser suicidas, pero algunos niños dotados sí, y los adultos necesitan saber qué vigilar.

¿Cómo se manifiesta la depresión?

Como la tensión, la depresión tiene muchas señales. Preocúpese si ve dos o más de estos signos: una pérdida de interés en actividades que antes disfrutaba el niño, pérdida de amigos, cambios notables en hábitos de comer y de peso (aumentos y pérdidas), cambios en el patrón de dormir (demasiado o muy poco), anda agitado, una baja en sus calificaciones, inquietud o pérdida de energía, incapacidad para concentrarse, reproche de sí mismo, y pensamientos de suicidio. Los jóvenes pueden quejarse de dolores de estómago o de la cabeza; pueden ser irritables, y verse tristes la mayoría del tiempo.

Cualquier de estos síntomas, por si solo, puede ser transitorio o simplemente ser parte del carácter del niño. Unos niños son naturalmente nerviosos e inquietos; los patrones de dormir de los adolescentes pueden cambiar; los niños jóvenes que empiezan períodos de crecimiento pueden aumentar de peso; un niño pesado puede decidir ponerse a dieta. Los adolescentes pueden retirarse a sus cuartos más seguido; los jóvenes también pueden mostrar menos interés en reuniones familiares y salidas a excursiones (salidas a excursiones is not clear). Aunque cada una de estas cosas pueden causar preocupación entre adultos, un síntoma, aislado, en la lista anterior no necesariamente es señal de depresión. La presencia de varios síntomas, sin embargo, es causa para preocupación y posible evaluación por un psicólogo o un médico.

En la mayoría de los casos que involucren depresión, el niño tiene un sentido dominante de tristeza y siente que no hay manera de salir de ella. Muchos de los síntomas de la lista anterior están presentes. El niño puede decir cosas como: "Me siento como que siempre trajera una nube negra sobre mi cabeza. Va a donde yo voy." O, "¿A quién le importa? A nadie." O, "Estoy tan cansado, y siento como que jamás tendré energía de nuevo." O "Quisiera no tener que despertar mañana."

También, sea consciente de que algunos niños dotados son maestros en esconder su depresión. Pueden presentar una alegre fachada y decir siempre lo correcto. Otros pueden enmascarar su depresión con enojo, "estar resentidos," o con irritabilidad que parece decir,"no se acerque." Aunque la mayoría de los niños dan pistas de su estado de ánimo, algunos no las dan. Pueden actuar tan bien que hasta sus mejores amigos, maestros, consejeros, psicólogos, y médicos no sospecharán que el niño está deprimido. Muchos niños dotados tienen una asombrosa habilidad para hacer y decir las cosas que ellos creen que los adultos esperan y quieren de ellos.

Los niños dotados tienen capacidad de sentir profunda e intensamente. A veces sus sentimientos son tan dolorosos que hasta tratan de evadirlos completamente. El problema de evadir los sentimientos, sin embargo, es que el proceso no es selectivo. Aunque las emociones desagradables se han dormido, también se dormirán las emociones de alegría, felicidad, y satisfacción. La depresión echa raíces. Además, el cerrarse a las emociones es agotante. El esfuerzo para "mantener los frenos" puede resultar en fatiga insoportable.

¿Cuáles son las razones para la depresión?

En niños dotados, la depresión frecuentemente surge del perfeccionismo. La perfección puede ser imposible, pero los jóvenes dotados la buscan, sólo que es en detrimento suyo.

Un joven dotado frustrado una vez dijo, "No debería ir a la escuela para aprender. ¡Ya lo debería saber!" Eso es el perfeccionismo al cuadrado. Es interesante notar que después de una difícil adolescencia, este joven hombre llegó a ser bastante exitoso. Todavía espera mucho de sí mismo, pero prospera en un ambiente de trabajo de alta presión donde hace muchas cosas bastante bien, pero no perfectamente.

La depresión también puede estar relacionada a emociones de intensa ira. En realidad, unas de las definiciones clásicas de la depresión es "la ira volteada hacia dentro." Es decir, un niño puede estar enojado con amigos, familiares, o maestros, pero en vez de expresar su enojo hacia otros, lo voltea hacia dentro de sí mismo. El resultado puede ser depresión intensa.

Muchos niños dotados pasan por lo menos por un período de "depresión existencial" (Webb, Meckstroth, & Tolan, 1982). Este tipo resulta de estar siempre sopesando las grandes cuestiones de lo correcto y lo incorrecto, ética y principios morales, el significado de su propia vida, y su mortalidad. Después de luchar con estas preguntas pueden llegar a creer que no hay respuestas correctas, absolutos, y nada a que asirse, todo lo cual los hace sentirse enojados con la vida, y luego deprimidos. La depresión puede crecer hasta que sienten que no hay propósito para la vida; cosas que antes les importaban, ahora son de poca o nula importancia.

Otras razones para la depresión están relacionadas a cosas que causan tensión: demasiada presión en el trabajo, muchas actividades, la inhabilidad de cumplir expectativas de otras personas, sentimientos de aislamiento, y de culpabilidad irracional.

¿Cómo puede Ud. ayudar?

Primeramente, abandone la idea que la gente deprimida es débil o que la depresión es una opción. Dada la opción, casi nadie elegirá sentirse tan triste y desesperado como lo hace sentirse a uno la depresión. No le diga a una persona deprimida que se "Levante por sí mismo." ¿Le dijera Ud. a alguien en un una enyesadura en todo el cuerpo que corriera unas cuantas veces alrededor de la pista? ¿No? Eso equivale a decirle a un niño deprimido que deje de sentirse tan triste.

En segundo lugar, no trate de razonar con un niño pidiéndole que salga de su depresión. La depresión no es razonable, y recordarle a un niño todas las razones por las qué ella ***debe*** sentirse alegre la pueden hacerse sentir culpable, lo cual puede provocar más depresión.

Una técnica útil es la "*reevaluación cognoscitiva*" (Burns, 1999). Esto implica el enseñar al niño que los sentimientos surgen como resultado de pensamientos de los cuales ni está consciente. Por ejemplo, digamos que el niño ha reprobado en un examen. La reacción emocional del niño puede ser de sentirse sin valor, pero el pensamiento detrás de esa emoción puede ser, "Yo nunca debo reprobar." Si Ud. puede ayudar al niño a examinar los pensamientos que resultan en sentidos negativos, puede, a veces, ayudarle a desarrollar actitudes más saludables.

Niño:	"No valgo la pena."
Adulto:	"¿Por qué crees eso?"
Niño:	"Reprobé el examen, y era fácil. Soy estúpido."
Adulto:	"¿Estás diciendo que solamente la gente estúpida reprueba los exámenes? ¿Puedes pensar de otra razón por la cual hayas desempeñado pobremente? ¿Había algo de esta prueba que era difícil, aunque dices que era fácil?"
Niño:	"Bueno, debería haber sido fácil si soy tan inteligente como todos dicen que soy."

El niño ahora ha identificado el punto crítico del problema. Su falla en el examen lo ha hecho sentirse terrible porque está tratando de actuar en conformidad con un criterio no realista. El ha hecho interna una creencia errónea que el ser dotado quiere decir que nunca debe calificar menos de una "A."

Adulto: "¿Crees que toda la gente dotada siempre hace trabajo perfecto? ¿No puede una persona que es dotada cometer un error o reprobar?"

Niño: "Bueno, debemos desempeñar mejor que los otros niños."

Adulto: "¿Siempre?"

Niño: "La mayoría del tiempo."

Adulto: "¿Y desempeñas tú mejor la mayoría del tiempo?"

Niño: "Sí, con la excepción de problemas razonados."

Adulto: "Platícame del examen que reprobaste."

Niño: "Tenía diez problemas regulares y diez problemas razonados. Odio a los problemas razonados."

Adulto: "¿Por qué?"

Niño: "No los entiendo. Entiendo problemas de matemáticas que puedo ver, pero me confundo con los problemas razonados. Es difícil determinar de qué se trata el problema. Prefiero hacer matemáticas de verdad. Los problemas razonados son solo inventos."

Ahora el niño ya está llegando a alguna parte. Se ha movido de ser totalmente "estúpido" a declarar que tiene dificultades con problemas razonados. De este punto en adelante el padre o el maestro pueden sugerir una variedad de alternativas, tal como clases particulares con tutor o aprender unos puntos específicos para encontrar la "matemática verdadera" en problemas razonados.

Por supuesto, esto es un ejemplo en papel. Ayudar a un niño dotado con un problema real no será tan simple como esto, y un niño deprimido frecuentemente tiene más de una preocupación. Pero es un alivio comprender que por ser niños dotados e intelectualmente avanzados usualmente ellos solos pueden ver la conexión entre pensamiento / emoción. Ya que hayan discernido que el problema puede ser causado por la manera como piensan de ellos mismos en vez de por algo intrínsecamente inadecuado con ellos mismos, aprenden métodos saludables para arreglárselas, y la depresión a veces se alivia.

Si una niña de cualquier edad llega a estar deprimida al punto que muy apenas se puede forzar a levantarse de la cama, tiene constante insomnio, llega a ser anoréxica o bulímica, trata de lastimarse ella misma, o habla de suicidarse, los padres deben conseguir ayuda profesional inmediatamente. Llamen a una línea telefónica de crisis. Si es necesario, llévela al departamento de emergencia de un hospital. No se sienta avergonzado. Su niña necesita ayuda, y Ud. es el que puede asegurar que la recibe.

Perfeccionismo

El perfeccionismo es la tendencia a estar infeliz con todo que no sea perfecto o no concuerda con criterio de alto nivel. Como la Dra. Sylvia Rimm (1994) dice en *Keys to Parenting the Gifted Child*, "El perfeccionismo va más allá de la excelencia: no permite el error. El resultado siempre debe ser el correcto." El perfeccionismo es una de las más penetrantes características de los niños dotados, aunque puede ser limitado a solamente ciertas áreas de la vida diaria del niño. Por ejemplo, un niño que es prácticamente obsesivo acerca de la perfección de trabajo de escuela puede tener una recámara que parece un tiradero de basura.

¿Cómo es el perfeccionismo?

El perfeccionismo puede manifestarse en una variedad de maneras, unas predecibles, unas sorprendentes. Los niños que son incapaces de hacer trabajo perfecto frecuentemente se sienten frustrados y enojados. Pueden arremeter contra su familia y amigos sobre pequeñas cosas insignificantes, o pueden estar bastante tristes, aún mientras hacen cosas divertidas. A veces el perfeccionismo está encubierto con logros menores de lo que se espera. Un niño que repetidamente no logra estar a la altura de su auto impuesto criterio puede simplemente dejar de hacer las cosas. Puede rehusar a hacer su tarea o estudiar para exámenes y en general llegar a ser un ejemplo clásico de uno que logra menos de lo que se espera de él.

¿Cuáles son las razones del perfeccionismo?

El perfeccionismo de los niños dotados está relacionado a su desarrollo asíncrono (Silverman, 1993). ¿Recuerda a Lucinda, la niña que quería escribir pero sus destrezas físicas no se habían todavía desarrollado? Ella es un ejemplo típico. Un niño dotado de cinco años puede tener en su mente las ideas de uno de ocho—o diez, o hasta doce años de edad, de cómo debe ser una pintura, un ensayo, o una relación. Pero cuando no puede estar a la altura de su imaginación, el niño se vuelve angustiado.

¿Qué puede hacer para ayudar?

Tener altas expectativas no es malo por sí mismo. Los virtuosos en cualquier profesión son los más probables que tengan tendencias perfeccionistas. Desde Thomas Jefferson hasta Albert Einstein hasta Sally Ride, existen personas con alto estandares en todas las actividades, y hacen las mayores contribuciones en sus campos profesionales.

Los adultos en la vida de un niño dotado necesitan ayudarle a darse cuenta que establecer altos estandares es una cualidad admirable y que el luchar por la excelencia es una buena cosa. Pero también deben ayudar al niño entender que no lograr desempeños excepcionalmente altos no es una razón para la depresión o de la pérdida de auto-estima. Los niños dotados necesitan saber que el valor de la lucha está en el acto mismo, no necesariamente en el resultado.

Además, los adultos deben señalar a estos niños que los fracasos son buenos maestros. Todos los innovadores han aprendido de sus cientos, quizás hasta miles de errores anteriores. Los errores y las descartadas hipótesis son el andamio con el cual esta gente ha construido su éxito. Es a veces necesario averiguar lo que no funciona así como lo que sí funciona. Es provechoso si los padres y los maestros señalan los errores que han cometido los niños dotados y reírse de ellos. "¿Recuerdas cuando omití la levadura de la receta del pastel? ¡Increíble! El pastel quedó como tortilla. Pero nos lo comimos entero de todos modos. No quedó perfecta, pero sí estaba buena."

Todavía más, recuerde al niño que no puede esperar hacer algo perfectamente la primera vez que se atreve. ¿Cuántas veces se ha caído un esquiador olímpico antes de que llegara a ser suficientemente competente para ganar la medalla? ¿Cuántas veces escribió de nuevo Beethoven porciones de la Sinfonía Quinta antes de que llegara a ser una obra maestra? Así es que ¿qué probabilidad tiene un niño dotado de aprender a escribir con letra cursiva en el primer día? ¿Cuántos errores cometerá antes de que domine todas las complejidades del método científico?

Más allá de ayudarle al niño a desarrollar expectativas realistas, los padres y maestros pueden sugerir unas estrategias diarias las cuales pueden aumentar las posibilidades de desempeñar con éxito. Estas incluyen:

➤ Mantener buenos hábitos de salud.

Las posibilidades de que un niño cumpla con sus metas son dramáticamente disminuidas si no duerme lo suficiente, come una dieta saludable, y se abstiene del uso de sustancias que afectan a la mente.

➤ Practicando el control de su tiempo.

Si un niño desea triunfar en un proyecto en particular o en un examen, necesita darse suficiente tiempo para completar el proyecto o para estudiar adecuadamente para la prueba.

Los niños dotados aprenden rápidamente, y a veces ellos no ven la necesidad de tomar pasos a diario para lograr una meta. Si va a haber una prueba en una materia, por ejemplo, pueden esperarse hasta la noche anterior para leer el tema. Este estudio a última hora a veces funciona, ya que estos niños pueden procesar una gran cantidad de información en un corto tiempo, pero eso crea tensión, y si no es efectivo, los resultados pueden ser un fracaso vergonzoso.

Los padres y maestros pueden enseñar a los niños el manejo apropiado para el control de tiempo para su etapa de desarrollo escolar. Un niño de seis años con control limitado de sus músculos puede no ser tan receptivo a mantener un calendario escrito, pero quizás quiera usar un modelo hecho por computadoras el cual requiere clic del ratón en vez de escritura a mano.

➤ Estableciendo metas y prioridades.

En la vida, no todo que la gente intenta tendrá resultados perfectos. Los adultos generalmente ponen mayor énfasis en cuestiones de alta prioridad, y nosotros también podemos enseñar a los niños a usar esa estrategia.

Al hablar con el niño podemos ayudarle a discernir lo que es importante para él y ayudarle a establecer prioridades y horarios para lograr su meta. Cuando los niños se dan cuenta que necesitan conservar energía para temas de importancia para ellos, estarán menos dispuestos a consumir sus esfuerzos tratando de lograr excelencia sobre una amplia gama de actividades.

Muchos niños dotados participan en demasiadas actividades extra curriculares, y esta forma de determinar prioridades puede ayudarles a descubrir cuáles actividades verdaderamente importan y cuáles deben dejar.

Amistades

Por razones de su desarrollo asíncrono, puede ser difícil para niños dotados encontrar amigos de todos los días. Esto puede ser una fuente de frustración para ellos, y pueden sentirse solos. Sus mentores pueden ser mucho mayores que ellos en edad y ocupados con sus propias vidas, sus iguales de edad pueden ser muy inmaduros, y sus iguales intelectuales pueden considerar al niño dotado, que siendo más joven, un amigo inapropiado o inadecuado.

¿Cómo son los problemas de amistad?

Encontrar amigos es una cuestión importante para niños dotados. A veces el problema principal de las amistades es que no parece que haya amigos por ningún lado. A la inversa, si el niño "hace la ronda," tratando de encontrar un grupo con cual embone, puede haber hasta demasiados compañeros de la misma edad, pero pocos amigos.

¿Cuáles son las razones de los problemas de amistad?

Hay varias:

- Cuando se juntan con un amigo compatible, el niño dotado puede cansar al nuevo conocido al exigir intimidad excesiva.
- El niño dotado que es perfeccionista puede exigir el mismo estandar alto en sus amigos; la mayoría de la gente no da la medida.
- Algunos niños no tendrán la confianza en sí mismos para ser amigo de un niño que es mucho más inteligente que ellos. Pueden ver al niño dotado como vanidoso o egoísta. Los niños que se sienten amenazados por las dones de otro pueden ser muy crueles—burlarse, tomarle el pelo, o intimidar al niño dotado.
- Los niños dotados más jóvenes pueden ser mandones, diciéndoles a otros niños cómo hacer su trabajo e insistir en imponer las reglas en cada juego. Naturalmente, los otros niños evitan al "niño mandón."

¿Qué puede hacer para ayudar?

Los niños dotados tienen gran necesidad de saber que no son "nerdos" o "personas estrafalarias." La mejor manera para que averigüen eso es conocer y familiarizarse con otros niños dotados.

Involúcrese en un grupo de ayuda para padres de niños dotados (Webb & DeVries, 1998) y ayude a su niño a conocer a otros niños dotados. Investigue institutos de verano u otros tipos de programas intensivos los cuales agrupan a niños dotados donde se pueda conocer a muchos otros como ellos. En estas experiencias, el aislamiento desaparece mientras los niños trabajan juntos en proyectos que les interesan y los desafían.

Las amistades que se hacen durante experiencias en campamentos de verano no tienen por que terminar cuando el programa se termina. Los amigos de verano pueden mandar correo electrónico varias veces por semana, ya sea continuando trabajos en un interés común o simplemente para mantener la comunicación. La esfera de amistad para un niño dotado puede ser virtualmente ilimitada porque esos niños pueden ser encontrados en cualquier ciudad del mundo, y la comunicación a través del Internet o correo electrónico permiten hasta relaciones internacionales. Por supuesto, se sobreentiende que los padres y los maestros deben abogar para lograr maneras de agrupar a niños dotados tan seguido como sea posible durante el día o la semana escolar. Hasta la más agradable amistad electrónica no puede sustituir a amigos verdaderos de la escuela. Los programas especiales le dan a los niños dotados un lugar para estar juntos y sentirse aceptados y valorados.

Otra manera para ayudarle a su niño con amistades es fomentando la identificación y compasión naturales del niño dotado. Cuando los niños dotados aprenden que deben ser respetuosos con todo mundo, no solo con personas de habilidad superior, les ayuda a transformar lo mandón en liderazgo y a suavizar, la necesidad de perfección que tienen, en las relaciones.

Los ejemplos mejores de la compasión y la amistad son siempre los padres del niño. Ud. puede enseñar a su niño dotado cómo ser un amigo, permaneciendo fiel a sus propios amigos cuando sea necesario, alegrándose por ellos cuando tienen éxito, y prestando un oído compasivo. Y más importante, la mejor manera para asegurar que un niño dotado tenga un amigo es ser ese amigo.

Auto-estima

Muchos adultos se desconciertan cuando niños que son tan inteligentes tienen problemas con auto-estima. No obstante, muchos de estos niños sí los tienen. Muchos niños dotados son tan intensivamente evaluadores de ellos mismos como lo son de otros y están llenos de desconfianza en sí mismos.

¿Cómo es la auto-estima baja?

La baja auto-estima no existe por sí misma. Es un síntoma de muchos otros problemas discutidos anteriormente. Por ejemplo, un niño que está constantemente siendo criticado por otros es probable tenga baja auto-estima. Un niño batallando con el perfeccionismo puede experimentar una baja en su auto-estima frente a lo que él considera ser repetidos fracasos. Un niño tenso puede, también, sufrir de auto-estima baja. Un niño que no puede encontrar amistades seguramente desarrollará una pérdida de valor propio.

¿Qué puede hacer para ayudar?

En un esfuerzo para aumentar la auto-estima del niño, padres y maestros, a veces no se dan cuenta o no enfrentan los problemas básicos, tales como el perfeccionismo y la tensión. Se concentran, en lugar, en el síntoma; pueden intentar tratar con la pobre representación de sí mismo del niño al depender en un programa de estudio superficial para la auto-estima o intentan una variedad de métodos de crianza que se supone tienen efectos positivos en la auto-estima de los niños. Sin embargo, si los problemas fundamentales del niño no son atacados, su auto-estima, posiblemente se mantendrá baja.

Algunos ejercicios para auto-estima en el aula pueden realmente tener resultados desastrosos si no hay planes de respaldo que aseguran la inclusión de cada niño. Por ejemplo, un maestro en un distrito suburbano explica cómo hizo a los niños formar un puente, y mientras cada niño pasaba por debajo los otros debían decir cosas buenas de él o ella. Para la mayoría de los niños esta era una experiencia positiva, pero cuando el único niño dotado de la clase pasó por debajo del puente hubo silencio completo. Los niños no estaban siendo intencionalmente crueles; ellos simplemente no podían relacionarse con esta niña. No sabían qué decir, así es que no dijeron nada. Ud. puede imaginar el resultado.

En otro salón, estudiantes de la secundaria construyeron buzones en los cuales cada estudiante iba a poner cartas a sus compañeros de salón, otra vez diciendo cosas positivas o haciendo una pregunta. Sin embargo, el ejercicio no fue preparado correctamente, y el tal llamado grupo popular recibió toneladas de correo, mientras solo un estudiante no recibió mensajes. "Me sentía completamente invisible," decía él. "No podía averiguar lo que significaba. ¿Era que mis compañeros de clase no me querían o eran indiferentes hacia mí, lo cual de alguna manera era peor que recibir correo rencoroso."

Los maestros que utilizan ejercicios para la auto-estima en el salón necesitan incluir unas medidas de seguridad que garanticen que ningún niño sufrirá o será omitido. Deben vigilar tales actividades con mucho cuidado. Un maestro del jardín de niños manejó el programa de estudio de auto-estima bastante creativamente. Cada niño en su salón le fué dado una semana como la "estrella" del tablero de anuncios. Ponían un cartel grande del niño, ejemplos de su trabajo, y citas positivas de otros estudiantes en la clase. Cuando uno de los estudiantes murió de leucemia seis años después, la familia exhibió, en la funeraria, el cartel que hicieron en esa clase. Obviamente había sido un importante evento en la trágica y corta vida del estudiante.

La autoestima auténtica resulta del ser aceptado como uno es. Viene del ser valorado, cuidado, y entendido. La autoestima también viene de dominar retos y de usar los talentos particulares al máximo. Los padres son la primera fuente de amor incondicional, aceptación y disciplina apropiada—todo lo cual alimenta a la auto-estima del niño.

Pero los maestros también están posibilitados para ofrecer retos que dominar, oportunidades de éxito, y refuerzo positivo que permitan al niño dotado crecer intelectualmente y socialmente para lograr su potencial máximo.

Libros: Un aliado poderoso

Una manera en la cual, padres y maestros pueden ayudar a niños dotados a hacer frente a la tensión, a la depresión, al perfeccionismo, a problemas de amistad, y baja auto-estima es por medio de ***biblioterapia***—el uso de la literatura para ayudar a los niños a entender y a resolver problemas (Halsted, 1994). La biblioterapia es una manera en la cual niños dotados pueden aprender a reconocer sus emociones y administrarlas. Hay una variedad de libros para niños y cuentos que revelan los problemas que los niños dotados a veces enfrentan, tales como la soledad, el ser "diferente," y problemas familiares. Unos son literatura no novelesca enfocados específicamente a niños dotados, y otros son novelas o cuentos cortos los cuales discuten los problemas a través de narraciones y diálogos.

La biblioterapia permite a los niños sentirse seguros mientras exploran las emociones que les molestan. Cuando se identifican con los personajes en un cuento pueden examinar y reconocer sus propias preocupaciones y confusiones. Empiezan a interpretar y a aplicar las lecciones de la literatura a sus propias vidas, "probando" varias ideas y soluciones, primeramente a una distancia y luego, quizás, en sus verdaderas vidas. Esta técnica puede ser usada efectivamente con diferentes edades y permite una manera en que que los niños y adolescentes se sientan menos solos al saber que otros han sobrevivido experiencias similares.

La biblioterapia es una actividad de dos personas. No es suficiente darle al niño un libro y esperar que él mismo se vea en él. El niño necesita discutir el libro con un adulto que los acepte y que sabe cómo hacer preguntas que requieran muchas maneras de responderlas, escuchar cuidadosamente a las respuestas, y mantener la conversación. Esa persona puede ser un maestro, un bibliotecario, un consejero, o un padre.

Capítulo 12

Trabajando juntos para el bien del niño

Coopere cada vez que pueda

Los padres y los maestros son una red de seguridad en el mundo de un niño dotado—un mundo que quizá no pueda entender la unicidad del niño. En una situación ideal, padres y maestros son aliados en la educación del estudiante. Hace a los niños dotados sentirse más seguros el saber que estas personas importantes están trabajando unidos en sus deseos de hacer lo mejor para ellos. Pero estén de acuerdo o tengan diferencias de opinión, padres y maestros deben tratar de presentar un frente unido al niño.

Cuando es necesario separar los caminos: Su niño es lo más importante

Desdichadamente, muchas situaciones, las cuales involucran la educación de niños dotados, no son las ideales, y en estos casos, el bienestar de su niño debe estar en primer lugar que la lealtad a un maestro en particular, escuela, o distrito escolar. Entre más sepan los maestros y los administradores de los niños dotados y estén mejor entrenados para trabajar con ellos, será más factible que apoyen las intervenciones que requiera un niño dotado

(Clark, 1998). Es verdad, sin embargo, que la mayoría de maestros, psicólogos, consejeros, y otro personal escolar ha tenido poca exposición a, o el entrenamiento de, las necesidades de estudiantes dotados. Este grupo de personas no son particularmente hostiles con estudiantes dotados; es que no saben qué hacer con ellos. En las escuelas y aulas que tengan educadores sin entrenamiento, los niños dotados pueden sufrir de la falta de atención y la falta de estímulo.

Hay pocos maestros que mejor deberían estar en otra ocupación—son esos que usan la humillación y el castigo para pretender mantener a los estudiantes en orden, esos cuyo estilo de dirección del salón solo usan reglamentación estricta y aprendizaje por repetición en vez de discusión y exploración, y esos quienes son indiferentes y fríos. Esos maestros pueden causar serio daño a la vida académica, social, y emocional de un niño dotado. Si su niño dotado le dice que no se siente desafiado y que está aburrido en la escuela, o peor, si empieza a contar historias de abuso verbal, sarcasmo, o trato injusto, Ud. necesita investigar la situación. Pero no llegue a conclusiones precipitadas donde considere que su niño está siempre en lo cierto y su maestro siempre está equivocado.

Hasta el niño más dotado puede hacer un error de juicio y la mayoría de niños, dotados o no, frecuentemente se quejan acerca de sus escuelas, maestros, y directores. A los estudiantes no les gustará un maestro por una variedad de razones; porque es muy "estricto" (que quiere decir que maneja su salón de clase bien); o ella es "misteriosa" (que quiere decir que su peinado no está al día). Si su niño se queja de cosas vagas y no puede darle descripciones sustantivas de incidentes específicos, puede que sea mejor dejarlo resolver la dificultad con el maestro—con ayuda y guía de Ud,. debe usted solicitar una plática con el maestro para hacer su propia evaluación de las preocupaciones de su niño. Si el maestro le parece competente y sus explicaciones son razonables y satisfactorias, probablemente no haya razón para hacer un cambio de salón para su niño.

Esto puede ser la ocasión para que Ud. le enseñe cómo actuar recíprocamente con éxito con gente que quizá él no quiera muy bien. Es una lección de la vida que todos los niños necesitan, porque en el mundo real serán requeridos a trabajar con todos tipos de gente, a quienes ellos no escogerían como amigos.

Sin embargo, si su plática con el maestro lo convence de que no tiene la pericia para hacer modificaciones al programa de estudio, no cree en programar para niños dotados, o muestra pruebas de ser rencoroso y castigador, Ud. debe intentar quitar a su niño de este ambiente que posiblemente le dañe, aquí es donde se separan los caminos. Consultelo con otros padres; el maestro puede también estar actuando inadecuadamente con los compañeros de su hijo.

El juicio de niños mayores acerca de los maestros generalmente está más desarrollado. Otra vez, unos cuantos incidentes aislados probablemente no sean razón suficiente para meterse en una disputa con el maestro, aunque ciertamente debe platicarlo para resolver desacuerdos. Una letanía diaria de quejas con razones, sin embargo, es causa para actuar. Su niña tiene el derecho de esperar su apoyo; Ud. debe hacer todo lo posible para quitarla de una situación que puede ser dañina.

A veces las decisiones que Ud. hace de parte de su niño serán difíciles. Tendrá que mudarse de su presente distrito escolar para encontrar un sistema escolar que sea más acogedor con estudiantes dotados. Si elige quedarse donde está, posiblemente será forzado a abogar continuamente por su niño. Tendrá que arriesgarse a ser llamado un "entremetido" o "una lata." Y puede ir a parar en la corte. Otros padres lo han hecho; su valor y perseverancia han hecho posible que sus niños—y otros como ellos—reciban la clase de educación a la cual tienen derecho. No importa cuál decisión tenga que tomar, manténgase positivo y cortés. No se involucre en insultos y ataques personales. Mantenga su vista hacia la meta. Le está enseñando a su niño una importante lección—que puede depender en Ud. para ser su mejor y más fuerte partidario.

Comunicación entre padre / maestro: Maneras de hacerlo más eficaz

Hay dos tipos de comunicación entre maestros y padres—formal e informal. La comunicación formal consiste en reuniones y correspondencia entre el hogar y la escuela. La comunicación informal, que frecuentemente es más valiosa, ocurre cuando los padres participan en actividades de la escuela y actúan recíprocamente con maestros como amigos y colegas.

La comunicación formal puede a veces ser un poco amenazante para uno u otro participante. Si una maestra convoca por escrito a una reunión especial, los padres pueden sentirse intimidados; por otra parte, si los padres piden por escrito una reunión, el maestro se pondrá a la defensiva. Estos sentimientos surgen porque cuando un maestro o un padre desea una reunión, es, usualmente, para tratar un problema, no simplemente para que los padres digan cuánto le gusta a Roberto la escuela o para que el maestro hable con efusión excesiva sobre los logros del niño (aunque sería encantador si hubiera más de estas reuniones).

Si un padre o un maestro piden una reunión, damos unas sugerencias para hacerla más efectiva.

➤ Escuche primero.

Una mala comunicación puede resultar si llega a una reunión con ideas preconcebidas de lo que cree le van a decir. Puede, por ejemplo, pensar que el maestro lo va a confrontar con la locuacidad de Roberto y llega listo a defenderlo. Cuan sorprendido estará cuando el profesor le manifieste su preocupación por lo retraído de Roberto y quiere le ayuden con alguna sugerencia para que participe en las clases del salón.

➤ Mantenga contacto visual.

El contacto visual permite poner mejor atención. Recuerde que la gente es más accesible cuando cree que el que les escucha está interesado en lo que quieren decir. El contacto visual permite establecer un clima de interés y aceptación con mucha mayor facilidad.

➤ Espere antes de responder.

A veces la gente cree que están escuchando cuando lo que verdaderamente están haciendo es preparando su respuesta. Si quiere estar seguro que ha oído lo que la otra persona está diciendo, espere cinco segundos antes de responder. La pausa le puede ayudar a estar seguro que las palabras que creyó oír son las que realmente oyó.

➤ Parafrasee.

Suponga que un maestro dice, "Ariana grita en voz alta las respuestas a preguntas antes de que los otros niños tengan una oportunidad de formular una respuesta." En realidad es una declaración neutral, pero usted podrá interpretarla como que el maestro está en la creencia de que Ariana es demasiado bulliciosa en la clase. Verifique con el maestro la impresión que usted tenga antes de responder.

Ud. le puede decir, "Si escuché correctamente, está preocupado porque Ariana es muy escandalosa." El maestro puede entonces responder, "O, no, el problema no es el volumen. Es que ella es tan rápida para contestar que los otros niños no pueden ir al mismo paso. Es difícil empezar un debate con la clase porque ella ya sabe las respuestas, y es difícil para ella esperar su turno para hablar. ¿Tiene algunas ideas acerca de cómo podemos lograr su cooperación para dar a los otros una oportunidad?" El hacer una interpretación aclaratoria de la conversación asegura que los dos lados están hablando del mismo problema.

➤ Haga hincapié en el "nosotros" no en el "usted."

Si los adultos hablan acerca de lo que "nosotros" o "todos nosotros" podemos hacer para lograr una experiencia más positiva para el niño, se ayuda a eliminar acusaciones y culpa.

- Muestre cortesía.

  A veces es difícil ser cortés cuando está oyendo cosas que parecen reflejar negativamente de su estilo de crianza o habilidad de enseñanza. Mantenga su enfoque en el problema, no en sus sentimientos. La técnica de cinco segundos anteriormente descrita es particularmente útil cuando se siente atacado. Esperar esos cinco segundos antes de responder puede impedirle el decir algo que después lamentará.

- Asegúrese que se den las gracias mutuamente por haberse tomado el tiempo para reunirse.

  Los maestros tienen esposos/as y niños también, y las reuniones toman muchas horas de tiempo personal o familiar. La mayoría de los padres también tienen trabajos, y si se dan el tiempo para una reunión puede implicar una pérdida de tiempo para vacaciones. Sea respetuoso de este tiempo.

- Controle sus emociones.

  Puede haber razones legítimas para el enojo, la tristeza, u otras emociones, pero solo que el caso sea excepcional, no tenga la reunión cuando alguno de ustedes está muy enojado o alterado. Esperen a hablarse uno al otro y que se hayan calmado y hayan controlado sus pensamientos.

- Manténgase receptivo.

  Lo que funciona en casa quizá no funciona en la escuela; estrategias escolares exitosas pueden fracasar en casa. Entre a la reunión con la idea de que hay cosas que se pueden aprender uno del otro, en vez de presionar una agenda específica para el niño.

- Redacte una carta de agradecimiento a un maestro que resuma los puntos claves de su discusión y las decisiones o acuerdos que se efectuaron.

Ud. necesitará documentación después si un maestro se retracta de una estrategia acordada, o necesitará prueba de que su niño fue acelerado o recibió otro tipo de opción de programa de estudio.

➤ Entienda que probablemente necesitará más reuniones.

Raramente, acaso nunca, puede una conferencia resolver problemas emocionales, sociales o académicos complejos, encontrar el programa de estudio correcto será un asunto que deba seguir buscando.

En reuniones de padre / maestro, como en la mayoría de otras áreas de la vida, un poco de tacto y sensibilidad, generalmente, pueden atemperar las que pueden ser posibles situaciones difíciles. Recuerde, también, que padres y maestros ven las cosas de diferentes perspectivas.

Los maestros en la primaria pueden tener hasta treinta niños en una clase el día entero, todos los días. En la secundaria, porque las clases cambian varias veces durante el día, los maestros pueden ver cientos de estudiantes durante el curso de un año, y cada año tratan con jóvenes nuevos. Aunque los maestros se preocupen por todos sus estudiantes, es improbable que sientan el mismo cariño por un estudiante como su padre o guardián.

Sin embargo, los maestros pasan muchas horas diariamente con niños y jóvenes; su perspicacia e instintos son usualmente agudos y dignos de consideración. Para trabajar bien juntos, tanto padres como maestros necesitan saber lo que es importante para el otro. Aquí hay dos listas y sugerencias recogidas de los padres y maestros.

Diez cosas que los padres desean que los maestros supieran

1. *Agradezco cuando se reconoce que mi niño no necesita más de lo mismo.* Ud. crea oportunidades para que mi niño camine a su paso en áreas en las cuales sobresale.

2. *Me gusta cuando reconoce que el ser dotado es sólo parte de lo que (y quién) es mi niño.* No lo escoge constantemente, ya sea en una manera positiva o negativa. Le permite ser niño primero.

3. *Me gusta cuando entiende que mi niño no superará en todas las áreas y no lo presiona para que esté a la altura de unas expectativas no realistas.* Los niños dotados son únicos y muy diferentes uno del otro. Me complace cuando reconoce que es más que una etiqueta y que presionarla a ser superior en cada aspecto de la vida escolar es perjudicial para su desarrollo social y emocional.

4. *Me alegra cuando confía en mi niño.* A mi niño dotado le gusta ser responsable en una parte de su propio aprendizaje. Cuando confía en mi niño al efectuar trabajo independiente está Ud. ayudándole a desarrollar su auto disciplina y su confianza.

5. *Es muy satisfactorio cuando Ud. se comunica conmigo.* Yo quiero saber cuáles estrategias está usando en el salón y cómo están funcionando. De esta manera puedo aumentar, y ayudar con, los esfuerzos en su educación y desarrollo.

6. *Me siento importante cuando me trata como un socio.* No todos los maestros están entrenados en las necesidades intelectuales, sociales, y emocionales de los niños dotados. Como padre de uno, me mantengo al día con las investigaciones, y aprecio el que sea receptivo para entender que he acumulado muchos conocimientos acerca de este problema.

7. *Aprecio el que no hable de mi niño con otros padres.* Lo que pase entre Ud. y yo debe quedarse entre nosotros. Mi niño y yo tenemos un derecho a confidencialidad, y espero que nos la den.

8. *No estoy contento cuando hace suposiciones de mi estilo de crianza.* Si mi niño se está comportando impropiamente en la escuela, no suponga automáticamente que se comporta de esa manera en casa. No todo episodio de mal comportamiento es resultado de mala crianza. Comparta información

del comportamiento de mi niño conmigo para que juntos podamos resolver el problema.

9. Me frustra cuando automáticamente se resiste acelerar el programa de estudio para mi niño basado en su tamaño físico, edad, u otras consideraciones que no tienen nada que ver con su habilidad escolástica. Estudios de largo plazo de adultos dotados que fueron acelerados cuando niños, muestran que, a pesar de las diferencias de edad de sus compañeros, los estudiantes dotados eran populares y mantenían posiciones de líderes tan seguido como los niños que no fueron acelerados.

10. Encuentro difícil sentirme cómodo con maestros que dicen que todos los niños son dotados. Eso tiene tanto sentido como decir que todos los niños son retardados. Estoy de acuerdo que todos los niños son especiales; cada uno es un individuo para ser valorado y amado. También estoy de acuerdo que todos los niños tienen varios tipos de talentos y habilidades, y es importante fomentar estos talentos. No obstante, no todo niño tiene las destrezas cognoscitivas y la capacidad que mi niña muestra. Ella debe ser alimentada con instrucción acelerada individualizada y con opciones flexibles educativas si se espera que llegue a crecer y superarse.

Diez cosas que los maestros desean que supieran los padres

1. *Aprecio el que no trate de programar una reunión durante las primeras dos semanas del año escolar.* Durante los primeros diez días de la escuela estoy ocupado aprendiendo los nombres de los estudiantes, ordenando todo, programando estudiantes en las clases regulares hasta el almuerzo y obligaciones del kinder, conociendo a nuevos maestros o administradores, y manejando una multitud de otras tareas esenciales. No es el mejor tiempo para una conversación detallada.

2. *Me gusta cuando me respeta enfrente de su niño.* Si Ud. alguna vez tiene preocupaciones de mí o mis técnicas de enseñanza, hágamelo saber, pero en privado, en vez de decirle a su niño que su maestra "no sabe lo que está haciendo." Ese tipo de comentarios le dan a su niño permiso tácito para desobedecerme, pasar por alto las reglas de la clase, y comportarse indebidamente en mi salón de clase.

3. *Me complace el que consiga su información de primera mano, no de otros padres.* Si tiene una pregunta acerca de lo que está ocurriendo en el salón, por favor pregúnteme o venga y observe por un rato. Los cuentos que los niños relatan de incidentes en el salón pueden llegar a ser exageradamente aumentados e incorrectos; si entonces se repiten de un padre a otro, sin verificarlos, un maestro puede ser difamado fácilmente, por algo que simplemente no ocurrió.

4. *Me siento más seguro con nuestra habilidad para trabajar juntos cuando se mantienen nuestras conversaciones en privado.* Si comparte nuestras conversaciones con su niño, él puede interpretar mal lo que dije o citarme fuera de contexto. Ambas cosas pueden ser dañinas para él.

5. *Agradezco el que entiende que tengo muchos niños en mi salón.* Como maestro de su niño, yo hago mi mejor esfuerzo a diario para asegurarme que recibe la atención, el enriquecimiento, y el refuerzo que necesita. Agradezco que entienda de que yo también tengo que asegurarme que otros niños con necesidades especiales sean atendidos, y de que no fracasen estudiantes que no son tan hábiles como el suyo por falta de mi atención.

6. *Me alegra el verlo participar en la vida escolar.* Cuando lo conozco mejor a través de encuentros informales, entiendo mejor a su niño. El verlo solo dos veces por año en una reunión obligatoria no fomenta una relación íntima entre nosotros.

7. *Me complace cuando respeta mi propiedad.* Si se ofrece voluntariamente en ayudar donde mantengo mi registro de

calificaciones y archivos, aprecio que considere que estos documentos son propiedad privada.

8. *Es maravilloso cuando le da educación escolar en casa a su niño.* El aprendizaje se lleva a cabo en la escuela, fuera de la escuela, en los fines de semana, y durante las vacaciones del verano. La educación es trabajo de todos, y cualquier cosa que pueda hacer para ampliar la experiencia de su niño trae una nueva dimensión a las lecciones que planeo cada día.

9. *Me encanta cuando me trata como un socio.* Me alegra escuchar sus opiniones de lo que juntos podemos hacer para darle a su niño la mejor educación posible. Si tiene artículos o libros pertinentes a esa educación para compartir conmigo, por favor hágalo.

10. *Me frustra y me molesta cuando trata de decirme cómo debo hacer mi trabajo.* Hay ciertos aspectos de la enseñanza que no puede entender a menos que haya sido maestro—en mi escuela, con mis estudiantes, y en las mismas circunstancias. Hay bastantes mandatos en la educación hoy en día, entre ellas la expectativa de que todos los niños aprueben el examen estatal de competencia. Hay ciertas políticas que debo seguir, y no podré alterarlas tan seguido como cree que puedo. Por favor confíe en mí.

Trabajo de equipo quiere decir escuchar, ver el punto de vista del otro, ser respetuoso y sensible uno con el otro, y expresar apreciación. Estas acciones fomentarán el tipo de cooperación necesario para ayudar a los niños dotados a lograr el éxito que ellos merecen.

Capítulo 13

Preguntas y Respuestas

Pregunta: *La maestra de mi hijo dice que él es inquieto en la clase y que sueña despierto. Ha insinuado que quizá tenga TDAH (Trastornos por déficit de atención/ hiperactividad). Admito que a veces creo que tenga razón. ¿Cómo puedo saber si su comportamiento está relacionado a TDAH o es simplemente parte de su don (lo cual se ha confirmado a través de una serie de exámenes)?*

Respuesta: Por supuesto que es posible que su hijo pueda ser dotado y tener TDAH, tanto como el que un niño puede ser dotado y tenga un impedimento de comportamiento o ser dotado y tener un impedimento de aprendizaje. Por el otro lado, su atención puede desviarse porque está aburrido, o puede estar exhibiendo parte de la inquietud psicomotora que puede acompañar a ese don. Aquí hay unas preguntas que se puede hacer para ayudarle a resolver el problema (Webb & Latimer, 1993):

- ¿Puede su niño sentarse quieto y concentrarse en una tarea o actividad por largo tiempo, que no sea la televisión o juegos de computadora?
- ¿Tiene su niño, metas y un plan de acción para lograrlo?
- ¿Trabaja consistentemente en situaciones donde él está estimulado intelectualmente?

- ¿Se pone normas altas en sus áreas de interés? ¿Y trabaja diligentemente para satisfacerlas?
- ¿Hay desacuerdo, acerca del comportamiento del niño, entre los adultos significativos en la vida del niño? Es decir, ¿se comporta de forma diferente el niño en diferentes circunstancias? ¿En la escuela? ¿En la iglesia? ¿En actividades después de la escuela?

Si contestó "sí" a la mayoría de estas preguntas, es posible que su niño dotado esté actuando simplemente de la manera que muchos niños dotados actúan. Es decir, su de problema mantenerse enfocado o completar una asignatura probablemente se debe a su falta de interés o falta de suficiente desafío en áreas específicas del programa de estudio, no TDAH. Pero si Ud. todavía tiene dudas y está preocupado, sería benéfico para él completar otros tipos de exámenes psicológicos para el TDAH y para ansiedad emocional, y volver a hacerse exámenes físicos solo para asegurarse que no hay razones ocultas para su comportamiento en el salón u otro lugar.

Si después de una observación cuidadosa y reexaminarse se determina que su niño sufre de TDAH, hay muchas estrategias que pueden ser probadas para ayudarle a enfocarse por períodos más largos de tiempo. El psicólogo de la escuela de su niño, el pediatra, y el maestro de su salón le pueden ayudar.

Pero, si se desechan los factores que no sean achacables a su don, es hora de consultar con el maestro acerca del comportamiento en el salón, y llevar los resultados de los exámenes. Trate de ser parte de la experiencia de aprendizaje para el maestro del niño. Haga preguntas sobre lo que hace su niño durante el día escolar. Comparta conocimiento y proponga estrategias con cortesía. Pida la opinión del maestro, y asegúrese de darle al maestro la oportunidad para responder.

Establecer estrategias de conducta puede ayudar a los niños a concentrarse en tareas, hacer caso omiso de distracciones, y ser menos impulsivos. A veces un simple contrato de comportamiento semejante al contrato de aprendizaje que se usa en la escuela puede serle útil. El siguiente es un ejemplo.

Muestra de contrato de comportamiento

Yo, Berto Martinez, consiento en completar mi tarea de matemáticas cada noche para las 8:00 p.m. Yo verificaré que cada problema sea contestado completamente, y haré lo mejor para resolver los problema correctamente.

Nosotros, Pedro y / o Alicia Martinez, aceptamos estar dispuestos entre las 7:30 p.m. y las 8:00 p.m. para verificar que la tarea de matemáticas se haya llevado a cabo. No la verificaremos para exactitud, porque esa es la responsabilidad de Berto. Sin embargo, sí explicaremos los conceptos con lo mejor de nuestra habilidad.

Si Berto completa su tarea de matemáticas para las 8:00 p.m., tendrá derecho a jugar juegos de computadora por media hora, entre las 8:00 y 8:30 p.m. Si su tarea no se ha completado, no intervendremos. Él recibirá las consecuencias impuestas por su maestro.

Firmado:	Berto Martinez	Fecha:	_______________
	Pedro Martinez		_______________
	Alicia Martinez		_______________

Pregunta: *El maestro de mi niño está tan ocupado que nunca parece tener tiempo para hablar conmigo. He pasado por allí durante la hora del almuerzo, el recreo, y después de la escuela, y él siempre parece estar bastante apurado.*

Respuesta: Tendrá mejor suerte si programa una reunión. El maestro de su niño no puede estar preparado para contestar sus preguntas o hablar con Ud. en detalle si no sabe que viene. "Pasar por allí está bien si solo quiere recoger una asignatura para su niño enfermo o devolver un libro, pero no espere que el maestro pueda dejar todo su trabajo o dejar su almuerzo cuando pase por allí. Después de la escuela, el maestro puede llevar prisa porque tiene una cita o porque necesita recoger a sus niños. Por favor sea tan considerado del horario del maestro como desee que él sea del suyo.

Pregunta: *Mi hija ha sido identificada como dotada, pero su maestra dice que todos los niños en su salón tienen varios talentos, y ella necesita atender a cada uno de ellos. Estoy tan preocupada, y el comportamiento de mi hija está empezando a empeorar.*

Respuesta: La maestra de su niña está claramente dedicada a lograr lo mejor de cada niño, pero es posible que ella se esté refiriendo a la teoría de múltiples inteligencias en vez de el don.

La teoría de múltiples inteligencias formulada por Howard Gardner en 1983 ayuda a explicar porque los niños frecuentemente aprenden de distintas maneras. Gardner cree que hay ocho inteligencias: lingüística, lógica-matemática, visual-espacial, corporal-cinética, musical, intra-personal, inter-personal y naturalista. Cada niño tiene de todas estas ocho inteligencias, pero unas áreas están más desarrolladas que otras. Por ejemplo, unos niños entienden conceptos matemáticos más fácilmente a través de discusión. Otros necesitan sentir y manipular objetos, modelos de matemáticas, formas, y números. Unos niños aprenden mejor en un grupo; otros están más cómodos con bolígrafo o lápiz y lo hacen solos. En la mayoría de salones de clase hoy en día, los maestros usan una variedad de métodos instructivos para los diferentes estilos de aprendizaje de los estudiantes.

Cualquiera que sea su estilo de aprendizaje, sin embargo, los niños dotados aprenden mucho antes que otros estudiantes. Requieren más profundidad y extensión en su experiencia educativa. Aunque un maestro está concordando perfectamente las actividades al estilo de aprendizaje preferido del niño dotado, el estudiante no está recibiendo la clase de desafíos de aprendizaje que requiere si el programa de estudio no se está expandiendo y acelerando.

Aquí está una analogía que puede probar con el maestro de su niño para ayudarle a entender. Suponga que un niño tiene ocho años de edad y puede tocar "Tortillitas para mamá" en el violín. Suponga que otro niño tiene siete años y puede tocar un concierto para violín suficiente bien para ser invitado a tocar con una orquesta local. ¿Debe ser detenido el de siete años, forzado a tocar "Tortillitas para mamá" una y otra vez porque eso es lo que todos los otros niños pueden tocar?

En el ejemplo, ambos tienen talento musical, pero hasta allí termina la semejanza. Uno es dotado—quizás altamente dotado— y el otro no. El que es dotado requiere adaptaciones especiales para su habilidad superior y desempeño.

En su excelente artículo, "Aren't All Children Athletic?" James R. Delisle (1991) arguye persuasivamente a favor de la educación diferenciada. "¿Oímos alguna vez la misma protesta y lloriqueo," dice él, "cuando...un entrenador selecciona un grupo pequeño de niños para una posición en el equipo principal? Por supuesto que no, porque reconocemos la validez de colocar niños juntos con otros...con similares y refinadas destrezas atléticas."

Todos los niños en la clase de su hija tienen varios tipos de talentos, y el maestro debe encontrar maneras para enriquecer la experiencia de *cada* niño, incluyendo la de su hija dotada.

Pregunta: *Creo que mi hija se beneficiaría de aceleración de todo un año. Ella calificó bastante arriba del promedio en todas las pruebas de realización, y el psicólogo de la escuela ha descubierto su habilidad a ser excepcional. Ella es bastante madura, alta para su edad, popular, bien ajustada, y se siente cómoda con estudiantes mayores. Quisiera hablar con los maestros y los administradores de la escuela acerca de la aceleración de todo un año. ¿Cómo sugiere que debo proceder?*

Respuesta: Pregunte a su escuela o distrito si tienen disponible la Iowa Acceleration Scale (escala de aceleración). Si la tienen, pida que sea usada con su niña para determinar si la aceleración de todo un año es apropiada. Si no, sugiera que la obtengan. Este instrumento basado en investigación ofrece una buena guía en esta área y ayuda a educadores y padres a considerar cada factor importante para aceleración exitosa de todo un año. La aceleración de todo un año, basada en un método tan meditado y sistemático, generalmente es bastante exitosa. No obstante, otras opciones, tal como la aceleración de solo una materia o un mentor, también pueden ser apropiadas. Cualquiera que se determine como la mejor solución para su hija, incluya a la maestra que la recibirá en todas las discusiones ya que necesita ser parte importante del proceso de planificación.

Pregunta: *La maestra de mi hijo está expandiendo solo un poco el programa de estudio para él. El todavía necesita estudiar cada materia al mismo ritmo que los otros estudiantes, y la mayor parte son discursos y tareas escritas. Mi hijo está inconforme. La maestra es muy honesta al decir que "enseña como pide la prueba," porque hay la exigencia de que los niños desempeñen bien en los exámenes estatales de competencia. ¿Qué debemos hacer? La maestra y yo ya hemos tenido varias conferencias.*

Respuesta: "Enseñar como pide la prueba" es desdichadamente un efecto secundario de los exámenes estatales de competencia. Aprobar las pruebas es extremadamente importante para los educadores, porque los salarios, el ascenso, y la seguridad en el trabajo de los maestros y administradores frecuentemente depende de lo bien que desempeñan los estudiantes en su examen.

Una manera en la que puede emplear la cooperación de la maestra y la administración es ayudándoles a entender que si les dan a los estudiantes dotados más oportunidades para superarse, son esos estudiantes quienes levantarán las calificaciones en sus pruebas y harán posible que sus escuelas y maestros en efecto se vean mejor. El propio interés de la escuela está claramente servido al proveer a los mejores estudiantes con todos los instrumentos necesarios para lograr su potencial.

Pregúntele a la maestra si hay actividades independientes que su hijo puede hacer para extender su experiencia. Si la clase está estudiando los planetas, por ejemplo, pregúntele a la maestra si el niño puede escribir un informe especial de su visita al planetario o hacer una investigación en casa en el Internet sobre los hoyos negros espaciales. La mayoría de los maestros no negarán ese trabajo independiente si no crea trabajo de preparación adicional o un problema para ellos. Como padre interesado Ud. también puede darle una gran cantidad de ánimo y enriquecimiento en casa para suplir el aprendizaje en la escuela de su hijo. Haga que su hijo traiga a casa proyectos o investigaciones que quisiera hacer, y luego aparte tiempo durante la noche para que trabaje en ellos con Ud.

Pregunta: *Mi hijo es capaz de mucho más, escolásticamente, pero está recibiendo D's y F's. ¿Cómo puedo ayudarle a salir de este bajo patrón de logros?*

Respuesta: Empiece con una visita al médico para volver a hacer examen físico, incluyendo una verificación completa de sus oídos y de la visión. A veces un niño que no ve bien, no se da cuenta que tiene mala vista, porque jamás ha visto de otra manera o porque su vista ha estado empeorando en incrementos sobre un largo período de tiempo. Problemas emocionales, tal como la depresión, pueden también afectar la habilidad para desempeñar adecuadamente. Examine la posibilidad de que la falta de logro de su hijo y sus calificaciones bajas son parte de una oculta batalla de voluntades entre Ud. y él, o él y su maestro.

Ya que se haya asegurado que su hijo está físicamente y emocionalmente sano, tal vez quiera leer acerca de la falta de desempeño. Hay varios libros disponibles para padres de niños que desempeñan pobremente. Uno es *Why Bright Children Get Poor Grades: And What You Can Do About It*, de Sylvia Rimm. Rimm discute en detalle cómo la falta de desempeño está relacionada al perfeccionismo, la dinámica de la familia, expectativas de la escuela, y otras cosas. *Guiding the Gifted Child* de James Webb, Elizabeth Meckstroth, y Stephanie Tolan también contiene bastante información provechosa acerca de la falta de motivación y otras razones por la falta de desempeño.

Pregunta: *Estoy considerando educar a mi hija dotada en casa porque nuestro distrito escolar no tiene lo que ella necesita. Tengo mis reservaciones para hacerlo, sin embargo, porque me preocupo de* su socialización. Ella es un poco tímida, y creo puede llegar a ser persona solitaria si no hay otros niños en su derredor. ¿Qué debo hacer?

Respuesta: La enseñanza de los niños dotados en casa está creciendo en popularidad. Si Ud. es capaz de ser el maestro de su niño; enriquecer su experiencia con excursiones, mentores, y proyectos independientes; y también está cumpliendo con los requisitos estatales y legales del programa de estudio, entonces la educación en casa puede ser algo que puede intentar.

Los padres que educan a sus niños en casa necesitan ayuda, y quizás Ud. puede encontrar a un grupo de padres que se reúnen con este propósito. Investigue en sitios del Web para clases en casa para niños dotados en su Estado. El panorama de la educación en casa está cambiando tan rápidamente que surgen nuevos grupos y programas a diario. Algunas organizaciones le podran ayudar a diseñar su programa de estudio y proveen dirección y materiales para exámenes.

Aunque las posibilidades para escuela en la casa sean positivas, las clases en el hogar no son propias para cada niño, y tampoco es siempre la mejor opción para cada padre. Unos padres no tienen el tiempo, la energía, o la paciencia para enseñar en casa efectivamente, y si los dos padres trabajan fuera del hogar, la opción de enseñar en la casa llega a ser casi imposible.

Tiene razón al pensar que los niños necesitan compañeros y amigos, y como el maestro del niño en casa, Ud. tendrá que crear oportunidades para que juegue y socialice con otros niños en una forma regular. Unos distritos escolares permiten que niños enseñados en casa participen en actividades co-curriculares tales como la música, o que asistan a la escuela parte del tiempo. Consulte con su distrito local o con el Departamento de educación del estado.

Sopese cuidadosamente el pro y el contra, sea honesto de sus propias fuerzas y debilidades, y discuta la idea con otros que lo han hecho, así como con su niño.

Pregunta: *El maestro de mi niño me dijo que él logra más de lo esperado. ¿Qué significa esto?*

Respuesta: Si alguien que logra menos de lo esperado y cuyo nivel de logro es menor de lo esperado, basado en las habilidades y talentos observados de la persona, ¿Qué es la realización de más de lo esperado? Lo que la mayoría de la gente llama logros de más de lo esperado puede también ser llamado logros en exceso—es decir, trabajar muy duro para ser lo mejor en todo y nunca tomarse el tiempo para descansar, relajarse, o simplemente gozar de la vida. Es un aspecto del perfeccionismo, y los que logran demasiado pueden ser trabajadores impulsivos—en-potencia (workaholics). Los padres pueden tratar de atacar el problema de raíz, usando estrategias que ayuden al niño a entender que el perfeccionismo es imposible.

Por supuesto, esto debe mantenerse en perspectiva. Como Jane Piirto dice en su libro *Talented Children and Adults*, "¿Cómo puede una persona ganar más de lo que gana? La atención a la mediocridad, el congeniar, el arreglárselas, el dejar las cosas como están, todo entra en el concepto de la realización de más de lo esperado. [La sociedad dice] el estudiante talentoso... debe relajarse un poco, debe congeniar un poco, debe no tener un criterio tan alto." En otras palabras, la cultura enseña a niños talentosos que den menos que lo mejor o arriesgar el ostracismo y celos de otros estudiantes, menos capaces,. ¡Qué dilema tan difícil para un niño inteligente y talentoso! Así es que, quizá su hijo no sea uno que realiza más de lo esperado al fin y al cabo.

Pregunta: *¿Es común tener más de un niño dotado?*

Respuesta: Linda Silverman (1999) del Gifted Development Center en Denver, Colorado, dice en un artículo en el sitio Web del centro, que si un niño en la familia es identificado como dotado, hay una posibilidad considerable que sus hermanos también sean dotados. Su investigación indica las que calificaciones de exámenes de habilidad de hermanos y hermanas están por lo general cinco a diez puntos uno del otro. Sin embargo, los nacidos en segundo lugar eran menos probables que los primeros en ser reconocidos como dotados.

Recuerde que aunque los hermanos sean dotados, pueden ser dotados en maneras completamente diferentes y pueden tener tipos de personalidades totalmente diferentes. También, los hermanos frecuentemente asumen papeles completamente diferentes dentro de la familia, tales como el cómico, el atleta, el amistoso, o hasta el que logra menos de lo esperado. Cada niño quiere ser reconocido por algo, y si el mayor es un estudiante de realización superior que gana sólo dieces (A), el hermano siguiente puede elegir un "campo" distinto a la académica en la cual distinguirse.

Pregunta: *Hasta tengo miedo hacer esta pregunta, porque nadie me cree cuando hablo de ello. Tengo un bebé de siete meses, y ya empezó a hablar. No dice oraciones completas, pero sí palabras reconocibles—"mamá," "perrito," y más sorprendente, "banana," y "luz del sol." ¿Estoy loca o puede estar sucediendo?*

Respuesta: Es raro, pero también del todo posible. Las investigaciones de niños dotados mencionan muchos niños como el suyo. Algunas de las características asociadas con niños altamente dotados incluyen (Rogers & Silverman, 1997):

- Desarrollo temprano de lenguaje (la edad media en la cual la mayoría que estos niños hablaron su primera palabra es nueve meses, lo cual quiere decir que unos hablaron más temprano).
- Alertas precozmente para su infancia.
- Habilidad de poner atención por largo tiempo en la infancia y la niñez.
- Una necesidad para dormir menos que otros niños.

Ud. puede estar un poco asustada por lo que es claramente una indicación de que tienen el don. No se asuste. Al crecer su hija Ud. verá una imagen más completa. Si es ella una niña altamente dotada, necesitará ayuda para mantener el ritmo de su aprendizaje rápido.

Empiece desde ahora a leer libros y artículos de revistas sobre ese don. El World Wide Web tiene muchos sitios que tratan con el don. Empiece con el sitio del Web del National Association for Gifted Children (www.nagc.org), el cual ofrece conexiones a muchos otros.

El Gifted Development Center tiene mucha información en la cuestión de niños altamente dotados, y puede encontrar interesantes artículos en su sitio del Web (www.gifteddevelopment.org). Consultar con expertos o leer buenos libros sobre el tema puede ayudarle a resolver los problemas que enfrentará en el futuro.

Pregunta: *Acabamos de mudarnos a la ciudad en donde mis padres viven, pero conocemos pocas personas en este momento. Mi hija dotada y mi madre comparten muchos intereses. ¿Son los miembros de la familia buenos mentores para niños?*

Respuesta: Los abuelos pueden ser mentores excepcionales. Por lo general, a menos que sean una influencia negativa, los abuelos son simplemente buenos para sus nietos. Como están distanciados del vivir diariamente con niños, los abuelos pueden ser más pacientes. Ellos tienen más tiempo para escuchar, trabajar en proyectos o rompecabezas, leer en voz alta, escuchar música, jugar juegos, y relatar cuentos. Tienen una perspectiva más a futuro y pueden proveer ideas interesantes acerca de cómo era la vida antes y cómo es hoy en día. A los niños generalmente les encantan los cuentos de los días cuando abuela asistía a la escuela.

Además, abuelo y abuela pueden proporcionar un día—o más—de descanso para los padres y niños. Los niños regresan vigorizados a casa donde encuentran padres bien descansados. Es una situación benéfica para todos.

Pregunta: *Mi hijo se siente tan orgulloso de sí mismo por ser "dotado" que cree que debe estar dispensado de todos los quehaceres mundanos del hogar, que su madre, sus hermanos, y yo hacemos por costumbre. ¿Cómo puedo volverlo a la realidad?*

Respuesta: Es hora de tener una plática privada con su hijo, y pedirle que explique porqué cree que la superior habilidad escolar debe eximirlo como "miembro" de la familia. Esta discusión debe ser desapasionada en vez de emocional. Pídale que comente los posibles efectos que su comportamiento tiene en otros miembros de la familia. ¿Puede él ver que cuando rehúsa a hacer su parte, otros tienen que hacer su trabajo? ¿Es esto justo para los demás? ¿Cómo cree él que esto afectará a su relación con sus hermanos a largo plazo?

Fije pautas firmes de comportamiento. Dentro de esos límites, dele opciones. El mundo real no le dará a su hijo un pase gratis, y él necesita aprenderlo desde ahora. En el libro de Rudolf Dreikurs, *Children: The Challenge*, se sugieren reuniones familiares como una manera para resolver problemas como estos. Dreikurs también describe muchas otras técnicas, tales como las consecuencias lógicas y naturales. Utilizar alguno de estos métodos le ayudarán a su hijo a apreciar los efectos de su comportamiento.

Pregunta: *¿Cuáles son los beneficios de programas imaginativos de resolución de problemas para niños dotados? Mi hija ha mostrado interés en Future Problem Solving, pero no sé mucho del programa.*

Respuesta: Los programas imaginativos de resolución de problemas, tal como *Future Problem Solving, Invent America y Destination ImagiNation,* pueden ser útiles para niños en varias maneras. En primer lugar, estos programas requieren que los niños trabajen cooperativamente para resolver problemas; ese aspecto de los programas ayuda a los niños dotados a afinar sus destrezas en ambas cosas, trabajo de equipo y dirección. En segundo lugar, para resolver problemas, ellos tienen que utilizar sus destrezas de pensamiento de nivel superior y su ingenio, y a veces tienen que fracasar para aprender. Un fracaso en el camino hacia el éxito es una buena lección para estudiantes perfeccionistas. Cuando los estudiantes por fin llegan a soluciones imaginativas que funcionen, su confianza en sí mismos aumenta.

El proceso completo de la resolución de problemas complejos puede ser bastante liberador para niños dotados, porque para llegar a una solución creativa, tienen la oportunidad de pensar "fuera de la caja." Este tipo de pensamiento amplio requiere poco esfuerzo para la mayoría de estudiantes dotados. Se sienten a gusto y cómodos tratando con problemas complicados. Según el sitio del Web del programa de Future Problem Solving, (www.fpsp.org), la misión es, "enseñar a estudiantes cómo pensar, no en qué pensar." Otros programas semejantes tienen el mismo énfasis. La mayoría de los programas llegan a un cierto punto de competitividad; las competencias nacionales de estudiantes involucrados con Invent America han atraído considerable atención de los medios publicitarios.

Su hija puede beneficiarse de la participación en un programa imaginativo de resolución de problemas. Hágala tomar conciencia, de que estas actividades requieren tiempo y esfuerzo, y de que otros estudiantes en su grupo estarán dependiendo de que ella haga su parte.

***Pregunta**: Necesito unas ideas rápidas para ayudarle a mi hijo a manejar la tensión. Él sabe que está llegando a estar demasiado tenso, pero no sabe qué hacer. ¿Qué sugiere?*

Respuesta: Es magnífico que su hijo esté consciente de sus niveles de tensión, y es maravilloso que Ud. está en posición de ayudar. Aquí hay unas sugerencias.

- *Cambie el ambiente.* Si la tensión llega cuando está estudiando o preparándose para exámenes, recuérdele que tome descansos regulares del estudio. Anímelo a usar esos descansos para jugar, hacer ejercicio, jugar con una mascota, o a "relajarse" por unos cuantos minutos.

- *Dele permiso de "descomprimirse."* Permita tiempo para que él hable de las tensiones en su vida. Ud. no tiene que resolver sus problemas; solo escuchar. Si él pide su opinión, sienta que puede compartirla, pero sin inmiscuirse en la situación. Encargarse de las preocupaciones y los asuntos de su niño puede aumentar mucho el nivel de tensión de Ud., y así, pierde su valor como escuchador objetivo.
- *Ayúdele a aprender a fijar sus límites.* Su niño tiene una finita cantidad de energía. Enséñele cómo decir no a actividades y proyectos que lo agotan y no lo benefician. Ud. tendrá que fijar unos límites para el niño también. Algunos niños llegan a absorberse en un tema o una actividad que lo hacen excluyendo todo lo demás. El padre entonces necesita intervenir para asegurar que el niño tenga una experiencia más completa de la vida.
- *Asegúrese de que tiene suficiente actividad física.* El ejercicio es uno de los grandes liberadores naturales de la tensión. Anímelo y participe Ud. también. Caminar o correr juntos beneficia a su salud y provee un ambiente libre de tensión para tener una buena conversación.
- *Enséñele a concentrarse en, y a completar, una cosa a la vez.* Los niños dotados frecuentemente se involucran en demasiadas áreas al mismo tiempo, con el resultado de que nada se hace bien. Proyectos incompletos, tareas olvidadas, y prisa de último minuto son comportamientos típicos de estudiantes que tienen dificultad en mantenerse haciendo una cosa por mucho tiempo.

Unos padres juran que las artes marciales, tales como el tae kwan do o el karate, son lo mejor para ayudar a niños a aprender a enfocarse. Estas actividades proveen ejercicio físico y requieren que los estudiantes sean disciplinados y centrados en la lección. La habilidad para concentrarse entonces pasa a ser trabajo intelectual. Las artes marciales también proporcionan un sistema remunerador estructurado que puede ayudar a los niños a hacer la conexión entre el esfuerzo y la realización. Además, los estudiantes que se sienten en control de sus cuerpos pueden llegar a tener más confianza y sentirse mas seguros en general.

Pregunta: *Por alguna razón, mi hija se aterroriza de la tarea. ¿Tiene ideas acerca de lo que está ocurriendo y qué hacer de eso?*

Respuesta: ¿Sabe específicamente lo que está causando su ansiedad? Pídale que diga exactamente lo que le molesta más, y trabajen solo en ese punto. También sería benéfico establecer una rutina para la tarea. Teniendo una hora y un lugar específicos para hacer la tarea facilita a los estudiantes a ponerse a trabajar rápidamente. A unos estudiantes les gusta empezar con el trabajo más difícil primero. Ellos pueden, entonces, avanzar a las asignaturas restantes. Otros estudiantes prefieren hacer el trabajo más fácil primero. La sensación de éxito los motiva a moverse hacia las materias más dificultosas. Pregúntele a su hija de cuál modo le gusta trabajar, y ayúdele a organizar sus tareas efectivamente.

Las tareas de lectura prolongadas pueden abrumar hasta a los estudiantes dotados. Enséñele a su hija cómo usar preguntas preliminares y encabezados menores de los capítulos para guiar su comprensión.

Los estudiantes a veces toman apuntes tan abundantes que para cuando llegan a su casa no pueden comprender su sentido. Es mucho mejor que los estudiantes escuchen la lección, tomando apuntes solo cuando oyen un punto importante. Apuntes en bosquejo son muy benéficos porque muchos maestros presentan sus discursos en forma de resumen, con los puntos mayores respaldados por puntos menores. Entre más escuche su hija, entenderá más. Ud. querrá ayudarle a practicar en casa al hacerla escuchar mientras le lee un artículo corto del periódico, luego encontrar los puntos claves, y arreglarlos en un bosquejo.

Pregunta: *Tengo dos hijos, de tres y cuatro años, quienes parecen encajar dentro del criterio con que se describe el don, y ¡estoy completamente exhausto! Si no los mantengo ocupados cada minuto, se meten en todo. ¡Auxilio!*

Respuesta: El criar a dos niños dotados chicos tiene que ser agotante. Lea sin duda el relato de esperanza en el próximo capítulo para averiguar cómo una madre creó un ambiente para aprendizaje en su hogar. Ud. tiene que estar comprometido a enriquecer las vidas de sus hijos tanto como le sea posible; sus niveles de energía son, sin duda, bastante altos, y esa energía necesita ser dirigida. Llévelos con Ud. a tantos lugares como razonablemente pueda para expandir su experiencia del mundo.

En casa, cree un espacio donde las actividades de los muchachos puedan ser relativamente libres, y llene esa área con materiales para practicar el arte (¡lavables, por supuesto!), rompecabezas y juegos, equipo para cocina y otros materiales para construcción, juegos de Lego™ u otros juegos similares, sábanas para construir fortalezas y castillos, disfraces hechos a mano para actuar, y por supuesto, libros. Recorra ventas de garaje (y lleve a los muchachos con Ud.); encontrará una cantidad de libros y juegos maravillosos, casi nuevos, a un décimo del precio que pagaría en una tienda.

Hable con sus hijos, léales, y proporcióneles oportunidades para escuchar y hacer su propia música. Llévelos a la biblioteca para la hora de cuentos y para seleccionar sus propios libros

Asegúrese de que tengan formas adecuadas de descargo físico para sus energías. Un juego simple de "congelado" tiene muchas ventajas: estarán jugando juntos, estarán afuera haciendo ejercicio, y estarán descargando una poca de su energía. ¡A veces un niño cansado es exactamente lo que un padre más necesita!

Déles responsabilidades. Niños de tres y cuatro años pueden aprender a hacer quehaceres en la casa tal como separar la ropa sucia, poner la mesa, y levantar sus juguetes y juegos.

Por supuesto, los niños necesitan descanso también, y la mayoría de ellos, incluyendo a los dotados, les gustan las rutinas. Tenga períodos de descanso consistentes y tiempos de acostarse. Si los niños están cargados de energía en la noche, es muy importante darles un período relativamente largo de quietud antes de acostarse, para conversar, leer, o ver libros.

Si los muchachos no están en el jardín de niños, ahora sería un buen tiempo para buscar uno. Los niños dotados necesitan oportunidades para socializar con otros niños para que puedan empezar temprano a aprender cómo relacionarse con ellos.

Muchos de los recursos en las páginas *Aprenda más de...* al fin de este libro tienen muy buenas estrategias para ocuparse efectivamente con la curiosidad, los altos niveles de energía, y la emotividad frecuente de los niños dotados.

Pregunta: *¿Tienen a veces los niños dotados de minorías (afro-americanos, hispanos, asiáticos, o indígenas americanos) mayores sensaciones de aislamiento que sus compañeros anglosajones?*

Respuesta: Un informe acerca de niños dotados en la comunidad afro-americana, investigada por Donna Ford (1994), concluyó que los estudiantes afro-americanos pueden sentir más aislamiento porque: 1) están menos representados en programas de dotados y están aislados racialmente de los estudiantes anglosajones en el programa; 2) al estar en el programa para dotados están aislados de la mayoría de los estudiantes de su propia raza, algunos de los cuales pueden ser hostiles a cualquiera persona en tales programas; 3) pueden aislarse de sus maestros si los maestros no entienden los problemas del multi-culturismo; y 4) pueden ser aislados de sus propias familias porque unos miembros de su familia puedan no estar familiarizados con lo que es ser dotado y cómo se manifiesta.

Si a los niños afro-americanos les faltan conceptos raciales propios están en riesgo especialmente cuando se trata de sentir presión de sus compañeros, particularmente si sus compañeros les dicen que la participación en el programa dotado significa que se están comportando como "anglos." Algunos estudiantes pueden empezar a comportarse con mediocridad para mantenerse afiliados con sus iguales de raza quienes no están involucrados en un programa dotado (Ford, 1997).

No obstante, "no todos los niños afro-americanos tienen problemas de ser miembros de una clase dotada," dice Hank Griffith, Sr., un administrador de minorías en un sistema escolar grande, suburbano. "Niños de familias que logran más de lo esperado y que asisten a escuelas más allá del centro urbano tienen menos dificultad con la presión de sus compañeros. Los estudiantes dotados tienden a aceptar a otros niños dotados de cualquier raza, y padres con altas expectativas les refuerzan la idea que la educación y los logros son valores positivos."

Griffith también señala, sin embargo, que para niños en el núcleo urbano, la perspectiva puede ser muy diferente. "Estos jóvenes frecuentemente están muy contentos en su programa dotado, pero cuando se termina la escuela, tienen que regresar a sus mismas calles—lugares en donde la educación no es valorada y los logros son motivo de risa."

Los comentarios de Griffith claramente destacan que las escuelas tienen una gran responsabilidad, no solo con estos niños, sino también con sus familias. Los educadores de niños dotados en escuelas de las ciudades necesitan extenderse a los padres, porque los padres necesitan sentirse cómodos con la idea del don de los hijos para poder hacer sentir también a sus niños cómodos con ello. Si el padre no respalda el que su niño esté en el programa dotado, es mucho más difícil que el niño tenga éxito. Un niño dotado será muy vulnerable a la presión de sus iguales sin un sistema de apoyo o respaldo fuerte en casa.

"A los padres, los abuelos, y otros adultos importantes en la vida del niño," continúa Griffith, "se les tienen que proporcionar las estrategias para ayudarles a hacer frente con una identidad doble—una para la escuela y otra para el vecindario. Por ejemplo, unos estudiantes urbanos actualmente *necesitan* hablar dos muy distintas formas de inglés—inglés correcto para la escuela y jerga de la calle para su grupo de compañeros—si quieren mantener su reputación en ambos lugares. Los niños pueden nadar entre dos aguas eficazmente si se les da ayuda práctica acerca de maneras para manejar las presiones fuera de la escuela, pero los padres necesitan los instrumentos para ayudar al niño. A veces la mejor manera para enriquecer las vidas de los niños será enriquecer las vidas de los padres. Las escuelas pueden hacer eso al ayudar a los padres a entender a sus niños y proporcionar ayuda mientras tratan de criar a sus niños en circunstancias menos que ideales."

Las cuestiones de identidad también pueden afectar a miembros de cualquier raza o grupo étnico mientras luchan para balancear el respeto y el cumplimiento de su propia cultura, idioma, y tradiciones con los de la mayoría. Por ejemplo, inmigrantes recientes que hablan el inglés como segundo idioma pueden sentirse aislados lingüísticamente y socialmente. Es difícil y frustrante, para estudiantes inteligentes, tratar de demostrar su don cuando todavía no tienen dominio del idioma. Por esa razón es crítico un método de enfoque múltiple para identificar a los niños dotados.

La National Association for Gifted Children (Asociación Nacional para Niños Dotados) calcula que hay aproximadamente tres millones de niños dotados en los Estados Unidos, y que estos niños son miembros de todas las razas y grupos étnicos y socioeconómicos. Si no incluimos a todos, será una tragedia, ¡porque el mundo seguramente necesita los talentos de todos sus ciudadanos dotados!

Capítulo 14

De padre a padre—Una historia de esperanza

Karen Rapp es la madre de Adrienne, una hija dotada que ahora es adulto. El cuento de Karen y Adrienne abarca muchos aspectos de su don, se extiende desde la niñez de Adrienne hasta su próxima graduación de la Universidad. Karen estuvo dispuesta (con el permiso de Adrienne) a compartir su relato para darles, a otros padres, una idea de cómo ha sido su vida con un niño dotado. La historia de Adrienne ilustra unos de los altibajos de tratar con ese don y debe darle esperanza a muchos padres que están batallando para comprender los eventos o los comportamientos que puedan estar ocurriendo en las vidas de sus propios hijos.

Hay un episodio particularmente dramático en el cuento de Adrienne—su recuperación de una enfermedad que amenazó a su vida. Aunque Karen cree que la fortaleza mental de su hija fue el motivo de volver a la salud, es importante que los padres no traten de curar una enfermedad sólo con pensamiento positivo o con el poder de la mente. Los niños gravemente enfermos requieren cuidado especializado, el cual Adrienne recibió tanto de su doctor como del personal dedicado del hospital.

El cuento de Karen

Adrienne nació después de un embarazo estupendo. Fue un parto fácil, y ella resultó una niña absolutamente adorable. Yo creía ser la mejor madre porque ella era la niña perfecta. Descubrí después que nada de eso era verdad, pero fue divertido mientras lo creí; ella era completamente encantadora como bebé y después como niña. No me dí cuenta por un tiempo que ella tenía talentos especiales porque yo era la primera de mis amigas en haber tenido un niño. Sin haber otros bebés con quienes compararla, yo pensaba que solo era inteligente, y estaba ciertamente contenta por ello.

Recordando el pasado, puedo ver que ella siempre estaba avanzada. Cuando apenas tenía un año, frecuentemente la llevaba conmigo a jugar tenis con mis amigas. Ella se sentaba muy contenta en su columpio portátil, volteando las páginas de un libro, una por una. Podía jugar al tenis por una hora y ella no hacía un ruido. Era magnífico para mí, y ella parecía disfrutarlo también.

La podía llevar al almuerzo conmigo, y ella leía sus libros y se comportaba perfectamente. En realidad, la podía llevar a donde yo fuera; ella siempre podía divertirse.

El hecho de que ella misma podía entretenerse tan bien era una gran pista de que era rara. Hasta cuando muy apenas podía sentarse—como a los seis mesess—yo podía ponerla en una frazada, poner sus juguetes alrededor de ella, y estaba bien. Yo hacía muchas cosas con ella porque no estaba trabajando, pero si necesitaba hacer alguna cosa sabía que ella se quedaría en un lugar y se divertiría sola.

Fue un vecino quien me señaló que Adrienne era muy joven para poder jugar con los bloques en su cajón de formas. Lo podía hacer desde que tenía seis meses.

También ella tenía un entendimiento avanzado de los conceptos. Cuando tenía dos años de edad, su compañero favorito para jugar era el niño del vecino. Un día se vino temprano del juego porque al él lo castigaron por algo. Ella me miró y dijo, "La señora Smith no debe castigar a Mitchell porque me está castigando a mí también. Ahora no tengo a nadie con quien jugar."

Cuando era todavía bastante joven, también criticaba como la crianza que yo le daba. "Yo creo que eso es un castigo demasiado severo para lo que hice," me decía

a veces. Unos años después, una noche ella se sentó con uno de los libros de crianza que yo leía y marcó todas las cosas que ella consideraba importantes para los padres y que deberían hacer. Yo pensé, "¡Dios mío!, ¿Con quién estoy tratando aquí?"

Cuando tenía tres o cuatros años, Adrienne tenía una compañera de juego imaginaria llamada Lucinda. Aunque a mí nunca me describió a Lucinda, y aunque no tenía que poner lugar para ella en la mesa para cenar, Adrienne siempre platicaba con ella en su cuarto durante sus siestas y al acostarse. Ella nunca hablaba con Lucinda cuando el resto de la familia estaba presente, pero a veces podía oírla en sus conversaciones enteras con su amiga imaginaria. Eran, palabra por palabra, repeticiones de las conversaciones que ella y yo habíamos tenido más temprano ese día, solo que Adrienne desempeñaba mi papel y Lucinda aparentemente asumía el papel de Adrienne. Lucinda desapareció cuando Adrienne empezó la primaria.

Una verdadera lata encantadora

Mi entendimiento de la inteligencia de Adrienne me llegó, inicialmente, de otras personas. Al completar su primer año de escuela, su maestra me preguntó que si quería revisar con ella sus calificaciones. Estábamos bastante ocupados construyendo una casa, y se me había olvidado que había tenido unos exámenes de inteligencia en la escuela. Su maestra me dijo que Adrienne tenía una calificación extremadamente alta. Esta era la primera confirmación que tuve de que ella podría ser un poco más inteligente que los otros niños.

A medida que crecía, me era más difícil mantenerme adelante de ella, y me tomaba una cantidad enorme de energía sólo para mantenerme a la par con ella. Me alegraba de que yo no trabajara fuera de la casa porque ella era verdaderamente un trabajo de jornada completa. Cuando nacieron el hermano y la hermana de

Adrienne yo tenía que pasar mucho tiempo organizando y planeando cosas para mantener a todos ocupados.

Yo era afortunada que fueran niños motivados por sí mismo y que encontraban cosas que hacer sin que les dijera nada, pero siempre sentía que necesitaba continuar proporcionándoles oportunidades porque ellos solos hacían todo. Tomábamos cortos viajes educativos y hacíamos recorridos por museos. Adrienne siempre decía que vimos tantos museos que nunca entraría en otro. Sin embargo, cuando fué a Europa el año pasado, recorrió todos los museos de los países que visitó.

Pero no solamente visitábamos a los museos en nuestros viajes educativos. También nos dábamos tiempo para probar helados o nadar en la piscina. Siempre teníamos un horario completo de actividades. Yo trataba de hacer todo esto divertido, pero al mismo tiempo buscaba tantas oportunidades para aprendizaje como podía.

Adrienne era el tipo de niña que, cuando íbamos de vacaciones, organizaba y entretenía a los otros niños. Cuando íbamos al lago, los niños salían fuera cada mañana y no los veía de nuevo por el resto del día. Ella tenía a todos los niños de las otras cabañas corriendo un curso de obstáculos en la playa o construyendo animales de arena. Su originalidad y dirección eran asombrosos.

Cuando creció un poco y ya cuidaba a su hermano y su hermana, la misma originalidad era evidente. Salíamos a cenar y cuando regresábamos, el sótano se transformaba en un castillo o una escuela o un rascacielos u otra cosa. Las sábanas estaban colgadas por aquí y por allá; pintaban escenarios. La escena entera estaba en su lugar, y los niños actuaban un cuento.

Con toda la creación artística ocurriendo, teníamos que restringir a los niños al sótano; si no, la casa la hubieran cubierto de pintura y oropel. El sótano era suyo. Podían hacer lo que quisieran allí abajo, incluyendo dibujar y pintar en las paredes. El sótano no estaba terminado y ellos en realidad no podían dañar nada.

Vida en la escuela primaria

Tengo que decir que, por lo general, los maestros de Adrienne la apoyaban. Recuerdo a un maestro en particular quien me decía que cuando él daba las clases al salón entero, lo único que veía era la coronilla de Adrienne. Mientras caminaba por el pasillo un día, descubrió que ella tenía un libro en el regazo y que ella siempre leía durante sus presentaciones en el salón. "Si fuera cualquiera en vez de Adrienne," él dijo, "lo pararía, pero yo sé que ella puede seguir con la lectura y escucharme al mismo tiempo, así que la dejaba hacerlo."

Otros maestros, sin embargo, no eran tan amables. Una maestra me dijo que no era posible que las calificaciones del año anterior de Adrienne fueran tan altas porque "aquí no se ven niños tan inteligentes." Cuando le pregunté que si había alguna vez visto el historial de Adrienne ella dijo que no. Yo me molesté; ella había hecho todas esas suposiciones sin conocer a Adrienne.

Frustrada dije, "¿Quisiera hacerme el favor de examinar su historial para asegurarme que no he interpretado mal sus calificaciones y lo que los otros maestros han dicho? Ya que la maestra las vió, terminó siguiendo las recomendaciones de los anteriores maestros al darle a Adrienne lectura y matemáticas más avanzadas. Hasta que lo hizo, no obstante, fué una lucha para hacerla reconocer las capacidades de Adrienne. Era frustrante que me dijera lo que yo sabía era verdad y me dijera que no podía ser.

Adrienne estaba muy apegada a los niños en su programa imán (porque los atrae) para dotados. Era un lugar en donde *todos* eran diferentes, y los estudiantes aceptaban las diferencias de los demás. Las relaciones eran extremadamente importantes para ella por ser tan sensible. O se animaba o se agobiada con mucha facilidad, y se deprimía facilmente. Sus amigos de ese salón imán eran sus salvavidas porque la comprendían. En esa clase ella no siempre tenía que ajustarse a los demás. Su maestra de dotados era buena para dejar a los niños que se presentaran como eran. Esto no era igual en otras clases, donde los maestros eran a veces intimidados por los estudiantes dotados.

En la clase imán los niños podían irse en la dirección que quisieran y experimentar con sus propias ideas. Por todos lados había estaciones para diferentes tipos de trabajo, y tenían la oportunidad de planear sus propias asignaturas. Podían seleccionar temas de una lista de opciones y decidir junto con el maestro cómo iban a trabajar en ello. A diferencia de los otros salones, ellos no tenían una opción de solo dos formatos y un método de presentación. Les daba un sentido de control de sus propias vidas.

La vida fuera de la escuela

Adrienne siempre se involucraba con entusiasmo en actividades fuera de la escuela. Tomaba clases de danza y de piano, y luego verdaderamente se involucró en la gimnasia. Empezó a ganar todos eso pequeños trofeos y se divertía haciéndolo. Era una forma de desahogarse y era muy bueno porque necesitaba un lugar en donde mantenerse ocupada. Cuando llegaba a la casa en las noches, si no tenía algunas actividades, nos volvía locos.

Adrienne era como una máquina de movimiento perpetuo. Cuando estaba en casa todo tendía a estar enfocado y centrado en ella. Había una verdadera diferencia en el ambiente de la casa cuando estaba allí. Nos agotaba, y a medida que crecía, era más agotador el criarla. No lo digo de una manera negativa; ella simplemente consumía mucho de mi tiempo y energía. Así que, de alguna forma, era agradable tenerla en el gimnasio durante cuatro horas cada noche, porque cuando llegaba a casa, estaba cansada. Aún así, no llegaba completamente agotada.

En el cuarto y quinto años de la escuela, después de que llegaba del gimnasio, ella quería charlar y charlar. Me sentaba a su lado mientras se desahogaba. Tenía que hacer eso antes de dormirse. Unas dos veces hasta me dormí mientras la escuchaba porque verdaderamente no necesitaba participar en la conversación. Solo quería alguien quien le escuchara y que se preocupara por ella. Raramente decía yo una palabra. Con su sensibilidad, ella no quería que diera una opinión o que la criticara.

Hasta la fecha, a ella todavía le gusta resolver sus propios problemas. Quiere discutirlos conmigo, pero no quiere consejos ni comentarios.

Una razón para preocuparse

Adrienne es una pensadora y escritora profunda y talentosa, y en la escuela secundaria (años 6-8) sus redacciones llegaron a ser de espantos. Una de su poesías

era bastante depresiva y pesada. En uno de los poemas, el narrador terminó caminando hacia dentro del océano. Yo pensaba que si estos poemas eran expresiones de cómo se sentía; eran casi suicidas. Le pedí a su maestra de dotados que los estudiara porque me asustaban. ¿Quería Adrienne entrar en un hoyo negro? Su maestra explicó que algo de lo que yo había leído pertenecía al nivel de su desarrollo, el cual de alguna manera era ya como el de un adolescente mayor.

Llamé a una amiga bibliotecaria quien daba clases a los de la secundaria (años 6-8). Me dijo que los estudiantes de la secundaria a veces escribían cuentos y poemas como esos, pero que los de Adrienne eran exagerados. El tema no era raro, pero sus cuentos eran un poco exagerados. También mandé los poemas a su pediatra para que los viera. Dijo que era realmente un buen desahogo para ella, pero que debería fijarme si notaba cambios en su personalidad o alteraciones en sus actividades diarias.

Adrienne siempre escribía en su diario. Escribía de cosas que ocurrían en la escuela, en sus relaciones, y de lo que ocurría entre nosotros. Los diarios también eran bastante intensos.

En la secundaria

Para cuando Adrienne llegó a la secundaria (años 9-12) ella había participado en la gimnasia por años. Iba a la escuela, iba al gimnasio, venía a casa, hacía su tarea, y se acostaba. No se estaba divirtiendo mucho. Su horario escolar estaba cargado porque tomaba una cantidad de cursos AP (avanzados—de nivel universitario). Ella decidió que quería tener más amigos y divertirse en la escuela.

Para cuando estaba en el undécimo año, ella decidió tomar cursos de honores (unos cursos que le permitirían graduarse con honores), aunque aligeró un poco la cantidad, y cambió del club de gimnasia al equipo de gimnasia de la escuela. Probó ser porrista. Tomó la clase del primer año de contabilidad porque muchos "muchachos divertidos" estaban en la clase; no encontraba la materia particularmente desafiante, pero se divirtió tanto que siguió con el segundo año de contabilidad.

Adrienne era una de los más jóvenes en su clase de la secundaria y una de las más pequeñas también. Eso era un poco de problema porque aunque estaba bastante avanzada académicamente, socialmente le faltaba crecer. Aunque le gustaba ser porrista, no le gustaban las presiones sociales que implicaba serlo. Ella sentía que no embonaba en ninguna parte; el torbellino social era un poco confuso. Trataba de desempeñar el papel, pero a veces era difícil para ella.

Una enfermedad que amenazaba su vida y el poder de la mente

Aunque Adrienne es bastante dotada, no siempre muestra mucho sentido común. Se presiona demasiado. Se siente invencible y no ve la relación entre cosas como dormir suficiente y mantener buena salud. Cuando ve algo que quiere hacer lo hace sin pensar mucho de las posibles consecuencias para ella.

Al final del primer año de la Universidad era aparente que se había extendido demasiado—tomando un curso pesado de clases, dando clases particulares, teniendo una vida social activa, recibiendo calificaciones excelentes, y manteniendo un trabajo. A causa de su energía y voluntad extraordinarias ella podía hacer todas estas cosas, pero no se daba cuenta del daño que le causaban. Debido a su entrenamiento de gimnasia estaba fuerte físicamente. Solo que no estaba consciente de cuánto sufría su salud. Se contagió con el virus de la Mononucleosis, lo cual la retrasó un poco.

Cuando la vi una mañana dije, "¡Te ves terrible! ¡Tienes la piel amarilla! Ella estaba decidida ir al trabajo, pero la convencí a que se esperara hasta que hablara con el doctor.

Cuando descubrimos que lo blanco de sus ojos también había cambiado su color a amarillo llamé al doctor para fijar una cita inmediatamente. Él creía que era hepatitis, pero necesitábamos análisis de la sangre para confirmar el diagnóstico. Fuimos al hospital para los análisis y luego se fue a casa a acostarse en vez de a su trabajo.

El doctor dijo que si no se sentía mejor para la mañana siguiente él iba a hospitalizarla y darle líquidos intravenosos para hidratarla de nuevo. No se sintió mejor a la mañana siguiente. En realidad todo se estaba descomponiendo. La llevamos otra vez al hospital, y mientras recibía los líquidos intravenosos el personal seguía sacando más sangre. Sus primeros análisis de sangre empezaron a llegar, y era aparente que algo estaba bastante mal. El doctor hizo arreglos para su inmediata transferencia al hospital de niños.

Para cuando llegamos con ella ya estaba tan débil que muy apenas podía entrar por la puerta. La estábamos perdiendo, y fue admitida al departamento de emergencia inmediatamente.

Adrienne se volvió semiconsciente. Los doctores y las enfermeras parecían estar alarmados y se apresuraban. No sabían precisamente lo que causaba sus síntomas, pero todo su cuerpo empezaba a fallar. Su presión sanguínea bajaba, estaba en deterioro grave de los riñones, tenía hepatitis, las células sanguíneas se atacaban una a la otra, y no estaba produciendo células rojas. Estaba blanca como papel.

Yo estaba espantada. En un punto ella me miró y dijo, "¿Voy a morir?". No sabía cómo responder. Mi hermana venía en camino, el doctor venía en camino, pero no estaba nadie conmigo en ese momento.

Decidí que tenía que responder a su pregunta, sin embargo, así que fui a la cabecera de su cama y susurré, "Adrienne, tú tienes una mente muy fuerte. Tienes una mente bastante poderosa.

Tienes que usarla ahora mismo. Tienes que empezar a pensar de tu cuerpo y ordenarle que funcione. Ese es tu trabajo. No tienes que hacer ninguna otra cosa."

Había leído algunas cosas acerca de imágenes mentales, así que traté de ayudarle a crear imágenes curativas. Le dije que admitiera a los "buenos tipos" a su cuerpo, desde su cabeza hasta los dedos de sus pies. Podían ser lo que ella deseara—gimnastas, Pac Men, o músicos—pero tenían que ponerse a trabajar. Le dije que yo iba a estar allí, pensando con ella, y que ella acabaría con esto. "Tienes que ayudarnos a todos," dije. "Y tienes que hacerlo ahora mismo.

Por fin la enfermera dijo, "Tenemos que poner a Adrienne en un sistema de mantenimiento de vida para ayudar a su respiración. Se tardará como veinte minutos para hacer todas las preparaciones." Les dije que podían prepararla, pero no acepté permitir el sistema para mantenimiento de vida hasta que llegara su doctor. Cuando llegó, unos diez minutos más tarde, decidí que él podía dirigir las decisiones médicas, y yo dedicaría mis esfuerzos solamente a Adrienne. Me senté junto a su cabeza y pregunté, "Qué estás pensando?"

El doctor decidió que Adrienne no necesitaba el sistema de mantenimiento. Quince minutos después estaba recibiendo una transfusión de sangre, y su color mejoraba. Hasta la fecha no estoy segura qué sucedió verdaderamente en esos diez o quince minutos, pero ella empezó a resucitar.

Después de tres o cuatro días ella salió del cuidado intensivo, pero sus riñones todavía no estaban trabajando correctamente. Así que eso llegó a ser nuestro enfoque. Su doctor y yo pensábamos en cómo motivarla a pensar positivamente y que se concentrara en aliviarse. Ella nunca ha sido el tipo de persona a la cual se le puede solo decir que trabaje duro; tenía uno que proponer algo creativo para emplear a su mente—algo que tuviera un impacto en ella y mantuviera su atención. Teníamos que hacerla darse cuenta de lo serio de la situación de sus riñones, porque la diálisis era el siguiente paso.

Pregunté, "Adrienne, si se te pudiera conceder una cosa en tu vida, ¿qué sería?" Buscábamos cualquier cosa en que enfocarnos que le diera una razón para querer mejorarse.

Dijo ella, "Sabes, yo siempre he querido un Jeep."

"Está bien," dijimos, "si puedes enfocarte en tener niveles normales de sustancias químicas en tus riñones, estarás mucho más cerca a una curación y a obtener un Jeep. Pero tienes que concentrarte en tu curación; tienes que querer mejorarte."

Calculamos en que niveles necesitarían estar sus riñones para darle una meta en la cual enfocarse. La hicimos que se viera conduciendo el Jeep. Ella necesitaba un coche de todos modos, y cuando tu hija ha estado tan cerca de la muerte estás propenso a darle cualquier cosa si le da el ánimo para vivir.

Lentamente, las sustancias químicas de sus riñones llegaron a un equilibrio, y después de un largo camino de recuperación, ella mejoró. Yo creo que su mente fuerte fue una ayuda efectiva en el proceso de curación.

Han pasado dos años desde que Adrienne pasó por este evento y esta preparándose a entrar a la facultad de jurisprudencia. También ha viajado al extranjero y le gustó, y está pensando en combinar sus intereses y estudiar derecho internacional.

Adrienne todavía trata de hacer demasiado y hacerlo en su propia manera. Cuando estaba en el extranjero se absorbió en la experiencia; ponía mucho énfasis en averiguar todo lo de la gente que conoció. Quería entender sus vidas y sus culturas. Hacía su tarea en los cafés en vez de haraganear con sus compañeros de viaje todo el tiempo.

Ella todavía tiene sus altibajos que son más altos y más bajos que los de sus amigos. Todavía es impetuosa y arriesgada; ella ha saltado con cuerda elástica (bungee) y ha hecho otras cosas de dar miedo.

Recuerde que no todos los niños dotados serán como Adrienne. Cada niño dotado es único y tendrá características, comportamientos, y problemas particulares. Cualquier tipo de niño dotado que Ud. tenga, mi consejo es que enriquezca su ambiente y apoye el desarrollo del niño, a donde sea que eso lo lleve. Tiene que involucrarse con estos niños. A veces parece que le quitan cada onza de fuerza e ingenio que tiene, y a veces solo tiene que hacerse a un lado mientras descubren su propio camino en la vida. Y a veces el criarlos duele.

Solo recuerde que los niños dotados son profundamente desafiadores emocionalmente, totalmente agotadores, y ***simplemente maravillosos***. ¡Disfrútelos!

Apéndice

Aprenda más de...

...Aconsejando a niños dotados

Kerr, B. A. (ED.). *A handbook for counseling the gifted and talented.* Alexandria, VA: American Psychological Association.

Silverman, L. K. (Ed.) (1993). *Counseling the gifted and talented.* Denver, CO: Love Publishing Company.

...Altamente dotados

The Gifted Development Center
www.gifteddevelopment.org/

The Hollingworth Center for Highly Gifted Children
www.hollingworth.org/

Davidson Institute for Talent Development
www.ditd.org/

...Biblioterapia

Halsted, J. W. (2002). *Some of my best friends are books, 2nd ed.: Guiding gifted readers from pre-school to high school.* Scottsdale, AZ: Great Potential Press.

...Contratos para el programa de estudio

Winebrenner, S. (1992). *Teaching gifted children in the regular classroom.* Minneapolis: Free Spirit Publishing.

...Criando a niños dotados

Benson, P., Galbraith, J., & Espeland, P. (1998). *What kids need to succeed.* Minneapolis: Free Spirit Publishing.

Csikszentmihalyi, M. (1996). *Talented teenagers: The roots of success and failure.* New York: Cambridge University Press.

Delisle, D., & Delisle, J. R. (1996). *Growing good kids: 28 activivities to enchance self-awareness, compassion, and leadership.* Minneapolis: Free Spirit Publishing.

Knopper, D. (1994). *Parent education: Parents and partners.* Boulder, CO: Open Space Communications.

Rimm, S. B. (1997). *Smart parenting: How to parent so children will learn.* New York: Crown Publishing.

Saunders, J., & Espeland, P. (1991). *Bringing out the best: A resource guide for parents of young gifted children.* Minneapolis: Free Spirit Publishing.

Walker, S. Y., & Perry, S. K. (1991). *The survival guide for parents of gifted children: How to understand, live with, and stick up for your gifted child.* Minneapolis: Free Spirit Publishing.

Webb, J. T., Meckstroth, E. A., & Tolan S. S. (1982). *Guiding the gifted child: A practical source for parents and teachers. Dayton, OH: Ohio Psychology Press (now Gifted Psychology Press).*

Gifted and Talented (TAG) Resources Home Page www.eskimo.com/~user/kids.html

...Crianza

Bettelheim, B. (1988). *A good enough parent.* New York: Vintage Books.

Brazelton, T. B. (1994). *Touchpoints: Your child's emotional and behavioral development.* New York: Perseus Books.

Dreikurs, R. (1992). *Discipline without tears.* New York: Plume

Nelsen, J., Lott, L., & Glenn, H. S. (1999). *Positive discipline A to Z (Revised and Expanded* 2nd ed.*).* Rocklin, CA: Prima Publishing.

...Cuestiones legales

Karnes, F. A., & Marquart, R. G. (1999a). *Gifted children and the Law: Mediation, due process, and court cases.* Dayton, OH: Ohio Psychology Press (now Gifted Psychology Press).

Karnes, F. A., & Marquart, R. G. (1991b). *Gifted children and legal issues in education: Parents' stories of hope.* Dayton, OH: Ohio Psychology Press (now Gifted Psychology Press).

Karnes, F. A. & Marquart, R. G. (2000). *Gifted children and legal issues: An update*. Scottsdale, AZ: Gifted Psychology Press.

...Depresión

Partos, P. G., & Shamoo, T. K. (1989). *Depression and suicide in children and adolescents: Prevention, intervention, and postvention.* Boston: Allyn and Bacon.

...Diversidad y multiculturismo

Bireley, M., & Genschaft, J. (1991). *Understanding the gifted adolescent: Educational, emotional, and multiculutural issues.* New York: Teachers College Press.

Cline, S., & Schwartz, D. (1999). *Diverse populations of gifted children: Meeting their needs in the regular classroom and beyond.* New York: Prentice Hall.

Ford, D. Y., & Harris, J. J. (1999). *Multicultural gifted education.* New York: Teachers College Press.

...La dote e incapacidades

Baum, S. M., Owen, S. V., & Dixon, J. (1991). *To be gifted and learning disabled.* Mansfield Center, CT: Creative Learning Press, Inc.

Bireley, M. (1999). *Crossover children: A sourcebook for helping children who are gifted and learning disabled.* Minneapolis: Free Spirit Publishing.

JHU Center for Talented Youth Staff (1991). *The gifted learning disabled student.* Baltimore, MD: Johns Hopkins University

Whitmore, J. R., & Maker, C. J. (1985). *Intellectual giftedness in disabled persons.* Austin, TX: PRO-ED.

...Enriquecimiento

Junior Great Books Program
1-800.222.5870
www.greatbooks.org/

Summer Institute for the Gifted
www.cpg-sig.com/

...Escuela en la casa

Dobson, L. (1999). *The homeschooling book of answers.* Rocklin, CA: Prima Publishing.

Field, C. M. (1998). *A field guide to home schooling.* Grand Rapids, MI: Fleming H. Revello Co.

Gifted Children and Home Schooling
members.aol.com/discanner/gift/home.html.

National Home School Association
P. O. Box 157290
Cincinnati, OH 45215-7290

Rivero, L. (2002). *Creative home schooling for gifted children: A resource guide.* Scottsdale, AZ: Great Potential Press.

...Grupos de Apoyo para padres

Webb, J. T., & DeVries, A. R. (1998). *Gifted parent groups: The SENG model.* Scottsdale, AZ: Great Potential Press.

...Múltiples inteligencias

Gardner, H. (1983). *Frames of mind: The theory of multiple intelligencies.* New York: Basic Books.

...Necesidades emocionales y sociales de niños dotados

Schmitz, C., & Galbraith, J. (1985). *Managing the social and emotional needs of the gifted. A teacher's survival manual.* Minneapolis: Free Spirit Publishing.

...Niños dotados

Libros

Clark, B. (1997). *Growing up gifted: Developing the potential of children at home and at school, (5th ed.).* Upper Saddle River, NJ: Merrill.

Colangelo, N., & Davis, G. A. (1997). *Handbook of gifted education, (2nd ed.).* Boston: Allyn and Bacon.

Piirto, J. (1994). *Talented children and adults: Their development and education.* New York: Macmillan/Merrill.

Winner, E. (1997). *Gifted children: Myths and realities.* New York: Harper Collins.

Boletines y revistas

Gifted Child Quarterly (boletín erudito)
National Association for Gifted Children
1707 L Street N.W., Suite 550
Washington, D.C. 20036
www.nagc.org/

Gifted Child Today (revista para familias y maestros)
Prufrock Press
P.O. Box 8813
Waco, TX. 76714-8813
www.prufrock.com/

Gifted Children Monthly (hoja informativa para padres y maestros)
www.gifted-children.com/

Journal for the Education of the Gifted (boletín erudito)
Prufrock Press
P.O. Box 8813
Waco, TX 76714-8813
www.prufrock.com/

Journal of Gifted Education (boletín erudito)
Prufrock Press
P.O. Box 8813
Waco, TX 76714-8813
www.prufrock.com/

Parenting for High Potential (revista para padres)
National Association for Gifted Children
1707 L Street N.W., Suite 530
Washington, D.C. 20036
www.nagc.org/

The Roeper Review (boletín erudito)
P.O. Box 329
Bloomfield Hills, MI 48303
www.roeperreview.org/

Understanding Our Gifted (revista para padres)
Open Space Communications
1900 Folsom Suite 108
Boulder, CO 80302
www.openspacecomm.com/

Recursos del internet

Academic Talent/UC Berkeley
    www.atdp.berkely.edu
American Association for Gifted Children
    www.jayi.com.aagc
Arizona Center for Academic Precocity
    www.cap.ed.asu.edu/
Belin-Blank Center for Gifted Education and Talent Development
    www.uiowa.edu/~/belinctr/
Center for Talent Development, Northwestern University
    www.cdt.northwestern.edu/
The ERIC Clearinghouse
    www.ericec.org/
Hoagie's Gifted Education Page
    www.hoagiesgifted.org/
Lifeline to the Net's Gifted Resources Index
    members.aol.com/discanner/index
Midwest Talent Search (Northwestern University)
    www.ctdnet.acns.nwu.edu/
The National Association for Gifted Children
    www.nacg.org/
The National Foundation for Gifted and Creative Children
    www.nfgcc.org/
The National Research Center on the Gifted and Talented
    www.gifted.uconn.edu/
National Resource Center on Gifted and Talented (NRCG/T)
    www.ucc.uconn.edu/edu/wwwgt/nrcgt.html
Rocky Mountain Talent Search
    www.du.edu/education/ces/rtms.html
Supporting Emotional Needs of the Gifted
    www.sengifted.org
TAGFAM-Families of the Gifted and Talented
    www.access.digex.net/~tagfam.html
YAHOO Resources for/about Gifted Youth K-12
    www.yahoo.colm/text/education/k_12/Gifted_Youth
Su departamento de educación estatal

...Opciones para el programa de estudio

Assouline, S., Colangelo, N., Lupkowsi-Shoplik, A., & Lipscomb, J. (1999). *The Iowa Acceleration Scale.* Scottsdale, AZ: Gifted Psychology Press.

Borland, J. H. (1998). *Planning and implementing programs for the gifted.* New York: Teachers College Press.

Colangelo, N., & Davis, G. A. (1997). *Handbook of gifted education (2nd ed.).* Boston: Allyn and Bacon.

Daniel, N., & Cox, J. (1998). *Flexible pacing for able learners.* Reston, VA: The Council for Exceptional Children.

Davis, G. A., & Rimm, S. B. (1997). *Education of the gifted and talented (3rd ed.).* Boston: Allyn and Bacon.

Gallagher, J. J., & Gallagher, S. A. (1994). Teaching the gifted child (4th ed.). Boston: Allyn and Bacon.

Reilly, J. M. (1992). *Mentorship: The essential guide for schools and business.* Scottsdale, AZ: Gifted Psychology Press.

Smutny, J. F., Walker, S. Y., & Meckstroth, E. A. (1997). *Teaching young gifted children in the regular classroom.* Minneapolis: Free Spirit Publishing.

Van Tassel-Baska, J. L. (1998). *Excellence in educating gifted and talented learners.* Denver: Love Publishing Company.

Van Tassel-Baska, J. L. (Ed.). (1993). *Comprehensive curriculum for gifted learners.* Boston: Allyn and Bacon.

Van Tassel-Baska, J. L. (1992). *Planning effective curriculum for gifted learners.* Denver: Love Publishing Company.

...Originalidad

Libros

Piirto, J. (1998). *Understanding those who create (2nd ed.).* Scottsdale, AZ: Gifted Psychology Press.

Sternberg, R. J. (Ed.). (1999). *Handbook of creativity.* New York: Cambridge University Press.

Sternberg, R. J. (1995). *Defying the crowd: Cultivating creativity in a culture of conformity.* New York: Free Press.

Recursos del internet

American Creativity Association
www.becreataive.org
Center for Creative Learning
www.lightly.com
Destination ImagiNation (affiliated with Odyssey of the Mind)
www.destinationimagination.org
Future Problem Solving
www.fpsp.org
Invent America
www.inventamerica.com

...Percepciones de sí mismos de niños dotados

American Association for Gifted Children (1984). *On being gifted.* New York: Walker & Co.

Delisle, J. R. (1986). *Gifted kids speak out: Hundreds of kids 6-13 talk about school, friends, their families, and the future.* Minneapolis: Free Spirit Publishing

...Perfeccionismo

Adderholdt-Elliot, M. (1999). *Perfectionism: What's bad about being too good? (2nd* ed.). Minneapolis: Free Spirit Publishing.

...Planeando para el colegio

Berger, S. L. (1998). *College planning for gifted students (2nd ed., Rev.).* Reston, VA: The Council for Exceptional Children.

Featherstone, B. D., & Reilly, J. M. (1990). *College comes sooner than you think: The essential college planning guide.* Scottsdale, AZ: Gifted Psychology Press.

College applications, scholarship information, and more
www.collegenet.org

...Realización menos de lo esperado

Rimm, S. B. (1996). *Why bright children get poor grades: And what you can do about it.* New York: Crown Publishing.

Whitmore, J. R. (1980). *Giftedness, conflict, and underachievement.* Boston: Allyn and Bacon.

...Recursos para niños

Barrett, S. (1985). *It's all in your head: A guide to understanding your brain and boosting your brain power.* Minneapolis: Free Spirit Publishing.

Galbraith, J. (1998). *The gifted kids survival guide (for ages 10 and under).* Minneapolis: Free Spirit Publishing.

Galbraith, J., & Delisle, J. R. (1996). *The gifted kids survival guide: A teen handbook.* Minneapolis: Free Spirit Publishing.

Lewis, B. A. (1991). *The kid's guide to social action.* Minneapolis: Free Spirit Publishing.

Creative Kids (magazine)
Prufrock Press
P.O. Box 8813
Waco, TX 76714-8813
www.prufrock.com/

Imagine (magazine for middle and high school students)
Center for Talented Youth
Johns Hopkins University
3400 N. Charles Street
Baltimore, MD 21218
410-516-0309
www.jhu.edu/gifted/imagine/

Referencias

Adderholdt-Elliott, M. (1999). *Perfectionism: What's bad about being too good?* (2nd ed.). Minneapolis: Free Spirit Publishing.

American Association for Gifted Children (1984). *On being gifted.* New York: Walker & Co.

Assouline, S., Colangelo, N., Lupkowski-Shoplik, A., & Lipscomb, J. (1998). *Iowa Acceleration Scale: A guide for whole-grade acceleration.* Scottsdale, AZ: Great Potential Press.

Barrett, S. (1985). *It's all in your head: A guide to understanding your brain and boosting your brain power.* Minneapolis: Free Spirit Publishing.

Baum, S. M., Owen, S. V., & Dixon, J. (1991). *To be gifted and learning disabled.* Mansfield Center, CT: Creative Learning Press, Inc.

Benson, P., Galbraith, J., & Espeland, P. (1998). *What kids need to succeed.* Minneapolis: Free Spirit Publishing.

Berger, S. L. (1998). *College planning for gifted students (2nd ed., Revised).* Reston, VA: The Council for Exceptional Children.

Bettelheim, B. (1998). *A good enough parent.* New York: Vintage.

Bireley, M. (1999). *Crossover children: A sourcebook for helping children who are gifted and learning disabled.* Minneapolis: Free Spirit Publishing.

Bireley, M., & Genschaft, J. (1991). *Understanding the gifted adolescent: Educational, emotional, and multicultural issues.* New York: Teachers College Press.

Borland, J. (1989). *Planning and implementing programs for the gifted.* New York: Teachers College Press.

Brazelton, T. B. (1994). *Touchpoints: Your child's emotional and behavioral development.* New York: Perseus Books.

Burns, D. (1999). *Feeling good: The new mood therapy.* New York: Avon.

California Association for the Gifted (1998). *The challenge of raising your gifted child.* Mountain View, CA.

Clark, B. (1998). *Growing up gifted: Developing the potential of children at home and at school (5th ed.).* Upper Saddle River, NJ: Merrill.

Cline, S., Schwartz, D. (1999). *Diverse populations of gifted children: Meeting their needs in the regular classroom and beyond.* New York: Prentice Hall.

Cohen, L. M. (1990). *Meeting the needs of gifted and talented language minority students.* ERIC Digest (E480). Reston, VA: ERIC Clearinghouse on Handicapped and Gifted Children.

Colangelo, N., & Davis, G. A. (1997). *Handbook of gifted education (2nd ed.).* Boston: Allyn and Bacon.

Cox, J. (1985). *Educating able learners.* Austin: University of Texas Press.

Csikszentmihalyi, M. (1996). *Talented teenagers: The roots of success and failure.* New York: Cambridge University Press.

Daniel, N., & Cox, J. (1988). *Flexible pacing for able learners.* Reston, VA: The Council for Exceptional Children.

Davis, G. A., & Rimm, S. B. (1997). *Education of the gifted and talented* (3rd ed.). Boston: Allyn & Bacon.

Delisle, D., & Delisle, J. R. (1996). *Growing good kids: 28 activities to enhance self-awareness, compassion, and leadership.* Minneapolis: Free Spirit Publishing

Delisle, J. R. (1991, February 27). Aren't all children athletic? *Education Week*, Commentary.

Delisle, J. R. (1986). *Gifted kids speak out: Hundreds of kids 6-13 talk about school, friends, their families, and the future.* Minneapolis: Free Spirit Publishing.

Dobson, L. (1999). *The homeschooling book of answers.* Rocklin, CA: Prima Publishing.

Dreikurs, R. (1992). *Discipline without tears.* New York: Plume.

Dreikurs, R., & Soltz, V. (1992). *Children: The challenge.* New York: Plume.

Featherstone, B., & Reilly, J. M. (1990). *College comes sooner than you think: The essential college planning guide.* Scottsdale, AZ: Great Potential Press (formerly Gifted Psychology Press).

Field, C. M. (1998). *A field guide to home schooling.* Grand Rapids, MI: Fleming H. Revello. Co.

Ford, D. Y, & Harris, J. J. (1999). *Multicultural gifted education.* New York: Teachers College Press.

Ford, D. Y, & Thomas, A. (1997). *Underachievement among gifted minority students: Problems and promises.* ERIC Digest (E554). Reston, VA: The ERIC Clearinghouse on Disabilities and Gifted Education.

Ford, D. Y. (1994). *The recruitment and retention of african american students in gifted education programs: Implications and recommendation* (RBDM 9406). Storrs, CT: The National Research Center on the Gifted and Talented, University of Connecticut.

Frasier, M. M., Hunsaker, S. L., Lee, J., Mitchell, S., Cramond, B., Garcia, J. H., Martin, D., Frank, E., & Finley, V S. (1995). *Core attributes of giftedness: A foundation for recognizing the gifted potential of economically disadvantaged students* (RM95210). Storrs, CT: The National Research Center on Gifted and Talented, University of Connecticut.

Frasier, M. M., Garcia, J. H, & Passow, A. H. (1995). *A review of assessment issues in gifted education and their implications for identifying gifted minority students* (RM95204). Storrs, CT: The National Research Center on the Gifted and Talented, Universityof Connecticut

Galbraith, J. (1998). *The gifted kid's survival guide for ages 10 and under.* Minneapolis: Free Spirit Publishing.

Galbraith, J., & Delisle, J. R. (1996). *The gifted kid's survival guide: A Teen handbook.* Minneapolis: Free Spirit Publishing.

Gallagher, J. (1985). *Teaching the gifted child.* Boston: Allyn & Bacon.

Gardner, H. (1983). *Frames of mind: The theory of multiple intelligences* New York: Basic Books

Halsted, J. W. (1994). *Some of my best friends are books: Guiding gifted readers from pre-school to high school.* Scottsdale, AZ: Great Potential Press (formerly Gifted Psychology Press).

Hoge, R D., & Renzulli, J. S. (1991). *Self-concept and the gifted child* (RBDM9104). Storrs, CT: The National Research Center on the Gifted and Talented, University of Connecticut.

Johns Hopkins University Center for Talented Youth Staff (1991) *The gifted learning disabled student.* Baltimore: Johns Hopkins University.

Kames, F. A., & Chauvin, J. C. (2000). *Leadership development program manual.* Scottsdale, AZ: Great Potential Press (formerly Gifted Psychology Press)..

Kames, F. A., & Marquardt, R. G. (1999). *Gifted children and legal issues: An update.* Scottsdale, AZ: Great Potential Press (formerly Gifted Psychology Press).

Kames, F. A., & Marquardt, R. G. (1991). *Gifted children and legal issues in education: Parents' stories of hope.* Great Potential Press (formerly Gifted Psychology Press).

Kames, F. A., & Marquardt, R. G. (1991). *Gifted children and the law: Mediation, due process, and court cases.* Dayton, OH- Ohio Psychology Press (now Gifted Psychology Press).

Kerr, B. A. (1991). *A handbook for counseling the gifted and talented* Alexandria, VA: American Counseling Association.

Kathnelson, A., & Colley, L. (1982). *Personal and professional characteristics valued in teachers of the gifted.* Paper presented at California State University, Los Angeles.

Kenny, D. A., Archambault, F. X., Jr., & Hallmark, B. W. (1995). *The effects of group composition on gifted and non-gifted elementary students in cooperative learning groups* (RM 95116). Storrs, CT: The National Research Center on the Gifted and Talented, University of Connecticut.

Knopper, D. (1994). *Parent education: Parents and partners.* Boulder, CO: Open Space Communications.

Lewis, B. A. (1991). *The kid's guide to social action.* Minneapolis: Free Spirit Publishing.

Nelsen, J., Lott, L., & Glenn, H. S. (1999). *Positive discipline A to Z* (Revised and Expanded 2nd ed.). Rocklin, CA: Prima Publishing.

Partos, P. G., & Shamoo, T. K. (1989). *Depression and suicide in children and adolescents: Prevention, intervention, and postvention.* Boston, MA: Allyn & Bacon.

Piirto, J. (1998). *Understanding those who create (2nd ed.).* Scottsdale, AZ: Great Potential Press (formerly Gifted Psychology Press)..

Piirto, J. (1994). *Talented children and adults: Their development and education.* New York: Macmillan/Merrill.

Reilly, J. (1992). *Mentorship: The essential guide for schools and business.* Scottsdale, AZ: Great Potential Press (formerly Gifted Psychology Press).

Reis, S. M., Westberg, K. L., Kulikowich, J., Caillard, F, Hebert, T, Plucker, J., Purcell, J. H., Rogers, K. B., & Smist, J. (1993). *Why not let high ability students start school in January? The curriculum compacting study* (RM93106). Storrs, CT: The National Research Center on Gifted and Talented, University of Connecticut.

Rimm, S. B. (1996). *Why bright children get poor grades: And what you can do about it.* New York, Crown Publishing.

Rimm, S. B. (1997). *Smart parenting: How to parent so children will leam.* New York: Crown Publishing.

Rimm, S. B. (1994). *Keys to parenting the gifted child.* Hauppauge, NY: Barron's Educational Series, Inc.

Robinson, N. M. (1993). *Parenting the very young gifted child* (RBDM9308). Storrs, CT: The National Research Center on the Gifted and Talented, University of Connecticut.

Rogers, K. B., & Silverman, L. K. (1997, January). *A study of 241 profoundly gifted children.* Paper presented at the National Association for Gifted Children 44th Annual Convention, Little Rock, AK.

Rogers, K. B. (1991). *The relationship of grouping practices on the education of the gifted and talented learner.* (RBDM 9102). Storrs, CT: The National Research Center on the Gifted and Talented, University of Connecticut.

Saunders, J., & Espeland, P. (1991). *Bringing out the best: A resource guide for parents of young gifted children.* Minneapolis: Free Spirit Publishing.

Schmitz, C., & Galbraith, J. (1985). *Managing the social and emotional needs of the gifted: A teachers survival manual.* Minneapolis: Free Spirit Publishing.

Silverman, L. K. (1999). *What we have learned about gifted children, 1979-1999.* Denver: Gifted Development Center.

Silverman, L.K. (1993) A developmental model for counseling the gifted. In L.K. Silverman, (Ed.), *Counseling the gifted and talented* (pp. 57-59). Denver: Love Publishing Company.

Smutny, J.D., Walker, S.Y., & Meckstroth, E. A. (1997). *Teaching young gifted children in the regular classroom.* Minneapolis: Free Spirit Publishing.

Sternberg. R. J. (Ed.) (1999). *Handbook of creativity.* New York: Cambridge University Press.

Sternberg, R. J. (1995). *Defying the crowd: Cultivating creativity in a culture of conformity.* New York: Free Press.

Sternberg, R. J. & Davidson, J. (Eds.) (1986). *Conceptions of giftedness.* New York: Cambridge University Press.

Tolan, S. S. (1990). *Helping your highly gifted child.* ERIC EC Digest (E477). Reston, VA: The Council for Exceptional Children.

Torrance, E. P., & Geoff, K. (1989). A quiet revolution. *Journal of Creative Behavior,* 23, 2, 136-145.

Van Tassel-Baska, J. L. (1998). Disadvantaged learners with talent. In Van Tassel-Baska (Ed.), *Excellence in educating sifted and talented learners* (p. 98). Denver: Love Publishing Company.

Van Tassel-Baska, J. L. (Ed.) (1993). *Comprehensive curriculum for gifted learners.* Boston: Allyn & Bacon, Inc.

Van Tassel-Baska, J. L. (1992). *Planning effective curriculum for gifted learners.* Denver, CO: Love Publishing Company.

Van Tassel-Baska, J. L. (1991). Identification of candidates for acceleration: Issues and concerns. In W. T. Southern & E.D. Jones (Eds). *The academic acceleration of gifted children.* New York: Teachers College Press.

Walker, S. Y, & Perry, S. K. (1991). *The survival guide for parents of gifted children: How to understand, live with, and stick up for your gifted child.* Minneapolis: Free Spirit Publishing.

Webb, J. T, & Devries, A. R. (1998). *Gifted parent groups: The SENG model.* Scottsdale, AZ: Gifted Psychology Press.

Webb, J. T., & Latimer, D. (1993). *ADHD and children who are gifted.* ERIC EC Digest (E522). Reston, VA: The Council for Exceptional Children.

Webb, J. T., Meckstroth, E. A., & Tolan, S .S. (1982). *Guiding the gifted child: A practical source for parents and teachers.* Great Potential Press (formerly Gifted Psychology Press).

Whitmore, J. R., & Maker, C. J. (1985). *Intellectual giftedness in disabled persons.* Austin, TX: PRO-ED.

Whitmore, J. R. (1980). *Giftedness, conflict, and underachievement.* Boston: Allyn & Bacon.

Willard-Holt, C. (1999). *Dual exceptionalities.* ERIC EC Digest (E574). Reston, VA: The Council for Exceptional Children.

Winebrenner, S. (1992). *Teaching gifted children in the regular classroom.* Minneapolis: Free Spirit Publishing.

Winner, E. (1997). *Gifted children: Myths and realities.* New York: Harper Collins.

Índice

D

E

N

O

P

R

S

T

U

V

W

De los Autores

Carol Strip, Ph.D., tiene más de treinta años de experiencia como maestra, administradora, y consultora en la educación dotada. Ella es actualmente la Especialista de Educación Dotada para el distrito escolar Olentangy en Lewis Center, Ohio. En 1994, la Ohio Association for Gifted Children (La asociación para niños dotados de Ohio) nombró a la Dra. Strip como el Educador dotado del año. También recibió el prestigioso premio, Golden Apple (Manzana de oro), de la compañía Ashland Chemical.

Una pasada profesora en Ashland University (la Universidad de Ashland), Strip ahora sirve en la misma capacidad en Ohio State University (Universidad de Ohio State). Ella ha servido como maestra y consultora en el Summer Institute for the Gifted (Instituto de verano para el dotado) en Denison University (Universidad de Denison). Sus artículos se han publicado en el *Roeper Review* y *Instructor*, y ha presentado en conferencias del Ohio Association for Gifted Children y The National Association for Gifted Children (La asociación nacional para los niños dotados). Ha sido seleccionada para *Who's Who in America*.

La Dra. Strip obtuvo su bachillerato y su maestría en Western Michigan University y su doctorado en el desarrollo de programas de estudio para el dotado en Ohio State University, donde es miembro de Phi Kappa Phi.

Gretchen Hirsch, una graduada Phi Beta Kappa de Ohio State University, es la autora de *Womanhours: A 21-Day Time Management Plan that Works.* También es co-autora, con Jay Wilkinson, de *Bud Wilkinson: An Intimate Portrait of an American Legend*, y editora de *Affirming the Darkness: An Extended Conversation About Living with Prostate Cancer.*

Presidente de The Stevens/St. John Company, Hirsch produce premiadas comunicaciones de comercio para clientes en finanzas, seguros, cuidado de salud, y educación. Ella también es entrenadora corporativa de escritura y discurso. Hirsch mantiene una activa carrera hablando frecuentemente en conferencias de escritores de temas las cuales se extienden desde la gramática y el uso de palabras hasta la administración de tiempo para comunicantes. Ella fue el presidente fundador del Humanities Alumni Society (Sociedad de graduados del estudio de la humanidad) en Ohio State University, y recibió el Alumni Leader Award (Premio líder de graduados) de The Ohio State University Alumni Association.